ROADTRIPS
ITALIEN

Unvergessliche Traumrouten
für den perfekten Urlaub
mit Auto, Camper & Motorrad

Nana Claudia Nenzel

ROADTRIPS ITALIEN

Unvergessliche Traumrouten
für den perfekten Urlaub
mit Auto, Camper & Motorrad

BRUCKMANN

INHALT

← Der Besuch eines Weinguts gehört im Weinland Italien unbedingt dazu. ← Unterwegs in den Belluneser Dolomiten
↑ Gargnanos alter Hafen ↑ Der passende Wein macht das Essen zum Genusserlebnis.

↑ Sogar in die Boboli-Gärten von Florenz hat die zeitgenössische Kunst gefunden, ... ↑ ... aber an den langen, für die Toskana typischen Zypressenreihen hat sich nichts geändert. → Riomaggiore, eines der fünf Dörfer der ligurischen Cinque Terre

UNSER NACHHALTIGKEITSKODEX

Die Welt birgt viele Wunder, Abenteuer und spektakuläre Aussichten, die wir gerne erkunden möchten. Doch sie ist auch leicht aus dem Gleichgewicht zu bringen. Hier ein paar Tipps, wie wir unsere Welt nachhaltig entdecken können:

- **Die Hauptsaison meiden:** Wenn wir nicht gerade auf die Ferienzeiten angewiesen sind, können wir der Umwelt einen großen Gefallen tun, indem wir in der Nebensaison verreisen. Damit tragen wir zu einer gleichmäßigeren Auslastung der Umwelt und der Infrastruktur bei und der Urlaub wird dazu auch noch wesentlich entspannter.

- **Die Aufenthaltsdauer dem Reiseziel anpassen:** Je weiter das Reiseziel ist, desto länger sollte der Aufenthalt sein. Dadurch lernen wir die Region nicht nur intensiver kennen, sondern stärken sie ganz nebenbei noch durch unsere Ausgaben vor Ort. Anfahrtsintensive Tagesausflüge sollten besser vermieden werden, das bedeutet nur Stress, sowohl für die Umwelt als auch für uns selbst.

- **Auf umweltschonende Verkehrsmittel setzen:** Wo es möglich ist, reisen wir mit öffentlichen Verkehrsmitteln an. Das reduziert nicht nur die Luftverschmutzung, sondern schont auch unsere Nerven. Falls das nicht geht, helfen verschiedenste Plattformen dabei, den CO^2-Austoß auszugleichen, vor allem, wenn das gewünschte Reiseziel nur mit dem Flugzeug zu erreichen ist.

- **Nur dort parken und campen, wo es erlaubt ist:** Selbst, wenn wir uns noch so vorbildlich verhalten und unseren Aufenthaltsort so hinterlassen, wie wir ihn vorgefunden haben, stören wir den Lebensraum von Wildtieren und hinterlassen Spuren und Gerüche. Auch Lagerfeuer entzünden wir ausschließlich an den dafür vorgesehenen Stellen und achten dabei auf Waldbrandstufen und Naturschutzgebiete.

- **Ressourcen gewissenhaft nutzen:** Manche Umweltressourcen sind bereits knapp, endlich sind auf jeden Fall alle. Um sie zu schonen, sollten wir sparsam mit ihnen umgehen, gerade in Gegenden, in denen zum Beispiel Wasser oder Strom nicht im Überfluss vorhanden sind.

- **Ein guter Gast sein:** Nachhaltig unsere Umgebung zu erkunden bedeutet auch, der hiesigen Flora und Fauna mit Respekt zu begegnen. Pflanzen sollten auf keinen Fall gepflückt werden, aber sie stehen uns bestimmt gerne Modell für das eine oder andere Foto. Das gleiche gilt für wilde Tiere: wir füttern sie nicht, halten Abstand und beobachten sie aus der Ferne.

- **Auf den Wegen bleiben:** Wer die vorgegebenen Wege verlässt, dringt nicht nur in die Rückzugsräume heimischer Arten ein, sondern trägt auch dazu bei, dass sich neue Wege bilden, was zur Erosion des Bodens führt.

- **Abfall wieder mitnehmen:** Plastikverpackungen jeglicher Art, Dosen, Flaschen und Papiertaschentücher (es dauert Jahre, bis sich ein einzelnes Taschentuch vollständig abgebaut hat!) gehören nicht in die Natur, sondern artgerecht entsorgt. Am besten gleich eine wiederverwendbare Brotdose oder Trinkflasche mitnehmen. Dazu zählen natürlich auch Toilettenpapier und der Inhalt von (Chemie-) Toiletten. Entsprechende Entsorgungsstationen finden sich überall.

- **Lokal kaufen:** Dadurch lernen wir Land und Leute besser kennen und unterstützen die regionale Wirtschaft, außerdem sind regionale Produkte meist auch preisgünstiger und qualitativ hochwertiger.

So wie wir die Umwelt respektieren, wollen wir auch unseren Mitmenschen und deren Kultur Respekt entgegenbringen, gerade im Hinblick auf deren Traditionen, Religion oder typische Gebräuche. So können ein Lächeln oder ein paar Worte in der Landessprache Berge versetzen!

ERSTAUNLICHE EINBLICKE

Die Schönheit des Landes und die Mentalität seiner Bewohner lassen sich nicht in Zahlen fassen – und doch erstaunen manche Fakten über unser Lieblingsziel im Süden: Stichwort Olivenöl, Pasta, Wein, Welterbe und Espresso.

ITALIEN QUERBEET

Italien ist gut 300 000 Quadratkilometer groß und steht damit auf Platz 7 der größten Staaten der Europäischen Union. Von Ost nach West misst das Stiefelland 700 Kilometer und von Nord nach Süd 1200 Kilometer. Wer es durchfährt, kommt an den enormen wirtschaftlichen Unterschieden nicht vorbei – und sieht jede Menge Kulturschätze, von etruskischen Gräbern über die Kunst der Renaissance bis zu modernster Architektur. Die Tempel, Kirchen, Klöster, Burgen und Orte liegen eingebettet in Landschaften, wie sie abwechslungsreicher kaum sein könnten, zwischen Bergen und Strand, waldreichen Tälern und wilden Hochebenen.

24 NATIONALPARKS

nehmen 1,5 Millionen Hektar (ca. 5 Prozent) der Landesfläche ein. Der kleinste, der Parco Nazionale delle Cinque Terre an der ligurischen Küste, umfasst lediglich 3680 Hektar. Der größte, der Nationalpark Pollino, erstreckt sich auf mehr als 192 000 Hektar über Teile von Kalabrien und der Basilikata in Süditalien. Der älteste Nationalpark Gran Paradiso feiert 2022 seinen 100. Geburtstag und befindet sich in den Regionen Aostatal und Piemont.

58 WELTERBESTÄTTEN

verteilen sich über Italien, das ist Weltrekord! Die höchste Dichte der 53 Weltkulturerbe- und fünf Weltnaturerbestätten findet sich in der Region Lombardei, die man eher mit Industrie und Banken in Verbindung bringt. Die prähistorischen Felsritzungen der Valcamonica, eines ca. 70 Kilometer langen Tals in der Lombardei, waren 1979 der erste italienische Beitrag, die Bauten der Nuraghen auf Sardinien und die historischen Theater der Region Marken kamen 2021 hinzu.

65 MILLIONEN

Besucher kommen jährlich nach Italien, damit steht das Land auf Rang 5 der beliebtesten Reiseländer weltweit (UNWTO, 2020). Vermutlich gehören auch jede Menge italienischstämmige Ausländer dazu. Die Besucherzahl übersteigt damit sogar die 60 Millionen Einwohner des Landes. Beliebteste Sehenswürdigkeit, die von den Besuchern angesteuert wird, sind im Übrigen die Uffizien in Florenz.

600 PASTA-SORTEN

gibt es landesweit, andere Quellen sprechen von 300. Pasta bedeutet schlicht »Teigware«, die Sorten unterscheiden sich in Länge und Form, außerdem auch darin, ob sie hohl, gefüllt, glatt, rau oder geriffelt sind. Der Teig besteht zumeist aus Hartweizengrieß, bei gefüllter frischer Pasta ist im Teig auch Ei enthalten.

14 MILLIARDEN TASSEN KAFFEE

werden zwischen Alpen und Apulien pro Jahr ausgeschenkt – der Konsum beläuft sich auf 3,7 Kilogramm Kaffee pro Kopf und Jahr. Morgens werden Cappuccino und Latte Macchiato getrunken, ab ca. 11 Uhr ist Espresso angesagt. Noch ausgiebiger lassen sich die Einheimischen ihren Wein schmecken: 43 Liter pro Nase und Jahr weist die Statistik aus.

11,5 LITER OLIVENÖL

verbrauchten Italienerinnen und Italiener 2020 pro Kopf (Quelle: Assitol). Dabei spielte zunehmend die Qualität eine Rolle: Vor allem jüngere Konsumenten achten auf »natives Olivenöl extra vergine«. Die Gewinnung dieses Öls höchster Güteklasse erfolgt durch mechanische Verfahren ohne chemische Behandlung oder Erhitzung.

26 ITALIENISCHE UNTERNEHMEN

stehen auf der Liste für das Geschäftsjahr 2021. Darin versammelt das Forbes Magazine die 2000 erfolgreichsten Firmen weltweit. Auf Rang 73 führt der italienische Energiekonzern ENEL mit 86 Milliarden US-Dollar Umsatz die nationale Wertung an, Ferrari kommt an 1149. Stelle, der Reifenhersteller Pirelli liegt auf Rang 1891. Über 95 Prozent der italienischen Betriebe haben weniger als zehn Beschäftigte.

VIELFALT AN LANDSCHAFT, KUNST UND KÜCHE

EIN SCHÖNER LANGER STIEFEL

Die Apennin-Halbinsel Italien hat tatsächlich die Form eines Stiefels mit sehr langem Schaft, und an der Spitze scheint er die vorgelagerte große Insel Sizilien wegkicken zu wollen. So lang, so vielfältig ist das Land der Sehnsucht vieler Nordlichter, die nicht müde werden, auf Entdeckungstour zu gehen.

Mein Mann, auch er Autor, und ich leben seit 1998 am liebsten in Italien, wo wir in einem winzig kleinen Dorf über dem westlichen Ufer des Gardasees unser zweites Zuhause gefunden haben – eine Ruine, die wir zur Freude der Nachbarn mit neuem Leben füllten. Jeder von uns genießt eine unglaublich weite Sicht über die alten Dächer des Dorfes und den Gardasee bis Sirmione in seinem Süden und weiter über die Po-Ebene hinweg auf den Tosko-Emilianischen Apennin. Klar, dass fast jeder Blick aus dem Fenster neue Sehnsüchte weckt, wieder einmal hinter den Bergzug zu schauen, der Italien als Apennin-Halbinsel den geografischen Namen gab. Aber wohin zuerst? Mit dem Auftrag für dieses Buch hatten wir eigentlich »freie Fahrt« und damit eine echte Qual der Wahl. Schon wieder in die Toskana? Oder lieber weiter in die Mar-

Einen hübschen Blickfang bildet der rote Klatschmohn im reifen Kornfeld, hier in der Toskana.

ken, ins von Erdbeben erschütterte Umbrien? Manche romantisch scheinende Tour, etwa entlang des aus dem Norden der Lombardei kommenden Flusses Oglio, auch des Po, fiel ins Wasser. Der Grund: Am Oglio gelangt die Straße selten an seine Ufer, nur Wanderer kommen in den Genuss seiner Naturparks. Die Strecke an Italiens größtem Fluss wiederum ist durch die hohen Dämme mit ihren langen, kerzengeraden Fahrbahnen ebenfalls eher wenig verlockend. Als Kompromiss wählten wir die Landschaft rund um die Stelle, wo der Oglio in den Po fließt, wo auf Booten liegende Brücken aus klappernden Bohlen ans andere Ufer führen, wo wenig bekannte Städtchen wie Commessaggio mit ihren versteckten Reizen locken. In der unteren Hälfte Italiens hat es uns Apulien schon lange angetan, speziell der Süden der Region. Und die Inseln im Tyrrhenischen Meer. Ganz besonders zieht es uns dort immer wieder nach Sardinien und nach Ischia.

Vor allem aber »hinter die sieben Berge« wollen wir Sie mitnehmen, aus unserem Dorf hinaus direkt ins Hinterland des westlichen Gardasees, in die Lombardei. Diese Region ist geradezu aufregend mit so vielen unterschiedlichen Naturschönheiten, viele von ihnen wenig beachtet: Gletscher und sanfte Almwiesen, brausende Wildbäche und große, träge wirkende Flüsse sowie praktisch alle Oberitalienischen Seen. Schließlich gilt die Lombardei als der wasserreichste Landesteil Italiens überhaupt. Doch Italien-Neulinge denken bei der Nennung dieser reichen Region Oberitaliens zuerst an Mailand als Bankenzentrum, Wirtschaftsmetropole oder Stadt der Mode. Vergessen werden die reich geschmückten Kirchen und von Kulturgütern überquellenden Museen. Wunderschön und interessant sind ebenfalls die größeren Städte Brescia und Bergamo (beide 2023 Italienische Kulturhauptstädte) oder Mantua.

Der Weg ist das Ziel

Aber wohin auch immer – der Weg selbst ist tatsächlich das Ziel, wie es der oft zitierte Johann Gottfried Seume (1763-1810) formuliert hatte. Daher heißt es auf unseren Touren, möglichst keine Autobahn oder eine ähnliche Schnellstraße zu berühren, die »Strecke« langsam abzufahren, zu genießen und vielleicht auch von ihr abzuweichen, eigene Wege zu finden. Als Top-Ereignisse empfehlen wir daher auch abseits der Routen Wanderungen oder auch mal eine Radtour, etwa entlang des historischen Kanals von Arezzo nach Chiusi. Große Städte sind in diesem Band außen vor geblieben. In diese zu fahren bedeutet in Italien fast immer, sich in einer ZTL (Zona a traffico limitato) wiederzufinden, wo man schnell in eine Fahrverbotszone gerät, was sehr teuer werden kann. Also lieber in den kleineren Ortschaften oder am Rande der größeren bleiben, danach sind auch unsere Einkehr- und Übernachtungstipps gewählt.

Viele Wege haben wir für diesen Band entweder neu entdeckt oder bereits bekannte sehr gern wieder abgefahren, weil sie zu unseren persönlichen Lieblingsstrecken gehören, so die Fahrt durch den Naturpark des Casentino zwischen dem Nordosten der Toskana und dem Apennin: kilometerlang nur Kehren, Serpentinen und Haarnadelkurven durch das unendliche und wechselnde Grün der tiefen, unberührten Wälder. Oder von der Adria quer durch die sanft gewellten Hügel der Marken, die unglaublich weite Ausblicke gewähren, mit jeder Kurve von einer anderen Perspektive und Höhe aus. Oder nach Umbrien, in die von Erdbeben so schrecklich geplagte Region, die Heimat des hl. Benedikt, Schutzpatron Europas, der seine eigene Kirche im traurig-eingerüsteten Norcia nicht vor der Erschütterung der Erde schützen konnte. Es fehlen Gelder der Regierung in Rom und des Vatikan. Was bleibt ist Zuversicht, Norcia werde irgendwann zum x-ten Mal wieder wie ein Phoenix aus der Asche auferstehen …

Zeitgenössische Kunst contra Altbekanntes

Bei der großen Auswahl an historischen und künstlerischen Höhepunkten etwa in der Toskana entschieden wir uns für eine Entdeckungstour auf den Spuren der Etrusker, die so prägend waren für die Region, auch fürs Latium und Umbrien. Tempi passati, vergangene Zeiten, sagen die Italiener … Überraschend für viele Reisende dürften die erstaunlich vielen Parks zeitgenössischer Kunst in der Toskana sein. Also haben wir uns lieber dafür entschieden. Die Suche nach solchen Parks garantiert schließlich eine geradezu pfadfinderische Reise und führt durch unterschiedlichste Landschaften. Mal sind es die typischen Zypressenalleen oder Weinberge, mal endlos scheinende, von Vulkanen geprägte Berglandschaften, den Monte Amiata stets im Visier, den höchsten im Zentrum der Region. Wie auch immer – wieder einmal eine lohnende Reise in die Toskana, selbst wenn Freunde gern lästern – »schon wieder in die Toskana? Da habt ihr doch bereits jeden Stein zweimal umgedreht …«

Eine der anrührendsten Städte Italiens ist Assisi mit der Grabeskirche des heiligen Franziskus.

Der perfekte Ausklang für eine Entdeckungstour durch Italien ist der Besuch einer Pizzeria.

Castelluccio, eine der fruchtbarsten und schönsten Hochebenen Umbriens, breitet sich oberhalb von Norcia aus.

DURCHS TRÜFFEL- UND WEINLAND ANS MEER

Zwischen Alpen und Seealpen, zwischen dem Aosta-Tal und Ligurien, hat Turin, von den Savoyern geprägt, in großem Umkreis keine großstädtische Konkurrenz. Südlich der piemontesischen Regionalhauptstadt erstreckt sich das fruchtbare Wein- und Trüffelland. Noch weiter südlich breitet sich regenbogenförmig im Schutze der Seealpen Ligurien mit seiner Riviera aus.

Mit seinen edlen Palästen an perfekt inszenierten Plätzen und im umgebenden Land präsentiert sich **1 Turin** genau richtig für die frühere königliche Residenz der Savoyer. Im Norden der Stadt locken Skigebiete und im Süden das Weinland von Roero und Langhe. Unsere Tour führt durch die Hügel des Monferrato schräg nach Südosten bis ins befestigte Weinstädtchen **2 Alba**, berühmt auch für seine weißen Trüffel. Sich hier oder in einem der umgebenden kleineren Weinorte für ein paar Tage niederzulassen wäre eine gute Idee – am besten im Spätsommer zur Weinlese oder im Herbst, wenn sich die Blätter der Rebstöcke gelb bis blutrot färben. Weiter geht es hinein ins Rebland des Barolo, wo zuerst das auf einer Anhöhe gelegene La Morra (513 m) mit bekannten Kellereien angepeilt wird. Der überaus hübsche kleine Ort ist schön zum Übernachten und um die Landschaft zu genießen. Ein schöner Blick eröffnet sich

INFO

Start: Turin
Ziel: Ventimiglia (bzw. San Remo)
Länge: ca. 360 Kilometer
Zeit: 3–4 Tage
Beste Reisezeit: April bis Oktober

Weinberge, so weit das Auge reicht, oftmals bekrönt von Städtchen mit mittelalterlichen Türmen

1 TURIN
2 Alba
3 Albenga
4 Pieve di Teco
5 Impéria
6 Tággia
Moncalieri
Chieri
Rivoli
Pinerolo
Carmagnola
Asti
Alessandria
Valenza
Moncalvo
Nizza Monferrato
Canelli
Ácqui Terme
Ovada
Bra
Savigliano
Saluzzo
Fossano
Cuneo
Mondovì
Dronero
Borgo S. Dalmazzo
Limone Piemonte
Ceva
Garessio
Cairo Montenotte
Savona
Varazze
Vado Lígure
Finale Lígure
Loano
Alássio
Laiguéglia
Diano Marina
Onéglia
Porto Maurizio
San Remo
Ospedaletti
Bordighera
Ventimiglia
Menton
Barolo
La Morra
Dogliani
Ligurisches
Meer
Isola Gallinara
Capo Mele
Capo Berta
Capo Verde
Capo di Noli
Capo di Vado
Isola di Bergeggi
A6
A10
A21
A26
A33
A7
0
10 km
N

vor allem vom Verteidigungsturm des zerstörten Castello an höchster Stelle. Hier lässt sich auch gut erkennen, dass La Morra noch immer einen intakten Mauerring besitzt. Im Ort kann man in den kleinen Delikatess- und Weinläden die regionalen Spezialitäten zur Sofortverkostung oder als Mitbringsel einkaufen, u. a. in der Cantina Comunale. Einen Tick teurer ist es im nahen Barolo, das sich in rund 300 Meter Höhe auf einem Hügel erhebt und sich ein wenig feudaler präsentiert. Im Castello, das aus dem 13. Jahrhundert stammt, lockt Liebhaber des tiefroten Barolo die Enoteca Regionale del Barolo zum Verkosten und Einkaufen, und nebenan in einem alten Weinkeller das Museo dei Cavatappi, das mit einer Sammlung von rund 600 Korkenziehern aufwartet. Eine echte Pause für Kenner also.

Flüssen und Bächen folgen

Der stark mäandernde Tanaro entspringt den Ligurischen Alpen, die zusammen mit den Seealpen die Grenze zwischen dem Piemont und Ligurien bilden. Ihm zu folgen ist für Landschaftsgenießer eine wunderbare Idee – fast bis zu den Quellen begeleiten wir ihn. Vor dem Monte Galero (1708 Meter) schlagen wir jedoch über den 957 Meter hohen Colle di San Bernardo einen Bogen nach Südosten und peilen **3 Albenga** an, ein malerisches Städtchen, das immer wieder den Besuch lohnt. Dann geht es gleich wieder ins Hinterland, über das hübsche Villanova d'Albenga, dem Arroscia-Bach folgend. Der Ort ist tatsächlich eine Neugründung, als sich Albenga von Piraten gefährdet sah, und wurde dessen agrarisches Zentrum. Die Strecke ist angenehm, fast verkehrsfrei, und verläuft entlang der historischen Salzstraße bis Borghetto d'Arroscia. Wir fahren durch meist biologisch bearbeitete Weingärten, die den begehrten Pigato hervorbringen, vorbei an Vessalico mit seinem kräftigen Knoblauch und Ölbaumplantagen und erreichen **4 Pieve di Teco.** Nie gehört? Unbedingt hinfahren!

Die Küste der Riviera ruft …

Wieder ist es ein Gewässer, dem wir folgen, diesmal dem Impero, der zum Küstenort **5 Imperia** führt, der zweigeteilten Stadt. Wir fahren ein Stück auf der küstennahen Landstraße, oft mit Blick auf die Autobahn, die auf ihren hohen Stelzen weit oben über Ligurien hinweg zu schweben scheint, bis Arma di Taggia. Doch der nette Badeort, der mit einfacheren Lokalen am Meer zum Zwischenstopp einlädt, ist nicht das Ziel. Von hier sind es wenige Minuten bis nach **6 Taggia**, das mit dem eindrucksvollen historischen Zentrum, einer bedeutenden Gemäldesammlung im Kloster und einer sehr fotogenen Brücke über den Argentina-Fluss eine längere Fahrpause verdient.

… und wieder ins Hinterland

Von Taggia aus der Argentina (auch Fiumara di Taggia genannt) flussaufwärts zu folgen bedeutet, wieder ein wunderbares Stück maritime Alpen zu erleben. Bis hinauf ins nördlich liegende mittelalterlich geprägte Triora verläuft unsere Route. Früher sperrte man alle, die unliebsam waren, so die vermeintlichen Hexen, gleich vorne ins Castello, wo heute ein Hexenmuseum eher belustigt denn ängstigt. In nächster Nachbarschaft kann man sich in Molini di Triora kulinarisch verwöhnen lassen. Ortsspezialität sind Schnecken, bei der feuchten Gegend mit gleich drei Bächen kein Wunder. Und so wird auch klar, warum es hier früher so viele Mühlen gab, 23 sollen es gewesen sein; geblieben sind zwei, allerdings eifrig in Betrieb.
Über den 1127 Meter hohen Langan-Pass geht es in engen Serpentinen zum kleinen Thermalort Pigna – mit der imposanten Kirchenruine von San Tommaso (12. Jahrhundert), den bunten Häusern und engen Gassen ein charmantes Örtchen. Jetzt folgen wir nicht dem Fluss Nervia, sondern fahren nach Osten bis Bajardo. Der mittelalterliche Festungsort in 900 Meter Höhe garantiert von seiner Pfarrkirche San Nicolò aus einen grandiosen Blick über die Seealpen. Auch das südwestlich folgende Apricale mit seinem ebenfalls mittelalterlichen Ortskern um Castello und Pfarrkirche bietet ein wunderbares Panorama. Doch bald ist über das von Wildbächen umflossene Bergdorf Isolabona unser eigentliches Ziel erreicht: Dolceacqua, ein Lieblingsausflugsziel der Küstenbewohner, erstens, weil es hübsch ist und eine dekorative Brücke mit hohem »Buckel« über den Fluss Nervia führt, die auch vom französischen Impressionisten Claude Monet gemalt wurde, und zweitens, weil es hier viele nette und gute Lokale gibt. Und drittens, weil man sich gerne an die anrührende Liebesgeschichte von Lucrezia und Basso erinnert, die sich hier zugetragen haben soll – mit gutem Aussgang, da es dem jungen Liebenden gelang, seine Liebste aus den Fängen des herrschsüchtigen Burgherrn zu befreien …
An der Küste angekommen, auf die man zwischen den Orten Ventimiglia und Bordighera trifft, fällt es schwer, sich für das nächste Ziel zu entscheiden: Richtung französische Grenze nach Ventimiglia und weiter zum Botanischen Garten Hanbury bei Mortola – oder nach Bordighera und gar San Remo an den Strand – eher einfach das erste, feudal und von russischem Prunk geprägt das zweite.

RESTAURANTS / ÜBERNACHTUNGEN

EINKEHREN

TRE GALLINE, TURIN
Eine der ältesten Trattorien der Stadt, mit verfeinerter Piemonteser Küche; außer samstags nur abends geöffnet.
www.3galline.it

CAFFÈ SAN CARLO, TURIN
Eines der historischen Caféhäuser der Stadt, an der Piazza San Carlo. Zum 200-jährigen Bestehen nach grundlegender Renovierung 2022 als Luxusrestaurant wiedereröffnet.
www.facebook.com/CaffeSanCarloTorino

OSTERIA DELL'ARCO, ALBA
Echte Piemonteser Küche, große Weinkarte, in netter Atmosphäre zu genießen mitten im Wein- und Trüffelstädtchen.
www.osteriadellarco.it

LA BAITA, GAZZO D'ARROSCIA
Biodynamisch arbeitendes Landgut bei Borghetto d'Aroscia, wo man im kleinen Dorf alle gutseigenen Produkte und die der Nachbarschaft verkosten und einkaufen kann, ob Olivenöl und Wein, Obst und Gemüse, auch eingelegt bzw. konserviert. Aber bevor es in 1100 Meter Höhe geht, lieber anrufen.
www.labaitagazzo.com

OSTERIA RA CULETA, BAJARDO
Winzige Osteria an der Hauptpiazza des Bergdorfes, das für seine »ciausun«, den frisch gebackenen salzigen Kuchen aus Spinat und Käse berühmt ist.
www.raculeta.com

PAOLO & BARBARA, SAN REMO
Superfeines Restaurant in historischem Palazzo, von Michelin besternt wegen seiner hervorragenden Fischküche und der intimen Atmosphäre mit wenigen Tischen. Etwas für besondere Anlässe wie etwa das Ende einer schönen Tour.
www.paolobarbara.it

ÜBERNACHTEN

VICTORIA, TURIN
In Jugendstil gestaltetes schönes Stadthotel mit wunderbarer Wellnessabteilung, fast ein Boutique-Hotel.
www.hotelvictoria-torino.com

CORTE GONDINA, LA MORRA
Mit viel Liebe zum Detail umgebaute Landvilla am unteren Ortsrand in herrlicher Panoramalage, Pool im ruhigen Garten, nur wenige aber romantische Zimmer; familiär geführt.
www.cortegondina.it

LA MERIDIANA HOTEL & GOLF RESORT, GARLENDA
Westlich von Albenga auf dem flachen, aber wunderschönen Land, ein traumhaft schönes Relais & Châteaux mit geschmackvollen Zimmern und Suiten. Poollandschaft im weitläufigen Park, zwei Restaurants vom Feinsten.
www.lameridianaresort.com

VILLA ELISA, BORDIGHERA
Familiär, unter deutscher Leitung geführtes Hotel in einer noblen Jugendstilvilla mit herrschaftlichen Salons, feinem Restaurant, kleiner Wellness-Abteilung und Pool.
www.villaelisa.com

ROYAL HOTEL, SAN REMO
Sicher das traditionsreichste Haus vor Ort mit dem Charme der Zeit um 1900. Über der Strandpromenade mit einem blühenden Garten, beheiztem Meerwasserpool, Tennisplatz und sehr gutem, Restaurant auch für Nicht-Hotelgäste.
www.royalhotelsanremo.com

Das alte Dorf Triora im Nervia-Tal ist bekannt für seine Hexengeschichten.

VOM AUTO ZU HIGHTECH UND AVANTGARDE

Fiat und die Agnelli haben Turin weltberühmt gemacht, doch inzwischen wurde die Stadt baulich und wirtschaftlich total umgekrempelt. Wo einst Fiat-Werke und ihre Zulieferbetriebe nahe der Bahnlinie standen, sind Apartmenthäuser und Forschungsinstitute entlang der Spina Centrale, des »Rückgrats«, entstanden, und die Museen quellen über vor zeitgenössischer Kunst.

1

↑ Turins Ägyptische Sammlungen zählen zu den bedeutendsten Europas.
↙ Piemonts Hauptstadt Turin glänzt mit mehreren wundervollen Plätzen, einer der grandiosesten ist die Piazza San Carlo.

Wer in den letzten drei Jahrzehnten Turin in größeren Abständen besucht hat, wird seinen Augen nicht getraut haben, in welchem Tempo sich die einstige Fiat-Metropole verändert hat. »Wenn es Fiat gut geht, geht es uns allen gut«, war ein viel zitierter Spruch der einheimischen Bevölkerung, die überwiegend aus Arbeitern der Automobilindustrie bestand. Dabei hat Turin seine Paläste an großzügigen Plätzen und in der Umgebung seiner Rolle als königlicher Sitz der Savoyer zu verdanken. Und natürlich seine traditionsreichen Caféhäuser.

Die Bahnanlagen, die eine breite Schneise durch die Stadt schlugen, wurden unter die Erde verlegt, die nun fahrende U-Bahn zählt zu den modernsten Italiens, wenn nicht ganz Europas. Der Bahnhof Porta Susa am westlichen Rand des Centro Storico wurde zum Zentralbahnhof umgestaltet mit Anbindung an die transeuropäischen Hochgeschwindigkeitsstrecke Lyon-Paris-Moskau, ein Vorhaben, das aber wohl nie das gesetzte Ziel erreichen wird …

Dafür wurde der alte Zentralbahnhof Porta Nuova zurückgestuft zu einem Knotenpunkt für die U- und S-Bahn – der ideale Startpunkt für einen Stadtbummel entlang der Via Roma, die bis zum Palazzo Madama führt. Denn hier beginnt eine wunderbare Strecke mit gepflegten Barockplätzen, eine Fußgängerzone, die bei jedem Wetter sorgloses Flanieren verspricht, ob es regnet, schneit oder die Sonne lacht. Schließlich ist die Stadt Turin stolze Besitzerin von rund 18 Kilometer schützenden Bogengängen.

Durch die Cafés und Eisdielen, Trattorien und Restaurants aller Couleurs und eine gut besuchte Universität mit Schwerpunkt Juristerei ist Turin eine sehr lebendige Stadt mit einer intensiven Aperitif-Kultur. Nicht zu vergessen die immer noch wachsende Zahl von Kulturtouristen, die wegen der zahlreichen Museen und Schlösser in die nördliche Metropole strömen. Ganz besonders an moderner und zeitgenössischer Kunst Interessierte sind von Turin begeistert, sie finden nicht nur museal aufbereitete Kunst vor, sondern immer öfter auch »Kunst im Raum« (oder im Freien) auf Plätzen und entlang der Spina Centrale, an der manche Skulpturen fest installiert sind.

Von den Museen …

Es ist eine schwere Entscheidung – wo fängt man in Turin mit dem Besuch seiner Museen an? Wer sich für Antikes interessiert, findet hier nicht nur eines der am besten bestückten Ägyptischen Museen (mit dem angeblich längsten erhaltenen Papyrus), sondern auch ein Archäologisches Museum vom Feinsten. Wessen Herz für die Filmkunst schlägt, dürfte längere Zeit, ja vielleicht Tage im Filmmuseum verbringen. Allein sein Standort in der als Synagoge geplanten Mole Antonelliana, die mit ihrer hohen Spitze alles in Turin überragt, ist fantastisch. Denn es ist kein gewöhnliches Museum, sondern lockt mit interaktiven Exponaten, an denen die Besucher in speziellen Kabinen u. a. historische Filme ansehen können. Zum Grundstock gehören mehr als 300 000 Manifeste, 20 000 Bücher und die Cinemathek mit mehr als 7200 Titeln. Aber allein das Gebäude ist bereits eine Sensation, auch von innen! Kein Wunder, dass dieses Museo Nazionale del Cinema zu den am besten besuchten Italiens gehört!

Schließlich die moderne und zeitgenössische Kunst, der zwei Museen und viele Galerien gewidmet sind: zentrumsnah zuerst das GAM, die Galleria Civica d'Arte Moderna e Contemporanea, ein echtes Highlight mit einer Dauerausstellung und Räumen für Sonderausstellungen. Die Sammlung umfasst mehr als 20 000 Werke: Gemälde und Zeichnungen, Drucke und Fotos, Skulpturen und Installationen. Klar, dass der Schwerpunkt auf Piemonteser Kunst liegt, der Innenhof fungiert als Skulpturengarten, von einer Licht-Installation des Konzeptkünstlers Maurizio Nannucci bekrönt – »All art has been contemporary« (jede Kunst war einmal zeitgenössisch). Was für ein passender Spruch für die zeitgenössische Kunst!

Im Castello di Rivoli wurde im Jahr 1984 das Museum moderner Kunst untergebracht, das einen interessanten Kontrast zu den feudalen Räumen des von Filippo Juvarra entworfenen Schlosses bildet, in dem die modernen Kunstwerke ausgestellt sind. 170 Exponate gehören zur Samm-

lung, die im Wechsel in Einzelausstellungen präsentiert werden: von Michelangelo Pistoletto und Giulio Paolini, von Mario Merz, dem geistigen Vater der Arte Povera, der »armen Kunst«, und Sol LeWitt, Richard Long, Luciano Fabro und Jannis Kounellis …

Turin bildet geradezu einen Anziehungspunkt für kulturelle Einrichtungen, die weiterhin zeitgenössische Kunst ermöglichen, etwa die Fondazione Sandretto Re Rebaudengo mit seiner eigenen Sammlung sowie Ausstellungen, Seminaren und Konferenzen zum Thema. Oder die Fondazione Merz mit Werken sowie dem Archiv und Projekten von Mario Merz und die 1998 gegründete Pistoletto-Stiftung in der ehemaligen Wollfabrik Trombetta, eine Idee von Michelangelo Pistoletto, der wie Merz zu den Gründern der Arte Povera gehört.

… zu den Schlössern der Savoyer …

Im Halbkreis umstehen die königlichen Schlösser Turin, die zusammen mit dem Palazzo Madama, Palazzo Carignano und dem Palazzo Reale in der Stadt seit 1997 ebenso zum Weltkulturerbe der UNESCO gehören wie das Castello del Valentino am Po. Die Residenzen sind wunderbar restauriert und für die Turiner Lieblingsausflugsziel an Sonn- und Feiertagen – also dann besser keinen Besuch einplanen.

Die Reggia di Venaria Reale nördlich von Turin war wie ihr Namen Italienisch-Kennern verrät, das königliche Jagdschloss, das nach dem Vorbild von Versailles ab 1661 gebaut wurde. Damit kein Unberechtigter das Gelände betreten konnte, wurde es mit einer 35 km langen Mauer umgeben. Aber das reichte wohl nicht: Südwestlich der Stadt befindet sich noch die Jagdresidenz, die Palazzina di Caccia Stupinigi, inmitten eines großen Parks. In diesem Herrschersitz wird seit 1919 gezeigt, wie sich die Savoyer einzurichten pflegten. Im Süden Turins liegen gleich zwei weitere Schlösser: das Castello di Moncalieri, das auf eine mittelalterliche Gründung zurückgeht, und das Castello di Racconigi weiter in Richtung Savigliano, das auf eine lange Baugeschichte vom 17. bis zum 19. Jahrhundert zurückblickt und sich entsprechend barock bis klassizistisch zeigt.

… und zum Abschied in den Parco de Valentino

Der Turiner liebster, weil sicher schönster Erholungspark ist der weitläufige Parco del Valentino. Er liegt mit dem mächtigen Castello del Valentino in seinem Zentrum am noch jungen Po, wo man nicht nur bei angenehmen Temperaturen sogar im Hochsommer genüsslich seinen Aperitivo oder einen *caffè* genießen, sondern auch zu einer Bootsfahrt aufbrechen kann. Zur Expo wurde 1984 eine Art mittelalterliche Burg mit dazugehörigem Borgo mit Kopien verschiedener Bauten aus dem Piemont und dem Aosta-Tal errichtet, die heute von Souvenirbuden besetzt sind. Na ja, möchte man sagen, aber nicht nur Familien mit Kindern haben ihre Freude daran, und die Gesamtanlage ist wirklich einladend.

↖ Nette Spielereien der Gartengestalter in Turins beliebtem Parco del Valentino direkt am Po, wo die Turinesi gerne länger verweilen
↙ Prunk, wohin man schaut in der Venaria Reale, dem königlichen Schloss in Turin

TIPP

TORINO FILM FESTIVAL
An rund acht Tagen finden jeweils zu wechselnden Terminen im November bzw. Dezember die Filmtage mit Zentrum im Nazionalen Film-Museum (siehe S. 25) statt.
www.torinofilmfest.org

SALONE DEL GUSTO
Im September/Oktober findet alle zwei Jahre in den geraden Jahren das wohl größte gastronomische Ereignis statt, das weit über die Grenzen Italiens hinaus seine Fans hat und dessen Wurzeln in der Slow-Food-Bewegung liegen.
https://2022.terramadresalonedelgusto.com

AUFWÄRTS MIT DER ZAHNRADBAHN
Die Tranvia a dentiera Sassi-Superga ist eine super Einrichtung, um den höher gelegenen Teil Turins bequem für sich zu erschließen. Das nostalgische Transportmittel fährt normalerweise im Stundentakt und nur tagsüber. An der Talstation kann man während der Wartezeit im hübschen Restaurant einkehren. In der Homepage der Turiner Transportbetriebe zu stöbern kann übrigens eine Menge Ideen für einen Besuch von Stadt und Umland bringen, mit allen dort angebotenen Spezialtarifen. Auch für die Zahnradbahn und die Bootstouren auf dem Po vom Valentino-Park aus sowie für richtig günstige Tagestickets für alle öffentlichen Verkehrsbetriebe, Besuch der Museen inbegriffen.
www.gtt.to.it

ALBA

DER DUFT VON TRÜFFELN UND WEIN

Mittelalterlich und von hoch aufragenden Türmen geprägt, ist Alba speziell im Herbst ein großartiges Reiseziel, wenn nicht nur bekennende Gourmets wegen der kostbaren Spezialitäten mit weißen Trüffeln ins Städtchen strömen. Die Weinlese bringt die ersten frischen Tropfen berühmter Lagen.

2

Ab dem ersten Oktober-Sonntag, wenn ein unbeschreiblich amüsanter und doch historischer Esel-Palio stattfindet, der Trüffelmarkt mitten im Städtchen seine Tore öffnet und den typisch herben Duft verströmt, dann ist Alba-Zeit. Dann zeigt sich die Stadt umrahmt von goldgelb und rostrot gefärbten Weingärten und Haselnussplantagen, bald in zarte Nebelschleier gehüllt.
Die Trüffelmesse ist eine internationale Veranstaltung, die von Oktober bis Anfang Dezember dauert und ein breites Publikum aus aller Welt anzieht. Albas Hotels und Pensionen können allerdings nicht alle Interessenten aufnehmen, die dann aber zum großen Teil im Umland unterkommen – was sicher kein Schaden ist, denn das Trüffel-Paradies liegt wunderbar eingebettet zwischen dem sanft gewellten Weinland des Roero und den waldreichen Hügeln der Langhe südlich des Tanaro-Flusses.
Der historische Mauergürtel existiert längst nicht mehr, denn Alba hat sich früh ausdehnen müssen. Rechts und links der etwas breiteren Hauptstraße Via Cavour tut sich ein enges Gassengewirr auf, ebenso entlang der Via Vittorio Emanuele, in der an Samstagen, wenn der große Wochenmarkt stattfindet, kaum ein Durchkommen ist. Aber es bereitet großes Vergnügen, hier an den Ständen, die mit gestickten Tischdecken und Gardinen aufwarten, zu stöbern, denn wer kauft schon als Urlauber Lebensmittel, es sei denn, man hat sich in einem Ferienhaus einquartiert. Der Wochenmarkt hier ist übrigens bereits seit dem Jahr 1171 dokumentiert – ob es damals schon Trüffel gab beziehungsweise ob man sie bereits als kulinarisches Highlight kannte und einen solchen Wirbel darum machte, ist nicht belegt …
Jedenfalls nimmt an der Via Vittorio Emanuele, die auch ohne Markt oder erst recht ohne ihn, die reinste Verführung in Sachen Kulinaria und Mode ist, das ehemalige Kloster Santa Maddalena ein großes Areal ein. Und dessen Kreuzgang ist genau der richtige Ort für die Internationale Messe der weißen Trüffel von Alba mit ihren unzähligen Probier- und Verkaufsständen. Im Klostergebäude ringsum finden auch Kulturinteressierte ein Ziel: das Museo Federico Eusebio mit archäologischen und naturkundlichen Sammlungen. Nicht überwältigend, aber immerhin.

Unter- und oberirdisch

Die archäologischen Funde stammen teilweise aus Albas »Unterwelt«, die man, gut ausgeleuchtet, aufsuchen kann. Dort wird man von Fachleuten in die römische Vergangenheit der Stadt eingeführt, aus der erstaunlich viel erhalten geblieben ist. Schon einmal in der Gegend, ist ein Blick auf die Kathedrale San Lorenzo zu empfehlen. Sie wurde bereits ab 1154 gebaut, was allerdings nur noch am Campanile erkennbar ist. Aber ihre spätere Ausstattung ist ebenfalls eine Betrachtung wert – das wunderbar mit Intarsien geschmückte Chorgestühl von Bernardino Fossati (1512) etwa und die beiden Barockkapellen rechts und links davon.
Keine Frage, dass Albas Trattorien und Restaurants, die teilweise in unterirdischen Gewölben untergebracht sind, auf Trüffelgerichte spezialisiert sind. Gerade wenig kostet das nicht, doch wie oft fährt man schon in die Trüffel-Welthauptstadt?

↑ Wem die weißen Trüffel von Alba zu teuer sind, bekommt auch duftende schwarze auf dem Markt.
← Alba besticht durch seine mittelalterlichen Bauten wie die hohen Geschlechtertürme.

TIPP

ALBA SOTTERANEA
Alba Pompeia hieß die römische Stadt, auf deren Grundmauern das mittelalterliche Alba entstand und sich bis heute weiterentwickelte, ohne die alten Strukturen völlig zu zerstören. Unterirdisch sind mehr als zweitausend Jahre Stadtgeschichte geblieben, nur wenige Meter unter dem heutigen Pflaster: ein Tempel, das Theater und das römische Forum, Mosaiken und Wohnhäuser sowie Teile der antiken Stadtmauer. Und das erste Taufbecken der Stadt. Die Besucher werden von archäologischen Experten geführt.
www.ambientecultura.it

TRÜFFELKAUF
Der Kauf der kostbaren Knollen ist Vertrauenssache. Am sichersten fahren Neulinge, wenn sie es in einem der traditionellen Spezialläden in Alba tun. Beispielsweise bei Tartufi Ponzio (gibt es seit 1947) in der Via Vittorio Emanuele – wo sonst!
www.tartufiponzio.com

3

ALBENGA

DEN TÜRMEN FOLGEN

Schon von Weitem machen die hohen, teils schiefen Türme Albengas neugierig, die aus der historisch kompakten Architektur des Mittelalters hinausragen. Landeinwärts zeigt die Stadt mit Riesengärtnereien, die auf mediterrane Würzkräuter spezialisiert sind, ihr landwirtschaftliches Gesicht.

Abgesehen vom mittelalterlichen Kern mit seinem interessanten sakralen Zentrum ist Albenga eine wunderbare kleine Bummelstadt. Dass ihre Bewohner vielfach von der Landwirtschaft leben, sieht man schnell an den bunten Auslagen der Obst- und Gemüsehändler, die Ortsspezialitäten hervorheben – so die begehrten und wirklich köstlichen Artischocken von Albenga, die trompetenartigen dünnen Zucchini namens »trombette«, den lila Spargel und neuerdings immer mehr Würzkräuter.

Die mittelalterlichen Türme, die schon aus der Ferne nach Albenga locken, sind Geschlechtertürme, der Stadtturm (Torre Civica) und die Glockentürme der Kirchen. Vom alten Albium Ingaunum aus dem 6. bis 4. vorchristlichen Jahrhundert ist wenig erhalten, umso mehr vom römischen Albingau-

num ab 181 v. Chr., etwa der akkurat in Rechtecke geteilte Stadtplan des ummauerten historischen Zentrums. Goten und Vandalen zerstörten die Stadt, die im 5. Jahrhundert vom späteren byzantinischen Kaiser Konstantin wieder aufgebaut wurde. Unter genuesischer Herrschaft folgte ab 1251 der Wiederaufbau und machte aus Albenga – bis heute – eines der am besten erhaltenen historischen Zentren West-Liguriens.
Der Hauptarm des Flusses Centa wurde in den Süden der Stadt verlegt, das brachte Albenga mehr Sicherheit und erlaubte auch die Öffnung zum Meer und damit die Anlage eines Hafens. Dieser versandete allzu schnell, und das Meer rückte immer weiter weg. Aus war es mit den Vorzügen der Hafenstadt. Sichtbares Überbleibsel des alten nördlichen Flusslaufes ist der Ponte Lungo, die zehn Bogen lange und sehr eindrucksvolle Brücke aus dem 12. Jahrhundert, über deren Pflaster aus Cisano-Stein man gehen kann.

Das Baptisterium und die Zahl acht

Mittendrin im mittelalterlichen Albenga duckt sich das oktogonale Baptisterium aus dem 5. Jahrhundert, das älteste noch erhaltene christliche Monument Liguriens. Vom Eingang aus, der dem alten Rathaus gegenüberliegt, schaut man auf den kleinen Chor, der in zierlichen Mosaikbildern wichtige christliche Symbole zeigt: zwölf Tauben für die zwölf Apostel, achtstrahlige Sterne und acht Säulen als die Symbolzahl Christi. Sie steht u. a. für den achten Schöpfungstag als Symbol der Auferstehung Christi.
In westlicher Richtung gelangt man durch den Innenhof in den Palazzo Vescovile, ein Gebäude-Konglomerat, das ab dem 11. Jahrhundert entstand und in dessem neuerem Teil aus dem 15. Jahrhundert im Obergeschoss das Museo Diocesano d'Arte Sacra untergebracht ist. Das muss man gesehen haben, denn erst dann wird klar, wie riesig das Diözesangebiet von Albenga war, das bis heute noch immerhin mehr als 600 Kirchen sein eigen nennt.
Der Palazzo Peloso Cepolla besitzt einen hohen Turm und beherbergt in seinem ersten Obergeschoss außer der interessanten Sammlung von Apothekengefäßen des Ospedale di Santa Maria di Misericordia noch das Museo Navale Romano. Es könnte wegen Umbaus noch eine Weile geschlossen bleiben. Sollte es seine Tore bereits wieder geöffnet haben, lohnt es wegen der ausgestellten Amphoren (nur ein Bruchteil der rund 10 000 gefundenen), die einem römischen Schiff aus dem 1. Jahrhundert v. Chr. entstammen. Dieses hatte der »Vater der italienischen Taucharchäologie« Nino Lamboglia (1912–1977) 1950 in nur 42 Meter Tiefe und nur eine Meile vor der Stadt gehoben.

↑ Der blaue Glasteller aus Albenga stammt aus römischer Zeit und zählt zu den feinsten Kostbarkeiten der Stadt.
← Ob von der Autobahn aus oder beim Näherkommen – Albengas mittelalterliche Türme sind von Weitem zu sehen und locken ins historische Zentrum.

TIPP

DER BLAUE TELLER

Im Osten Albengas nimmt der Palazzo Oddo ein ganzes Geviert ein, und in einer seiner oberen Etagen befindet sich eine unbeschreiblich schöne Sammlung römischer Glasarbeiten, die man in den Nekropolen entlang der Via Julia Augusta gefunden hat, darunter etwas ganz Besonderes: »il piatto blu«, »der blaue Teller« aus dem Grab Nr. 26. Seine Magie entfaltet der 1482 Gramm schwere, nicht perfekt kreisförmige, 5 bis 7 Millimeter dünne und mit rund 46 Zentimetern Durchmesser recht große Teller erst, wenn man ihn von hinten beleuchtet. Es muss ein wahrer Meister gewesen sein, der den Teller von seiner Rückseite aus mit feinstem Gerät bearbeitet hat, um zwei tanzende geflügelte Gestalten herauszuschälen.

ENTLANG DER VIA JULIA AUGUSTA

Kaiser Augustus ließ die Straße im Jahre 13 bauen, die von Piacenza vorbei an Albenga in die heutige Provence führt. Ein schönes Teilstück von acht Kilometern führt durch schattigen Wald und offenes Gelände mit schönen Ausblicken von Albenga zum feudalen Riviera-Badeort Alassio. Es lässt sich zu Fuß oder mit dem Mountainbike bequem zurücklegen und führt an sieben römischen Nekropolen mit typisch akkurat gesetzten Mauersteinen vorbei.

4

Pieve di Teco ist unverkennbar eine historische Handelsstadt.

PIEVE DI TECO

MARKTORT MIT LANGER HISTORIE

Das Städtchen am Arroscia-Fluss war einst eine bedeutende Station auf dem Weg der Händler entlang der historischen Salzstraße und wirkt heute wie aus der Zeit gefallen: mit winzigem Theater, freskengeschmücktem Rathaus und einladenden Lokalen.

Pieve di Teco mit heute gut 1400 Einwohnern war seit der Antike ein wichtiger Umschlagplatz für Waren entlang der Salzstraße, die die Berge von Cuneo mit dem Mittelmeer verband. Händler transportierten Salz aus dem ligurischen Meer, das man zur Konservierung von Fleisch und Fisch sowie für Oliven brauchte. Auf dem Rückweg führten sie Produkte aus der Piemontesischen Landwirtschaft mit, es gab also einen regen Austausch.

Die Läden unter den Bogengängen, die wegen ihrer Höhe und der gotisch anmutenden Zuspitzung für diese Gegend ungewöhnlich sind, besitzen tiefe Keller, die als Wein- und Warenlager dienten, von außen zugänglich sind und direkt an der Straße liegen. Der Tradition des wichtigen Marktortes folgend finden noch heute jeden letzten Sonntag des Monats gut besuchte Antiquitätenmärkte statt. Dann füllt sich die Hauptstraße, der Corso Mario Ponzoni, in seiner gesamten Länge unter und außerhalb der Bogengänge mit Ständen.

Das Rathaus bietet an den Marktsonntagen von 16.30 bis 18.30 Uhr geführte Touren zu den Schätzen von Pieve di Teco, etwa ins winzige Teatro Salvini mit seinen zwei Logenreihen an der Via Rambaldi 20, das nach seiner Restaurierung wieder benutzt wird und auf Anfrage zu besichtigen ist.

TIPP

ALTA VIA DEL SALE

Die alte Salzstraße ist heute eine Strecke für Freizeit- und Wettkampfsportler, die mit Geländewagen, Motocross, Quad, Mountainbike, zu Fuß oder zu Pferd zurückgelegt werden kann. Die Nutzung der Straße ist gebührenpflichtig und muss vorher reserviert werden. Außerdem ist sie nur im Sommer zugänglich. www.altaviadelsale.com

5

In Imperias Öl-Museum lernt man alles über Olivenöl.

IMPERIA

LIGURIENS ÖL-IMPERIUM

Mussolini ordnete an, die beiden Nachbargemeinden Oneglia und Porto Maurizio zu einer Stadt zusammenzulegen. Doch die Zweiteilung von Imperia ist auch heute noch sichtbar: Klassisch kühl ist Oneglia, eng und bunt Porto Maurizio mit steilen Gassen.

Es ist zwar nur ein Wortspiel, aber Imperia gilt tatsächlich als das Olivenöl-Imperium Liguriens. Ganz gleich, um welchen Ortsteil es geht – alles scheint hier auf Öl zu basieren, das in der Umgebung produziert wird. Und so sieht man überall Ölbäume: Olivenbaumplantagen an der Küste, Olivenbaumterrassen an den Abhängen und im Hinterland ebenfalls, bis in Höhen von mehr als 1000 Meter. Die gesamte historische Oberstadt, Parasio genannt, wurde in den letzten Jahren saniert, sodass sie nun eine Augenweide ist. Nur der riesige Duomo di San Maurizio, in neoklassischem Stil 1781 errichtet und größtes Gotteshaus der Region, könnte noch für eine ganze Weile eingerüstet sein. Auf dem Weg zu den Logge di Santa Chiara, der Begründerin des Klarissinenklosters, kommt man auch zum Geburtshaus von San Bernardo, dem Schutzpatron Imperias, an das eine kleine, schwarz-weiß gestreifte Kapelle angebaut ist. Das Santa-Chiara-Kloster wurde über den Resten des Kastells von Porto Maurizio in großartiger Lage mit Blick auf das Meer gebaut. Borgo Marina heißt der ursprüngliche Fischerhafen, der, nachdem er zwei Jahrhunderte der Verschiffung von Olivenöl und Pasta diente, nun vor allem als Marina für Segelboote und Motorjachten fungiert.

TIPP

SCHÖNSTES PRIVATES ÖLMUSEUM

Aus einer früher kleinen, fast muffigen Sammlung hat die Familie Carli, wohl die größte Olivenölproduzentin der Gegend, in den letzten Jahren ein wunderbares Museum geschaffen, das sich mit der Entwicklung des Olivenbaumanbaus ebenso beschäftigt wie mit der Herstellung des Olivenöls. Ergänzt wird das alles durch auserlesene historische Stücke aus dem Familienbesitz. www.museodellolivo.com

ÜBER 15 BÖGEN MUSST DU GEHEN

Die 300 m lange Brücke, die über den Argentina-Fluss führt, wird von 15 Bögen getragen und ist die längste mittelalterliche Brücke Liguriens, wenn nicht ganz Italiens – eine Bilderbuchbrücke, die wunderbar zur schönen, durch den dunklen Baustein allerdings etwas düster wirkenden Stadt passt.

Taggia kann mit allerhand Besonderheiten aufwarten, allen voran die dekorativen Schieferportale, mit denen die Adelspaläste geziert sind. Und es ist ein wahres Vergnügen, über die Argentina-Brücke zu gehen, die ins historische Zentrum führt und, den verschieden hohen Stützbögen folgend, ein unerwartetes Auf und Ab beim Beschreiten des unregelmäßigen Steinpflasters bietet.

Die in der Renaissance erweiterte Stadt breitet sich auf der westlichen Seite des Argentina-Flusses aus, der im Vorort Arma di Taggia ins Meer mündet. Jeden dritten Sonntag des

6

↑ Taggias Kloster San Domenico gilt als eine Pinakothek, sein Kreuzgang als eine Oase der Ruhe.
↙ Die römische Brücke von Taggia über den breiten Argentina-Fluss zu begehen gehört zu den besonderen Erlebnissen in Ligurien.

Monats findet traditionell der Antiquitätenmarkt Cose d'altri tempi (»Dinge aus anderen Zeiten«) statt und füllt Taggia mit Fremden, die in der Stadt sonst eher selten zu sehen sind. Organisiert wird der Markt in Zusammenarbeit mit der Associazione Belle Epoque, was man den meisten Ständen auch ansieht: Sie verkaufen vor allem Antiquitäten aus der Zeit des Jugendstils. Von 8 Uhr morgens bis 18 Uhr »tobt« normalerweise das Marktgeschehen rings um die Via Soleri, die Piazza Cavour und den Viale Rimembranze. Wenn man kein Antiquitätenfan ist, könnte es also sinnvoll sein, den Besuch für einen anderen Tag zu planen.
Taggia, das kaum über Meereshöhe liegt, lebt heute vom Verkauf eingelegter Oliven (»olive taggiasche«), vom Olivenöl, dem Anbau von Obst und Gemüse sowie von der Blumenzucht. In den Vororten spielt heute der Tourismus eine wichtige Rolle. Auf glorreichere Zeit verweist die solide Bausubstanz der Palazzi, die so hoch sind, dass sie kaum einen Lichtstrahl in die engen Gassen lassen.

Bummeln von Tür zu Tür

Die Via San Dalmazzo in Zentrumsnähe (hinter der Porta del Colletto) ist bemerkenswert, weil sie die dichteste Ansammlung von fein skulptierten Portalen aufweist. Sie zieren die Eingänge zu den Palästen, die entweder in der Renaissance entstanden oder zu dieser Zeit verändert wurden. Haus Nummer 103 etwa zeigt ein Basrelief mit dem Wappen der Familie Porro von 1473, am Haus Nummer 147, rund einhundert Meter weiter, ist über dem Portal des Familienpalastes das Wappen der Capponi aus dem 14. Jahrhundert angebracht. Den Hinweisen »Centro Storico itinerario consigliato« sollte man folgen, wenn man die interessanten Ecken der Altstadt entdecken möchte.
Es lohnt sich, das Dominikanerkloster aufzusuchen, das etwas erhöht am Rand der Stadt liegt – man kann davor gut parken –, denn darin verbirgt sich eine der wichtigsten Sammlungen der Malerei Westliguriens. Das Kloster wurde 1460 bis 1490 errichtet und von Bildhauern aus dem lombardischen Como verziert: den sogar namentlich bekannten Comacini Gasperino da Lancia (keine Lebensdaten, nur Notizen über Aktivitäten 1467 und 1474) und Filippo da Carlono (keine Lebensdaten überliefert). Die Kirche schmücken allein zwölf Altäre und unzählige Gemälde bedeutender Künstler, darunter eine Anbetung, die Parmigianino (1503–1540) zugeschrieben wird, eine geradezu höfische Szene in kostbaren Gewändern. Ein großartiges Polyptychon von Giovanni Canavesio (1450–1500) zeigt auf sechs Tafeln den Heiligen Dominikus, den Patron der Klosterkirche also, mit den vier Doktoren der Kirche und Heilige (1472).

TIPP

BUSSANA VECCHIA BLEIBT »ALT«
Seit dem frühen Morgen des 23. Februar 1887 gibt es Bussana Vecchia, wie es heute wegen der Errichtung des neuen Bussana am Meer heißt, eigentlich nicht mehr. Damals hatte ein verheerendes Erdbeben ganz Westligurien getroffen und machte Bussana fast dem Erdboden gleich. Wachgeküsst, aber nur ein wenig, haben es seit den 1960er-Jahren Künstler mit Ateliers und Wohnungen – und zogen Kneipenbesitzer nach, die sich vom so entstandenen Ausflugsort lohnende Geschäfte versprachen. Mit Erfolg, und daher herrscht am Wochenende Parkplatznot.
www.bussanavecchia.it

BUSSANA AM MEER
Ob Bussana Nuova oder Bussana Marina – gemeint ist immer das nach dem Erdbeben neu entstandene Bussana drei Kilometer entfernt direkt am Meer. Da ist Platz nicht nur für neue Wohnhäuser, sondern auch für nette Strandbäder. Die aussichtsreiche Punta d'Arma ermöglicht einen super Blick auf die Bucht von San Remo. Und ein Besuch in den Trattorien und Restaurants, die mit guter Fischküche aufwarten, fällt hier garantiert preiswerter aus als im Edelbadeort San Remo mit seinem berühmten Casino.

Eine der Schönsten unter den Schönen am Comer See – die Villa Serbelloni in Bellagio

ROUTE 2: DIE OBERITALIENISCHEN SEEN

DEN GLETSCHERN SEI DANK

Vom Lago Maggiore zum Lago di Como, dazwischen der teils zur Schweiz gehörende Luganer See sowie der Reigen kleiner Laghi, machen zusammen mit dem Gardasee und dem Iseosee aus der Lombardei die seenreichste Region Italiens. Und mit reichlich Wildbächen und Flüssen auch eine der wasserreichsten.

Es bietet sich an, erst einmal das dichteste Konglomerat an Seen zu entdecken, das im Norden als typische Gletscherzungen der letzten Eiszeit entstanden ist. Im Süden blieben an allen diesen Seen die Endmoränen liegen, die aus vorgeschobenen Steinen und Erdmassen bestehen. Lediglich am Lago di Como hatte sich im Süden den Eismassen ein Berg in den Weg gestellt und zur Zweiteilung des Gewässers geführt.

Fangen wir im Nordwesten noch im Schweizerischen Tessin, zu dem die Nordspitze des Lago Maggiore gehört, im schönen **1 Locarno** und seiner kleineren aber nicht minder hübschen Nachbarin Ascona

INFO

Start: Locarno
Ziel: Lecco
Länge: ca. 310 Kilometer
Dauer: 3–4 Tage
Beste Reisezeit: März–November

an. Am westlichen Seeufer entlang folgt Cannobio mit langer blumengeschmückter Promenade und kompakter Altstadt jenseits der Hauptstraße, für deren Erkundung man wegen der kieselgepflasterten Gassen rutschfestes Schuhwerk braucht. Eine schmale Straße führt über die eindrucksvolle Klamm von Sant'Anna ins Cannobinatal, das im Norden ins Val Vigezzo übergeht und in Domodossola endet.
Bleibt man am See, lockt bald darauf schon wieder ein Sträßchen ins nahe Trarego mit dem atemberaubend schönen Anwesen der deutschen Künstlerin Elisabeth Gerster. Ihre Skulpturen »Frauen im Wind« sind überall auf der früheren Pferdewiese verteilt. Mit den kulturellen Aktionen hat sie weitere Kunstschaffende ins Dorf hoch über dem See angezogen, neue Arbeitsplätze geschaffen und damit den Einheimischen wieder eine Perspektive und Motivation gegeben, hier zu bleiben oder in den Ort zurückzukehren. Großes Künstlertreffen und Begehung ist jeweils zu Ostern.
Nachdem man Ghiffa mit seinem Heiligen Berg und dem interessanten Hutmuseum in der früheren Fabrik passiert hat, kommt man im gesichtslosen Intra an. Dort führt ein kur-

Magnolien gehören zu den beliebtesten Blühbäumen an den Oberitalienischen Seen und zieren dort zahlreiche Gärten.

venreiches Sträßchen oberhalb des Sees über Vignone zur herrlichen Hochebene von Piancavallo und wieder zurück an den Lago Maggiore. In Verbanias Ortsteil Pallanza lockt der Botanische Garten der Villa Taranto zu einem Halt.

Stresa, die Borromäischen Inseln und der Süden

Zwischen dem Westausläufer des Lago Maggiore und dem kleinen Lago di Mergozzo nordwestlich ist über die Stadt mit dem rosa Granit, Baveno mit einladender Strandpromenade, das feine 2 **Stresa** erreicht, Ausgangspunkt für Bootsausflüge zu den vorgelagerten 3 **Borromäischen Inseln**. Ein herrlicher Abstecher führt von Stresa über den Ort der Schirmemacher, Gignese, zum benachbarten Ortasee mit dem wunderschönen Städtchen Orta San Giulio, darüber einer der schönsten Heiligen Berge (siehe S. 50), und vorgelagert das Inselchen San Giulio.
Zurück am Lago Maggiore folgt Belgirate, das im ausgehenden 18. und im 19. Jahrhundert ein beliebtes Ziel für Schriftsteller, den Adel und die Reichen war. Vor allem während der Befreiungskriege Italiens, als sich die Lombardei noch fest in österreichischer Hand befand, reiste man ins Piemont, zu dem die Westseite des Sees ja gehört. Das nahe Lesa gefällt wegen seiner Bogengänge am Ufer und der Villen, die manch Adeligem als Sommersitz dienten, etwa die neoklassizistische Villa Stampa, in der Alessandro Manzoni ab 1839 die Sommermonate verbrachte. Heute ist darin ein kleines Manzoni-Museum untergebracht. Zum erlauchten Kreis der Gäste des Schriftstellers gehörten auch zwei der bedeutendsten italienischen Staatsmänner seiner Zeit: Graf Gustavo Benso di Cavour und Massimo d'Azeglio.

Arona etwas weiter südlich macht stets eine »bella figura«: Gepflegte Platanen säumen die Straßen, die Altstadt ist zur Fußgängerzone umgestaltet, mit großzügiger Piazza del Popolo vor dem alten Hafen, wo unter den Arkadengängen der Häuser gegenüber nette Lokale locken. Dahinter bietet das Museo Archeologico eine sehenswerte Sammlung an Fundstücken aus den benachbarten Nekropolen der sogenannten Golasecca-Kultur, die von der frühen Eisenzeit im 10. bis ins 4. vorchristliche Jahrhundert reichen. Einige der Ausstellungsstücke sind wirklich bemerkenswert, etwa die Gürtelschnallen und Armreife, die Keramiken und eine raffinierte Sicherheitsnadel. Über allem thront die Ruine der Rocca von Arona, Geburtsort des hl. Carlo Borromeo und heute ein herrlicher Freizeitpark. Auf halber Höhe zwischen Rocca und See erhebt sich die riesige, aus Kupferplatten geschaffene Statue von San Carlo, Colosso di San Carlo Borromeo (1538–1584), die man von innen besteigen kann, so man keine Platzangst kennt und außerdem nicht allzu korpulent ist.
Auch in Angera am südlichen Ostufer haben die Borromäer eine Burg hinterlassen, die noch gut erhalten ist und besichtigt werden kann, mitsamt ihrer historischen Puppensammlung.
Unter Auslassung des restlichen langen Ostufers führt unsere Tour über die kleine Seenplatte von Lago di Comabbio, Lago di Monate und Lago di Varese in die Stadt 4 **Varese**, die etwas Zeit verlangt, und weiter nach 5 **Como** am nächsten großen der Oberitalienischen See, dem Lago di Como.

Der See mit den zwei »Beinen«

Der Monte Palanzone hat sich dem Gletschereis in den Weg gestellt und dafür gesorgt, dass der daraus entstandene Comer See die Form eines auf dem Kopf stehenden Ypsilons hat. Daher ist es nicht ganz einfach, ihn zu umfahren. Zum Glück gibt es ganzjährig Fährverbindungen zwischen den Orten in der Mitte des Sees, die mit ihren prächtigen Villen und engen Gassen ohnehin ein Must-see sind: Menaggio im Westen, Bellagio in der Mitte und Varenna im Osten.
Ein schöner Schlussakkord wäre 6 **Lecco**, wohl die am wenigsten bekannte Stadt am Lago di Como, dabei keine unwichtige. Italienische Schüler kennen sie zumindest aus der Schulzeit, weil niemand um die »italienischen Buddenbrooks«, wie Alessandro Manzonis Roman »Die Verlobten« genannt wird, herumgekommen ist. Manzoni, der uns bereits am Lago Maggiore begegnete, stammte aus Lecco, und schon die Stadt an sich ist es wert, besucht zu werden. Man kann hier praktischerweise an Wochenenden und Feiertagen günstig wohnen, denn die meisten Hotels haben während der Woche ihre Gäste – als Geschäftsreisende.

RESTAURANTS / ÜBERNACHTUNGEN

EINKEHREN

CAFFÈ DELL'ARTE, LOCARNO
Stylisches Café mit Bio-Küche im historischen Zentrum, mit sieben unterschiedlich designten Zimmern.
www.caffedellarte.ch

GLICINE AL LAGO, ARONA
Von Glyzinien bedeckte Terrasse mit tollem Seeblick zu Füßen der Kolossalstatue von San Carlo. Degustationsmenüs.
www.glicineallago.it

LUCE, VARESE
Gepflegtes Restaurant mit kleiner Karte in der Villa Panza, wo man inmitten von zeitgenössischer Kunst auch nur einen Drink zu sich nehmen kann.
https://fondoambiente.it/luoghi/villa-e-collezione-panza

IL BIRRIFICIO, COMO
Traditionsbrauerei in schöner Industriearchitektur des 19. Jahrhunderts mit herrlichem Biergarten.
www.ilbirrificio.it

ÜBERNACHTEN

LA RINASCENTE, LOCARNO
Wunderbar umgebautes und modern eingerichtetes Boutique-Hotel in einem Ambiente aus dem 16. Jahrhundert, teilweise mit originalen Deckenfresken.
http://hotel-rinascente.ch

GRAND HOTEL DES ILES BORROMEES, STRESA
Ein echtes Grandhotel im gepflegten Ambiente der vorletzten Jahrhundertwende, wo literarische und politische Größen abgestiegen sind. Darunter befand sich beispielsweise Ernest Hemingway, der hier längere Zeit in der Suite Nummer 105 weilte, um sich von seinen Wunden zu kurieren, die er sich bei seinen freiwilligen Kriegseinsätzen in Europa zugezogen hatte. Mit großem Park, eigener Bootsanlegestelle und sehr gutem Restaurant.
www.borromees.it

ELVEZIA, ISOLA BELLA, BORROMÄISCHE INSELN
Boutique-Hotel in der dritten Generation, nur acht sehr schön renovierte Zimmer. Mit großem Garten-Restaurant, wo verfeinerte Küche mit lokalen Produkten serviert wird.
www.elvezia.it

SAN CARLO, ARONA
Kleines, familiäres Hotel in allerbester Panoramalage nahe dem Koloss von San Carlo. Mit gutem Terrassenrestaurant.
www.hotelristorantesancarlo.it

BOLOGNA, VARESE
Wunderbar renoviertes, familiär geführtes Hotel mit 15 geräumigen Zimmern, Teil eines Klosters von 1550, mit gutem Restaurant, das traditionelle Küche serviert und immer wieder mit Spezialitätenwochen überrascht.
www.albergobologna.it

LE DUE CORTI, COMO
Historisches Haus im Zentrum und sogar mit Parkplatz, untergebracht in einer früheren Poststation mitsamt Pferdestallungen. Moderne Wellnessabteilung und Restaurant, alles sehr geschmack- und stilvoll eingerichtet.
www.hotelduecorti.com

NH LECCO PONTEVECCHIO, LECCO
Modernes, auf Kongresse und Geschäftsreisende eingestelltes Hotel in schöner Lage am Fluss und doch zentrumsnah, ideal für Durchreisende. Mit Restaurant und Garage.
www.nh-hotels.de/hotel/nh-lecco-pontevecchio

Wenn das Wetter stimmt, füllen sich die Cafés auf der Piazza von Orta San Giulio schnell.

1

Beim Filmfestival wird Locarno zum Open-Air-Kinosaal.

LOCARNO

DIE GRÖSSTE SCHWEIZERIN AM LAGO

Locarno ist die größte Stadt am Schweizer Nordufer des Lago Maggiore, ein geschäftiges Städtchen mit weitem Umland. Das historische Zentrum hinter der seenahen Piazza Grande ist Schauplatz und Kulisse für das Filmfestival im August.

Die Piazza Grande, Treffpunkt für Einheimische und Gäste im Herzen von Locarno, ist mit Kieselsteinen belegt, was beim Filmfestival sicher schon manche Stöckelabsätze eingeklemmt haben mag. Der Platz ist grandios und umgeben von einer Reihe von Palazzi in den verschiedensten Pastellfarben, mit schmiedeeisernen Balkonen und weit nach vorne geschobenen Markisen. Eisdielen, Cafés und auffallend viele Uhrengeschäfte sowie feine Modeboutiquen verbergen sich unter den Bogengängen.

Wer sich nicht gleich an diesem einladenden Platz niederlassen möchte, kann von seinem Scheitelpunkt in die schmalen Gassen des älteren Stadtteils ziehen. Am hübschesten dürfte die Via Panigari sein, die von kleinen Läden und Lokalen flankiert wird. Sie mündet in die Via Cittadella mit der Kirche Santa Maria Assunta, auch Chiesa Nuova (1636) genannt. Auffallend an ihrer Fassade ist eine riesige Christophorus-Darstellung, nicht wie sonst oft als Fresko ausgeführt, sondern als ausladende Stuckplastik. Links der Kirche befindet sich die Casa dei Canonici, das alte Pfarrhaus, die sich zwar in Privatbesitz befindet, deren Hof jedoch tagsüber meistens offen ist. So kann man in Ruhe die zweigeschossige Loggia des ansonsten schlichten Gebäudes betrachten.

TIPP

HINAUF AUF DEN HAUSBERG

Die Standseilbahn führt in wenigen Minuten nach Orselina mit der Wallfahrtskirche Madonna del Sasso und dem Klosterkomplex aus dem 16./17. Jahrhundert. Von der Bergstation geht es weiter mit der Seilbahn nach Cardada und von dort wiederum mit dem Doppelsessellift auf die Cimetta. Hier oben liegt einem ganz Locarno zu Füßen und noch vieles mehr.

2

Wahrlich schön, die Isola Bella der Borromäer

STRESA

NICHT MEHR SO FEIN, ABER GEMÜTLICH

Die vielen Jugendstilvillen, heute meist zu Hotels umgestaltet, zeugen von einer ruhmreichen Vergangenheit als Urlaubsort. Doch Stresa wird wegen der Nähe zu den Borromäischen Inseln massenweise von Ausflüglern überschwemmt, die zu den Booten strömen.

Viele Tagestouristen bedeuten, dass die Ankommenden sich meist auf die Schnelle versorgen möchten, also einen Snack oder eine Pizza auch zu Mittag essen wollen, jedoch weder ein feines Restaurant aufsuchen noch ein Quartier in einem der traditionellen Hotels beziehen. Also wird das Angebot reduziert, und das merkt man Stresa leider an. Aber an der Promenade und durch die Gassen hinter der Villenzeile bummeln, das bereitet noch immer Vergnügen, vielleicht ein leckeres Eis schleckend – und zu den Borromäischen Inseln hinüberschauen.

Dass es so viele historische Hotels in Stresa gibt, hat mit der Fertigstellung des Simplontunnels zu Beginn des 20. Jahrhunderts zu tun, der für die Eisenbahn unterhalb der napoleonischen Simplonstraße von Brig im Wallis nach Domodossola in den Berg gebohrt wurde. Grandhotels schossen wie Pilze aus dem Boden, nicht nur am Lago Maggiore rund um Stresa, aber hier auffallend viele.

Wenn die Tagesausflügler verschwunden sind, gehört Stresa wieder seinen Bewohnern und den Reisenden, die sich hier einquartiert haben. Ein abendlicher Bummel führt zu netten Lokalen etwa für eine Weinprobe mit kleinem Snack oder für ein bodenständiges Abendessen mit Blick auf den See.

TIPP

PFLANZEN UND TIERE DER VILLA PALLAVICINO

Am südlichen Ortsrand von Stresa breitet sich in Panoramalage der Parco Zoologico aus, der jedoch mehr als ein Zoo ist. Er bietet eine so große Vielfalt an Fauna und Flora, dass man darin gut ein paar Stunden verbringen könnte – erst recht, wenn das Restaurant in den alten Stallungen, der Scuderia, geöffnet hat oder das Hüttencafé weiter unten.

DREI KLEINE PERLEN IM GROSSEN SEE

Sie liegen ufernah wie gestrandete Schiffe inmitten des nach ihnen benannten Golfo Borromeo und faszinieren auch bei Dunkelheit, wenn viele kleine Lichter wie Leuchtkäfer über die kleinen Inseln zu hüpfen scheinen: Isola Bella, Isola Madre und Isola dei Pescatori, die als einzige nie den Borromäern gehörte.

3

Die drei Inseln im Golfo Borromeo zwischen Verbania, Baveno und Stresa sind während der Saison von Ostern bis Oktober tagsüber so überlaufen, dass es mitunter wenig Vergnügen bereitet, sie dann zu besichtigen. Aber meist bleibt einem nichts anderes übrig, als den vielen Touristen zu folgen. Einen ganzen Tag sollte man allerdings einplanen, auch wenn die Boote während der Saison recht häufig zwischen den Inseln und dem Ufer verkehren. Wer die Eilande in Ruhe erleben möchte, kann sich zumindest auf zwei von ihnen in einem Hotel oder einer Pension einquartieren: auf der Isola Bella wie auf der Isola dei Pescatori. Die Isola Madre wird dagegen noch immer von den Borromäern bewohnt, und man muss nach der Besichtigung der Villa – nur das Erdgeschoss ist zugänglich – und des Parks die Insel wieder mit dem Boot verlassen.

Isola Bella – auch schön und überlaufen

Wenn sich das Boot der Insel nähert und man am Westufer die Häuser mit den Hotels, Restaurants und Geschäften den Hang hinaufklettern sieht, erkennt man nicht, dass die riesige Villa der Borromäer – eigentlich ein Palazzo – im Norden der Insel und der weitläufige sonnenverwöhnte Park im Süden zusammengehören. Sie sind es aber, und bei der Besichtigung gelangt man fast unmerklich hin. Die Parkanlage auf zehn Ebenen gilt übrigens als der schönste Barockgarten Europas.
Als die Borromäer die Isola Inferiore, also die untere, kauften, bestand sie aus einem Felsen mit einem daran klebenden Fischerdorf. Es wurde planiert und umgeschichtet – das Dorf ließ man zum Glück, wie es war –, um den Palazzo Borromeo zu errichten, und zwar so, wie ihn sich Carlo III. Borromeo wünschte, nämlich im Stil seiner Zeit (1630), also barock. Er benannte die Insel nach seiner Frau Isabella d'Adda Isola Isabella – bis zur Isola Bella ist es phonetisch ja nicht weit!
Alles, was man als Besucher zu sehen bekommt – die Zimmer, ihre Einrichtung und Ausstattung mit Bildern und Wandteppichen – stammt aus der Erbauungszeit im 17. Jahrhundert. Leisten konnten es sich die Hausherren, die über Jahrhunderte, zuletzt als Bankiers, im zivilen wie im religiösen Leben (immerhin mit zwei Kardinälen) eine nicht unbedeutende Rolle in der italienischen Geschichte spielten.

Ihr Wappentier, das weiße Einhorn, taucht immer wieder auf: etwa in den kostbaren flämischen Wandteppichen der Sala degli Arazzi mit der aus sechs Teppichen bestehenden »Sammlung des Einhorns«, die Tugenden und Laster der Menschheit zum Thema haben, oder im Barockgarten, wo ein riesiges steinernes Einhorn die Szene beherrscht. Botanikfreunde werden sich da eher am monumentalen Kampferbaum erfreuen, wie man erfährt ein Lorbeergewächs aus Japan – aber diese Größe!

Isola dei Pescatori – gar nicht bescheiden

Zwischen den beiden Inseln, die den Borromäern gehören und die sie mit prächtigen Parks um ihre luxuriösen Villen ausgestattet haben und sie noch immer besitzen, schiebt sich wie zum Trotz eine Insel der Fischer, italienisch Isola dei Pescatori. Eigentlich heißt sie Isola Superiore, also die obere oder größere Insel, was sie ja auch ist. Bis vor rund 60 Jahren war sie tatsächlich noch von Fischern bewohnt, die ihren Lebensunterhalt dem Fischfang im umgebenden See verdankten. Heute dürften es wohlhabende Leute sein, die eine Pension oder ein Restaurant betreiben oder sich mit dem Verkauf von Souvenirs das tägliche Brot verdienen. Denn die Insel ist ein boomendes touristisches Nest mit schätzungs-

← Überall auf der Isola Bella ist das Symbol der Borromäer, das Einhorn, präsent, aber besonders eindrucksvoll präsentiert es sich im akkurat gestalteten Garten.
↗ Die kleine, aber feine Isola dei Pescatori, die Fischerinsel, hat ein besonders angenehmes Flair.

weise 50 zufriedenen Inselbewohnern. Tagsüber wird es von Tausenden von Touristen überfallartig eingenommen, sobald ein Linienboot angelegt hat. Diese machen sich anschließend auf den Weg durch die enge Parallelgasse im Dorf, die Via di Mezzo, und rund um die Insel oder setzen sich gleich ins erstbeste Lokal, um eventuell ein Fischgericht zu sich zu nehmen. Überraschend ist dabei, dass in den meisten Restaurants der Service freundlich geblieben ist und die Qualität gut, auch wenn viele der vorgelegten Fische nicht immer fangfrisch sind, sondern aus der Kühltruhe stammen. Ist ja nicht immer Saison!
Die Pfarrkirche mitten im Dorf zeigt zum Teil noch ihr romanisches Gesicht, innen sind Fresken aus dem 15. Jahrhundert erhalten, als die Kirche reich ausgestattet wurde. Der nördliche Zipfel der Insel ist unbebaut geblieben, dort finden sich bei schönem Wetter junge Menschen und Familien mit Kindern ein, die ein Plätzchen unter einem Schatten spendenden Baum besetzen konnten, packen ihr mitgebrachtes oder auf der Insel gekauftes Picknick aus und genießen es, auf der Insel der Fischer mit ihren noch immer bescheidenen Häusern an engen Gassen gelandet zu sein. – Und die Bewohner warten geduldig auf Herbst und Winter, wenn ihre Insel wieder ihnen gehört. Dabei wäre sie auch für Besucher gerade dann besonders romantisch …

Isola Madre – Mutterhaus mit Park

Einst stand eine kleine Kirche auf der größten Insel im Golfo Borromeo, doch schon 1501 ging sie in den Besitz der Borromäer über, die ihren Palast auf den Grundmauern der bereits verfallenen Kirche errichtet hatten. So wurde die Insel allmählich zur Sommerresidenz mit einem Garten, in dem seit

1603 Agrumen, Ölbäume und Reben dank des milden Klimas wunderbar gediehen. Immer mehr Pflanzen kamen hinzu. Heute darf man die ganze Insel als Botanischen Garten bezeichnen, der mit herrlichen Azaleen und Rhododendren, Magnolien und Glyzinien eine Augenweide ist. Dazwischen stolzieren weiße Pfaue, die männlichen schlagen ihre berühmten Räder von immenser Größe und werden von den meisten Besuchern mehr fotografiert als die Flora, deretwegen sie eigentlich auf die Insel gekommen sind.
Der fast kubische Palast im Renaissancestil wirkt dagegen altersgrau, zumindest das Erdgeschoss, das normalerweise besichtigt werden darf. Hier befinden sich u. a. eine Porzellan- und eine Livree-Sammlung sowie ein Marionettentheater. Vor dem Palast steht wieder die jahrhundertealte Kaschmirzypresse, die am 28. Juni 2009 beim verheerenden Sturm, der auch der Villa Pallanza gegenüber schlimme Schäden zugefügt hatte, entwurzelt und in einer unglaublichen Aktion wieder eingesetzt wurde. Einst galt das Gewächs als der schönste Baum der Welt, nun muss sich die Zypresse neu dem Wettbewerb stellen … Sie keimte übrigens aus Samen, die ein Korrespondent der Borromäer, ein gewisser William B. Pentland, im Juni 1882 tatsächlich aus Kaschmir per Boten seinem Herren in die Heimat geschickt hatte.

↖ Im Palazzo Borromeo, dem barocken Schmuckstück auf der Isola Bella, bewundern die Besucher die erhabene Architektur des zweigeschossigen Ballsaales.
↗ Kein Besucher der Isola Madre lässt sich die weißen Pfauen mit gespreiztem Gefieder als Fotomotiv entgehen.
→ Grottenarchitektur nennt man das, was sich im Untergeschoss des Palazzo Borromeo befindet.

TIPP

DIE TUGENDEN UND DIE SÜNDEN

In einem der unzähligen Säle des Palazzo Borromeo auf der Isola Bella, der Sala degli Arazzi vor dem Ausgang zum Garten, hängen sechs Wandteppiche aus dem 16. Jahrhundert, natürlich aus flämischer Manufaktur. Denn nirgendwo sonst in Europa wurden so kostbare und schöne Wandteppiche geschaffen. Ihre Themen haben die Flamen normalerweise Gemälden oder Stichen berühmter Maler entliehen, so auch in diesem Fall. Dargestellt sind in diesen als »Sammlung des Einhorns« betitelten Teppichen die Tugenden und Laster der Menschheit. Das eindrucksvollste Bild zeigt ein Einhorn, das als Wappentier der Borromäer fungiert, wie es mit seinem langen Horn einen Löwen aufspießt.

FLEXIBEL MIT KLEINEN BOOTEN

Wer sich seinen Ausflug auf die Inseln im Golf flexibel organisieren möchte, muss nicht auf die Linienboote warten. Am Lido von Carciano neben der Funivia, der Seilbahn zum Mottarone im Norden von Stresa, fahren öffentlich zugelassene, aber nicht im Liniendienst stehende Boote, deren Betreiber sich organisiert haben. Man findet sie oft auch neben dem zentralen Anleger der Linienboote. Mit ihnen kann man zu ehrlichen Preisen nicht nur auf die Inseln fahren, sondern auch andere Ziele am See anpeilen. Nachfragen lohnt sich. Und wenn man eine kleine Gruppe von mindestens sechs Personen bildet, werden die Fahrten noch günstiger.
www.isoleborromee.com

Schön und – fast – unbekannt ist die Stadt Lecco am rechten »Bein« des Comer Sees.

4

Sonnenaufgang über Santa Maria del Monte oberhalb von Varese

VARESE

EINE BESCHEIDENE GARTENSTADT

Varese, in der Hügellandschaft zwischen Lago Maggiore und dem Comer See gelegen, ist in große Parks eingebettet und vom Baustil des beginnenden 20. Jahrhunderts ebenso geprägt wie vom kurz darauffolgenden, protzigen Fascismo-Stil.

Dass Varese schon im Mittelalter als Handelsstadt florierte, erkennt man u. a. an den langen Bogengängen des Corso Matteotti. Im Erdgeschoss gab es schon damals Lager und Geschäfte, davor wurde an Markttagen die Ware ausgestellt, nicht anders als heute beim beliebten Flohmarkt am zweiten Sonntag des Monats (außer im August). So konnte und kann man bei Regen oder allzu starkem Sonnenschein Zuflucht finden unter den schattigen Arkaden, wo die Auslagen der Geschäfte und die Cafés locken.

Vareses Rathaus residiert im früheren Palazzo Estense, der so prunkvoll ist, dass ihn Stendhal auf seiner Italien-Reise bewundernd als das Versaille von Mailand bezeichnete. Der riesige Palast war 1766 bis 1771 Wohnsitz von Francesco III d'Este, der im Namen der österreichischen Krone, genauer von Maria Theresia, Fürst von Modena und Gouverneur der damals österreichischen Lombardei war. Er hatte die Vorgängervilla ausgewählt, weil schon diese ihn fasziniert haben soll. Er ließ sie vollständig umbauen und die prächtigen Gärten mit Wasserspielen gestalten – kein Wunder, dass man in den Gärten so viele Varesotti, die Einwohner von Varese, trifft. Mit Kind und Kegel flanieren sie und erfreuen sich auch an den häufigen Veranstaltungen, die von der Stadt speziell für Kinder organisiert werden.

TIPP

DIE »AMERIKANISCHE« VILLA PANZA

Nordöstlich vom historischen Zentrum geht es den Hügel hinauf zur Piazza Litta mit der Villa Panza und zu zeitgenössischer amerikanischer Kunst des bedeutenden Sammlers Giuseppe Panza. Die meisten Werke sind speziell für die Villa geschaffen worden.
https://fondoambiente.it/villa-e-collezione-panza-de

5

Die 34 Meter hohe Torre Porta Vittoria von 1192

COMO

AUF SEIDE GEBETTET

Die schöne Lage am See und sein historischer Ortskern ließen Como zu einem der bedeutendsten Fremdenverkehrsorte an den oberitalienischen Seen werden, mit einer ausgewogenen Infrastruktur und guter Anbindung per Boot an alle Seeorte.

Wer Seidenstoffe oder Bekleidung aus Seide kaufen möchte, ist in Como genau richtig. Aber ohne einen Stadtbummel geht nichts. Wie gut, dass ein Großteil des historischen Zentrums Fußgängerzone ist und in ihr die wichtigsten Denkmäler liegen, vom See aus praktisch in einer Linie hintereinander. Eindrucksvoll und mit reich dekorierten Fassaden präsentiert sich der Komplex aus Stadtturm, dem Palazzo del Broletto und dem Dom, der eine lange Bauzeit aufweist (1396–1740) und mit üppigem Skulpturenwerk und schöner Rosette aufwartet. Ein nahes Ziel ist die Kirche San Fedele mit polygonaler Apsis und eleganter Loggia. An San Fedele kann man erkennen, wie begabt die Steinmetze von Como (»comacini«) im Mittelalter waren, wundervoll sind hier die Basreliefs mit Engeln, Fabelwesen und Monstern.
In der parallel verlaufenden Via Volta haben sich bemerkenswerte Stadtpaläste aus dem beginnenden 20. Jahrhundert erhalten. Die gepflegte Nr. 62 ist das Geburtshaus des Physikers Alessandro Volta (1745–1827). Nummer 64, 70 und 72 haben ebenfalls wundervolle Gärten, Nummer 74 schließlich gehört dem Seidenfabrikanten Mantero und beweist, dass Como auf Seide gebettet ist, ebenso wie die Museen zum Thema: Museo della Seta und Museo Studio del Tessuto in der Prachtvilla Sucota der Fondazione Antonio Ratti.

TIPP

HINAUF AUF DEN »BALKON«
Brunate in 1100 Meter Höhe ist mit der Seilbahn ganz einfach zu erreichen, die Fahrt dauert nur sieben Minuten, und die Bahn verkehrt normalerweise von 6 bis 24 Uhr. Denn im romantischen Ausflugsziel befinden sich einladende Lokale, die bis spät geöffnet bleiben. www.funicolarecomo.it

DIE HEILIGEN BERGE IM NORDEN ITALIENS

Sacro Monte, Heiliger Berg? Weil die Pilgerfahrt ins Heilige Land durch den erstarkten Islam und auch durch die große Entfernung aus dem Norden fast unmöglich wurde, bot die Kirche den Gläubigen im 16. und 17. Jahrhundert in der Lombardei und im Piemont besondere spirituelle Orte für ihr Gebet, vier davon entlang unserer Tour.

Kapellengruppen in dichten Wäldern oder an Seen – ganz sicher das Herz rührende Plätze sind die neun Heiligen Berge im Norden Italiens, die 2003 offiziell von der UNESCO in die Liste der weltweit bedeutendsten Kulturgüter aufgenommen wurden. Allein vier davon befinden sich entlang unserer Tour an den Oberitalienischen Seen: in Varese und Orta, in Ghiffa und Domodossola.

Der Sacro Monte di Varese ist einer der beeindruckendsten Heiligen Berge Norditaliens und steht in der UNSCO-Liste ganz oben. Auch für den Büßer, Pilger oder Wanderer befindet sich der Sacro Monte ganz oben, nämlich mit dem Santuario am Dorf Santa Maria del Monte in 883 Meter Höhe. Und diese wollen über eine eigens dafür aus runden Flusskieseln gebaute breite Trasse erklommen werden, an der die

← Eine Hand zeigt den Pilgern an, wo es auf dem Monte Sacro von Orta entlanggeht.
↙ Blick auf die Kapelle und den heiligen Weg, der den Sacro Monte di Varese hinaufführt

14 Kapellen aus dem 17. Jahrhundert stehen, die mit mannshohen Terrakotta-Figuren vom Mysterium des Rosenkranzes erzählen. Da der Weg ab der ersten Kapelle (in 600 Meter Höhe) ein paar Kurven macht, kommen rund zwei Kilometer Wegstrecke zusammen. Wem das zu viel ist, der kann die Straße nach Santa Maria del Monte mit dem Fahrzeug hochfahren, wo es viele Parkplätze und nette Lokale gibt, und von dort so lange abwärts die Kapellen abgehen, bis ihm klar wird, dass er den Weg wieder hinauf muss …

Im tiefen Wald über dem Ortasee

Ortas Sacro Monte erreicht man zu Fuß wie die Pilger über eine breite, steile, aber relativ kurze Rampe vom Zentrum aus zur Pfarrkirche und von dort mit einem Knick nach rechts auf schmaler Straße zum Friedhof. Von dort geht es wiederum mit einem Knick nach links in die den Fußgängern vorbehaltene Strada del Sacro Monte. Die Strecke ist je nach Kondition in einer knappen halben Stunde oder auch weniger zu schaffen. Autofahrer folgen der gut ausgeschilderten Strecke bis auf 407 Meter Höhe und müssen oben auf einen freien Parkplatz hoffen. Denn auch der Heilige Berg ist den Fußgängern vorbehalten.
Es sind 20 Kapellen, mit der Cappella Nuova sogar 21. Das Ende ist bei der Chiesa dei Santi Nicolao e Francesco erreicht, mit der sich der Kreis der Kapellentour schließt. Auch wer nicht religiös ist oder mit religiöser Kunst wenig anfangen kann, wird sich hier kaum einer gewissen Euphorie entziehen können. Diese Kapellen sind einfach zu schön, die Figurengruppen in ihnen derart ausdrucksstark, und die Lage hätte schöner nicht gewählt werden können. Man wandelt unter jahrhundealten Bäumen, wackelt mit unpassendem Schuhwerk von einem Kieselsteinstreifen zum nächsten und erfreut sich an den Kapellen, die man schließlich doch alle hintereinander geschafft hat. Denn ohne es bemerkt zu haben, wird man von einer zu nächsten gelenkt, eine Hand mit ausgestrecktem Zeigefinger in die richtige Richtung trägt das Ihre dazu bei. Thema des Sacro Monte: Leben und Wirken des Heiligen Franziskus von Assisi.
Der Heilige Berg von Orta entstand im Jahr 1590 bei der bereits vorhandenen mittelalterlichen Kirche, die San Nicolao geweiht war, doch die letzten Kapellen stammen erst aus dem 18. Jahrhundert. Die ersten Kapellen sind noch relativ schlicht, aber auch sie sind bereits mit Fresken und Terrakottafiguren dekoriert. Kunstvoller geben sich die späteren, barock gestalteten Kapellen, etwa die Nummern XVII, XIX und XX, andere zeigen die Farbigkeit und Bewegungsfreude des Rokoko. Schließlich folgt die nummerlose dreistöckige Cappella Nuova im Stil des Neoklassizismus, die niemals vollendet wurde und manchmal für Ausstellungen genutzt wird. Die zuletzt errichtete ist aber die Kapelle XIV aus dem 18. Jahrhundert, sie zeigt, wie Franziskus den ägyptischen Sultan trifft, eine wunderbar orientalisch anmutende Szene. Franziskus fordert den Sultan auf, sich Christus zuzuwenden, dieser aber bietet ihm Geld und Frauen an …
Die Sacri Monti von Ghiffa und Domodossola können mit den beiden oben beschriebenen nicht Schritt halten. Schon mal in der Gegend, bieten sie aber sicher eine angenehme Pause.

EIN ROMAN MACHTE DIE STADT BERÜHMT

Die Provinzhauptstadt in schöner, fjordähnlicher Lage ist außerhalb der Lombardei höchstens aus der Literatur bekannt – Alessandro Manzoni (1785–1873), der hier aufwuchs, sei Dank. Eine Besonderheit der Stadt war außerdem die Seidenraupenzucht.

Was für deutsche Gymnasiasten einst Thomas Manns Roman »Buddenbrooks« war, ist noch heute für italienische Gymnasiasten der erste in ihrer Muttersprache geschriebene Roman, Manzonis »Die Verlobten« (1827). Die Handlung spielt zwar in einer imaginären Landschaft um den Comer See, doch lassen sich bestimmte Orte in und um Lecco ausmachen.

Die Stadt ehrt ihren wohl berühmtesten Sohn, Alessandro Manzoni (1785-1873), mit einem imposant-großen Denkmal auf der nach ihm benannten Piazza, doch auch mit dem

6

Museo Manzoniano an der Via Don Guanella sowie einem Manzoni-Weg im Ortsteil Pescarenico. Das vornehme Landhaus und Geburtsort des Romanciers, die Villa Manzoni am Ortsrand von Lecco, wurde zum Museum umgestaltet. Darin ausgestellt sind u.a. persönliche Gegenstände, etwa eine Wiege, in der Manzoni als Neugeborener gelegen haben soll, und natürlich einige Manuskripte sowie die erste Originalausgabe seines berühmtesten Romans. Im Obergeschoss der Villa befindet sich außerdem die Kunstsammlung des Civico Museo, genauer die Pinakothek des Städtischen Museums. Doch Lecco bietet mehr als nur Wandeln auf Manzonis Spuren. Allein die Lage am südlichen Zipfel des Lago di Lecco, dem »rechten Bein« des Comer Sees ist bezaubernd. Das verkehrsberuhigte Altstadtzentrum mit langer schattiger Seepromenade ist ebenso einladend wie die zentrale Via Roma zwischen Bahnhof und Adda-Mündung mit guten Einkaufsmöglichkeiten und verlockenden Cafés und Restaurants, die während der warmen Jahreszeit ihre Tische weit in die Fußgängerzone schieben – teilweise mit Blick auf einen mächtigen Bau an der Piazza XX Settembre, den Palazzo delle Paure (Palast der Ängste). Darin befindet sich die Städtische Sammlung zeitgenössischer Kunst, Grafik und Fotografie. Auf der anderen Schmalseite der großen Piazza drückt sich die Torre Viscontea in eine Ecke, wie üblich bei den Mailänder Fürsten mit Schwalbenschwanzzinnen. Einst war der Turm Teil einer großen Festung, in der im 17. Jahrhundert eine spanische Garnison untergebracht war, von der Alessandro Manzoni in seinem berühmten Roman erzählt.

Erstaunliches über die Raupenzucht

Der Comer See geht bei Lecco in den kleineren Garlate-See über, eine Ausbuchtung des Adda-Flusses, der weiter südlich in den größten Strom Italiens mündet, in den Po. Am Westufer des kleinen Sees befindet sich im Ort Garlate gleich an der Durchgangsstraße das Civico Museo della Seta Abegg, dessen Besuch man unbedingt einplanen sollte. Denn es zeigt viel Überraschendes zum Thema Seidenraupenzucht – als Besucher gewinnt man geradezu Hochachtung vor der komplizierten Produktion der edlen Seide aus dem Kokon einer Raupe – und wie schön, dass als Ausstellungsort eine Seidenspinnerei von 1841 gefunden wurde!
Como, lernt man hier neben allerlei anderem Wissenswerten, stellte die Seide her, Lecco bot die Spinnereien und Webereien für die Weiterverarbeitung. Das Civico Museo della Seta Abegg zeigt die dafür benötigten Webmaschinen aus dem 18./19. Jahrhundert und erklärt anschaulich die Entwicklung von der Seidenraupe bis zum fertigen Produkt.

↑ Schönstes Ausflugsziel vor den Toren der Stadt: der Resegone im Hinterland von Lecco
← Blick auf die von Bäumen gesäumte Seepromenade von Lecco und die Kirche San Nicolò, die das historische Zentrum des hübschen Ortes überragt

TIPP

HINAUF AUF DEN RESEGONE

Der Berg erreicht eine Höhe von 1875 Meter und ist das liebste Ausflugsziel der Einwohner und Gäste Leccos, wenn sie im Sommer die sprichwörtliche Frische suchen oder im Winter Ski fahren wollen. Sie nehmen für den Aufstieg gerne in 600 Meter Höhe die Seilbahn zu den Piani d'Erna (1329 Meter), die sich wie ein Amphitheater über Lecco aufzufächern scheinen. Von hier führen Wanderwege auf den Gipfel des Monte Resegone. Natürlich kann man auch zu Fuß oder mit dem Mountainbike gleich unten in Lecco mit dem Aufstieg beginnen. Oben werden alle, wie auch immer sie den Aufstieg bewältigt haben, mit mehreren Schutzhütten und Einkehrmöglichkeiten belohnt.
www.pianidibobbio.com

DIE KLEINEN SEEN ZWISCHEN LECCO UND COMO

Die zwischen den beiden »Beinen« des Comer Sees liegende Hügellandschaft Brianza gilt als die Möbelregion der Lombardei. Hier liegen die Briantei-Seen: Sie heißen Lago di Annone, Lago di Pusiano und Lago di Alserio sowie einige mehr, die immer kleiner werden, je näher sie Como kommen. Am besten für Erholung geeignet scheint der Pusiano-See zu sein, weit weg vom Straßenlärm, umgeben von Wiesen und einem schattigen Park. Die Ufer sind sanft abfallend und das Wasser sauber, auf der Lieblingsstrecke der Kanufahrer sind Motorboote tabu.
www.comune.pusiano.co.it

Sonnenbaden und Leckeres schlemmen vor der urigen, strohgedeckten Hütte des Borgo Cima Rest

ROUTE 3: IM WESTEN DES GARDASEES

UNTERWEGS IM PARCO ALTO GARDA BRESCIANO

Während das Ostufer des Gardasees wegen der besseren Erreichbarkeit über die Autobahn touristisch besonders gut erschlossen ist, wird das Westufer, speziell südlich von Limone, eher von Kennern aufgesucht, die lange Tunnelstrecken nicht scheuen. Der letzte Tunnel gehört zu Gargnano, dessen Hinterland hinreißend schön und als Naturpark geschützt ist.

Wir beginnen diesen Roadtrip ins Hinterland von 1 **Gargnano** von unserem zweiten Zuhause aus, dem kleinen Dorf Musaga oberhalb von Gargnano, das sich dem Süden so zuwendet, dass wir vom Schreibtisch aus bis nach Sirmione ganz im Süden und weiter über die Po-Ebene hinweg zum Tosko-Emilianischen Apennin schauen können. Die Provinzialstraße 9 führt in unzähligen Kurven hinauf und hinein in den Parco Alto Garda Bresciano, der sich parallel zum See zwischen Limone und Salò weit ins Hinterland zieht und Garant ist für dichte Wälder mit Lorbeer, Perückensträuchern, die sich im Herbst so schön rostrot färben, Fichten, Kiefern, Baumhasel und weiter oben Edelkastanien. Reißende Bäche rauschen entlang der engen Straße, auf der man ans Überholen nicht denken sollte, schon gar nicht, wenn an den Wochenenden Scharen von Rad- und Motorradfahrern unterwegs sind. Schon früh im Frühjahr bedecken die hellgelben

INFO

Start: Gargnano
Ziel: Gargnano
Länge: ca. 140 Kilometer
Dauer: 1-2 Tage
Beste Reisezeit: März–Oktober

echten Primeln die Abhänge ebenso wie zartrosa blühende Erika. Lange Zeit haben wir den gezackten Monte Castello di Gaino (866 Meter) und den mit 1582 Meter höheren massigen Monte Pizzócolo im Blick, deren Gipfel bei allen Wanderfreunden Sehnsucht wecken.

Bald taucht der Lago di Valvestino auf, der 1962 durch die Aufstauung des Toscolanobachs entstanden ist und vor allem der Stromerzeugung im E-Werk unten am Gardasee dient, das sich bei San Giacomo hinter der kleinen gleichnamigen Kapelle befindet. In 650 Meter Höhe lockt die Osteria Snack Bar Al Muli' zur Einkehr, der Infopoint des Naturparks, selten vor dem 1. April geöffnet, liegt direkt gegenüber. Ein lohnender Abstecher führt zehn Kilometer weiter aufwärts zur Cima Rest mit strohgedeckten Steinhütten. Wir nehmen jedoch an der Kreuzung die linke Abzweigung über Capovalle zum Idrosee und gelangen ins Sabbia-Tal. Die Dörfler auf dem Weg sind stolz auf ihre Steinhäuser und weisen mit dem Museo Reperti Bellici daraufhin, dass es hier nicht immer so friedlich zuging und viele Bauern als Soldaten in beiden Weltkriegen ihr Leben ließen.

Zum Urlaub am Gardasee gehört unbedingt ein Trip mit dem Segelschiff Siora Veronica der Grafen Cavazza von der Isola del Garda, der größten Insel im Gardasee.

Am Passo San Rocco, angeblich in genau 1000 Meter Höhe, geht es in engen Haarnadelkurven wieder abwärts zum Idrosee. Crone lädt zur ersten Badepause unter alten Platanen ein, rechts schiebt sich der Monte Cinola so weit in den See vor, dass es nicht weiter geht. Daher umrunden wir den See im Uhrzeigersinn. Auf seiner Westseite peilen wir gezielt die theatralisch den See überragende Festung von Anfo an – Achtung, durch die Tunnelstrecke ist der dazugehörige Parkplatz leicht zu verpassen. Wir passieren Ponte Caffaro mit dem Strand der Windsurfer, biegen bei Ca' Rossa nach Storo ab. Die Steinhäuser sind auffallend hoch, und viele von ihnen besitzen Holzbalkone, an denen früher der Mais getrocknet wurde, aus dem die berühmte Polenta di Storo besteht. Und für die Provinz Brescia gilt: kein Spiedo (Spießbraten) ohne Polenta, mit sehr viel Butter und Bergkäse …

Kalköfen und Pfahlbauten

Die Staatsstraße 240 könnte von Storo an als Freilichtmuseum durchgehen: Nach engen Kurven mit mehreren Brücken über den wilden Palvicobach gilt der Stopp zuerst dem kleinen, in ein Becken stürzenden Wasserfall im Parco Forte Ampola mit Museum. Kurz danach folgt ein weiterer Stopp beim ersten Kalkofen, dessen Funktionsweise genau erklärt wird. Wenige Kilometer weiter passieren wir das Rifugio Ampola mit gutem Restaurant, bei dem es bergwärts zu den Schutzhütten am Passo Tremalzo gehen könnte – Endstation für Autofahrer am Skigebiet. Unsere Tour führt nach kurzer Zeit links zu zwei historischen Kalköfen und auf der rechten Seite zum Lago d'Ampola. Sein Biotop wird sorgsam bewacht und im Besucherzentrum genau erläutert.

Unvermittelt öffnet sich das Ampolatal, es folgen im Ledrotal, das uns bis Riva begleiten wird, Tiarno di Sopra und Tiarno di Sotto, durch Holzhandel wohlhabend gewordene Dörfer – eine Sägerei reiht sich an die andere, die Häuser sind weiß verputzt und gepflegt.

Der Ponalebach durchfließt den Ledrosee, an dessen Südufer 1929 eine Gruppe von prähistorischen Pfahlbauten entdeckt wurde, als der Seespiegel wegen der Rohranbindung an das Wasserkraftwerk von Riva ein Stück abgesenkt werden musste. Nach einem Unwetter verschwand ein Teil der Hütten auf Nimmerwiedersehen, nur drei wurden gerettet und wieder aufgebaut. Die dort gemachten Funde wurden im Museo delle Palafitte vor Ort ausgestellt – Bronzegegenstände, Schmuck und Tongut, Pfeilspitzen und Faustkeile, sogar diverse Getreidesorten, Haselnüsse und Kastanien.

Die Hochebenen von Tremosine und Tignale

Ab Molina di Ledro geht es abwärts und zum Schluss schnurgerade durch den kilometerlangen Tunnel Richtung **2 Riva**, das die Nordwestspitze des Gardasees besetzt. Ab hier führen ein paar Tunnels nach Süden bis **3 Limone**, das bei Urlaubern so beliebt ist, dass man an manchen Ferientagen kaum durch die engen Gassen am See vorankommt. Dem ersten Hinweis nach Tremosine den Berg hinauf folgt, wer die beiden Hochebenen – Tremosine und Tignale (mit dem Museo del Bosco) – kennenlernen will – mit Zeit und Kurvenerfahrung. Dafür wird man mit herrlichen Ausblicken nicht nur auf den gegenüber aufsteigenden, lang gestreckten Monte Baldo belohnt, sondern auch in tiefe Täler und kleine Dörfer hinein. Zwischen beiden Hochtälern erhebt sich auf einer steilen Felsnase die besuchenswerte Wallfahrtskirche Madonna di Montecastello. Den Wagen muss man unten lassen und wie die Pilger hochlaufen.

Für erfahrene Autofahrer gibt es ab der Gardesana Occidentale 6,5 Kilometer südlich von Limone eine Auffahrt über die Strada della Forra (ca. 6 Kilometer) zur Tremosine-Hochebene bzw. zum Ortsteil Pieve. Es ist eine Tour durch das wunderbar wilde, enge Brasa-Tal mit seinen alten Hammerschmieden und Mühlen. Beide Hochebenen werden durch einen landschaftlich abwechslungsreichen, an Serpentinen (ital. *tornante*) reichen Einschnitt getrennt. Von den letzten Teilorten der Sammelgemeine Tignale, Gardola und Oldesio, geht es wieder hinunter zur Occidentale und durch den letzten Tunnel zurück nach Gargnano.

RESTAURANTS / ÜBERNACHTUNGEN

EINKEHREN

AL MIRALAGO, GARGNANO
Kleines Restaurant mit großer Freifläche am See nahe dem kleinen Hafen. Super freundlicher, professioneller Service durch das Besitzerehepaar Ilaria und Carlo, das auch Wert auf fein gedeckte Tische und gepflegte Weine legt. Kleine wechselnde Karte, gern mit Fischgerichten, keine allzu üppigen Portionen.
www.facebook.com/Ristorante-Al-Miralago-153442224820423/

CIVICO 20, VILLA DI GARGNANO
Süße kleine Osteria mit großer Freifläche am kleinen Hafen von Villa. Kleine jahreszeitlich variierende Speisekarte, die Pasta ist hausgemacht, die Teller sind schön angerichtet, netter Service.
http://facebook.com/osteriacivico20

AL PESCATORE, PONTE CAFFARO
Familiäres, in weiter Umgebung beliebtes Restaurant am Nordende des Idrosees. Neben 18 Gerichten mit Fischen aus dem See stehen auf der Speisekarte auch Vegetarisches und Fleischgerichte. Rustikal, aber gut und in großen Portionen. Auch einfache Zimmer mit Seeblick.
www.alpescatorelagodidro.it

BRASA, TREMOSINE
Urige familiäre Trattoria über dem Wildbach in der Schlucht zwischen Pieve und dem See. Man sitzt entweder innen in der restaurierten Hammerschmiede, auf der gedeckten Terrasse davor oder ganz im Freien. Forellen und Fleischgerichte vom Holzkohlengrill, Pasta und auch Pizza.
www.brasa.it

AL LAMBIC, TIGNALE
Großartige Trattoria in den urigen Räumen der historischen Schnapsbrennerei, die zur Herrschaftsvilla des Landwirtschaftsbetriebes am Ortsrand gehört. Außer an Sonn- und Feiertagen nur abends geöffnet. Hausgemachte Pasta, deftige Fleischgerichte, viel aus Eigenproduktion, nicht nur die Schnäpse.
http://agrilambic.it

ÜBERNACHTEN

VILLA SOSTAGA, GARGNANO
Feines Boutique-Hotel, untergebracht in der früheren Jagdvilla der Feltrinelli am Berg über dem Vorort Navazzo. Die Anfahrt erfolgt über einen Kilometer durch den Wald. Zimmer und Suiten in Hauptvilla und Nebengebäude, großer Garten mit Pool in herrlicher Panoramalage. Gepflegtes Spa. Sehr gutes Restaurant, auch für Nicht-Hotelgäste, wenn sie rechtzeitig reservieren.
www.villasostaga.it

HOTEL LIDO, PIEVE DI LEDRO
Gepflegte Zimmer im schön renovierten Hotel am Nordende des Sees, mit großem, schön angelegtem Garten direkt am Seeufer. Das Hotel verfügt über einen eigenen Zugang zum See, Bootssteg und -verleih, insgesamt sportliche Atmosphäre mit Innenpool und kleinem Fitnessraum. Parkplatz vorhanden.
www.hotellidoledro.it

HOTEL SOLE, RIVA
Etwas verschachteltes Traditionshotel zwischen Hafen und Stadtturm, mit gutem Restaurant auch für Nicht-Hotelgäste und kleinem Spa. Das Fahrzeug kann man im städtischen Parkhaus auf der Bergseite abstellen.
www.hotelsoleriva.it

Gemütlichkeit wird im Lambic genauso großgeschrieben wie das hervorragende Essen.

ZUM GLÜCK HAT GARGNANO DEN TOURISMUS VERSCHLAFEN

Gargnano gehört zu den wenigen Orten am Gardasee, die sich ihr Aussehen und ihren Charakter fast so erhalten konnten, wie es schon die ersten Reisenden erlebt haben. Am kleinen Hafen steht der Fischer wie eh und je unter der Bogenhalle des alten Rathauses, Treff der lokalen Rentner, die sich zum Schwatz oder Kartenspiel niederlassen.

Goethe hat den Ort gerade einmal kurz vom Boot aus gesehen und erwähnt, als er von Malcesine, wo er im September 1786 wegen Spionageverdachts kurz gefangen gehalten wurde, auf seiner Italien-Reise weiter Richtung Venedig zog. Doch der empfindsame englische Dichter D. H. Lawrence hat hier einen ganzen Winter verbracht und seine Erlebnisse mit den Einheimischen und seine Entdeckungen auf zahlreichen Wanderungen in vielen Briefen und in seinem Werk »Italienische Dämmerung« von 1916 beschrieben. Sabine Frank, die deutsche Malerin mit Galerie in Villa di Gargnano, hat zum hundertjährigen Jubiläum seine Stationen im schmalen Zeichenheft nachvollzogen.
Es waren nicht gerade beschönigende Worte, mit denen Lawrence Gargnano schilderte: »ein ziemlich baufälliger Ort am See. Man kann ihn nur mit dem Dampfer erreichen, wegen der steilen, felsigen Berghänge dahinter … Auf den Hügeln hinter dem Ort sind Weinberge und Olivenwälder und Zitronenhaine. Ein hübscher kleiner Dorfplatz ist da, wo die Italiener

1

schwatzen und die Fischer ihre Boote an Land ziehen ... Es ist alles unbeschreiblich hübsch, gar kein Touristenbetrieb, einfach ein gewöhnliches italienisches Dorf ...«
Welch ein Glück, dass sich Gargnano lange nicht dem Diktat des Fremdenverkehrs gebeugt hat, so blieb es zumindest in den drei Ortsteilen am Seeufer intakt. Hotels und Pensionen mussten sich in den alten Mauern einrichten, in Jugendstilvillen und in Zitronengewächshäusern, den Limonaie. Und so treffen sich die Einheimischen wie schon immer am kleinen Hafen, ob im Hauptort Gargnano oder im Ortsteil Villa. Nur der Ortsteil Bogliaco schert aus trotz des ebenfalls kleinen alten Hafens – denn es avancierte zum Austragungsort der größten Segelregatta in einem europäischen See, der Centomiglia.

↑ Der Kreuzgang von San Francesco am Ortseingang von Gargnano strahlt eine fast spirituelle Atmosphäre aus.
← Die kurze mit Bitterorangen bestandene Promenade von Gargnano ist mit den zahlreichen Bars und Cafés auf der Landseite eine beliebte Aperitifmeile.

Zitronengewächshäuser und Kanonenkugeln

Am südlichen Ortseingang erhebt sich das ehemalige Franziskanerkloster mit seinem zauberhaften, mit fruchttragenden Kapitellen geschmückten Kreuzgang. Es war der hl. Franziskus, der die Zitrusfrüchte nach Gargnano gebracht haben soll, die aus dem Ort nicht mehr wegzudenken sind.
Schnell ist entlang der kurzen Hauptgasse der kleine Hafen erreicht. Wer hier die Häuserfronten genauer betrachtet, wird die Steinkugeln bemerken, die an vielen Stellen halb aus den Fassaden ragen – es sind die Kanonenkugeln, mit denen die österreichischen Angreifer 1866 den Ort beschossen und die sich in den Mauern der Palazzi verewigt haben, allerdings ohne größeren Schaden anzurichten.
Cafés, die beim ersten warmen Sonnenstrahl ihre Tische nach draußen stellen, weisen auf einen noch sanften Fremdenverkehr hin. Allerdings füllen sie sich nur an den Wochenenden und im Hochsommer zu Ferragosto, wenn »tutta Italia« unterwegs ist. In der frisch gepflasterten Hauptgasse parallel zum See, die großspurig Via Roma genannt wird, sind zwei Jugendstilvillen in nette Pensionen umgewandelt. Für den täglichen Bedarf ist bestens gesorgt: Bäcker, zwei Metzgereien, gleich drei Lebensmittelläden, drei Eisdielen, aber auch drei Modeboutiquen, zwei Banken, und ein sehr gut bestücktes Schuhgeschäft sowie die Ferramenta Federici, in der es wirklich alle Haushaltsartikel gibt, die man sich vorstellen kann – ganz so, als lebten in Gargnano mitsamt seinen zehn Dörfern auf dem Berg, dem Montegargnano, viel mehr als die tatsächlich gezählten knapp Dreitausend.
Erstaunlicherweise findet sich in Gargnano die größte Anzahl von Michelin-besternten Restaurants: das winzig kleine Tortuga, das erste Restaurant am Lago, das einen Stern erhielt, außerdem das Restaurant Villa Giulia mit einem Stern und das Restaurant in der Villa Feltrinelli mit zwei Sternen.

TIPP

GIARDINI D'AGRUMI

Gargnano begeht jeweils an drei Tagen Mitte bis Ende April ein besonderes Fest, das seinen Zitronengärten gewidmet ist und allem, was aus den Agrumen produziert werden kann. Schließlich befinden sich hier die meisten Limonaie (siehe S. 62), spezielle Gewächshäuser, in den die Zitronen überwintern. Die biologisch arbeitenden Gargnanesi haben einen Verein gegründet, um ihre Produkte auch außerhalb der Festlichkeiten im eigenen kleinen Laden Terra e Sapori verkaufen zu können.
www.terresapori.it

KAPERN ÜBER DER GASSE

Von der Gardesana geht nahe der Ampelkreuzung die mit Seekieseln gepflasterte Via Crocifisso ab, die auf die Bergseite Gargnanos mit einigen der ältesten Limonaie führt, die teils nur als Ruinen erhalten sind. Aus den alten Mauern quellen von oben riesige Kapernbüsche, die im Frühsommer ihre zarten Blüten entfalten – eine echte Naturschönheit!

CENTOMIGLIA

Am ersten September-Wochenende findet alljährlich in Gargnanos Vorort Bogliaco die internationale Segelregatta statt, an der sich Mannschaften aus aller Welt beteiligen. Doch steht Bogliaco di Gargnano das ganze Jahr über im Zeichen des Segelsports – überall Boote, auch aufgebockt auf hohen Stelzen zwischen dem Hafen und der bunten Häuserzeile.
www.centomiglia.it

So leer wie auf dem Bild ist Riva sonst nie …

2

RIVA

GANZ IM NORDEN FEST UMMAUERT

Riva lockt zu einer Pause auf der Piazza Catena zwischen Hafen und historischem Zentrum, auch zum Aufstieg mit dem neuen gläsernen Panorama-Aufzug zur Rochetta, um das Städtchen und den nördlichen Gardasee vor sich ausgebreitet zu sehen.

Ausgesprochen hübsch am fjordartig engen Nordufer gelegen, konnte sich das Städtchen über seine mittelalterliche Mauer hinaus nach Norden bequem ins Schwemmgebiet des Sarcatals ausbreiten. Doch im Westen wird es von seinem Hausberg, dem steil aufragenden Monte Rocchetta (1575 Meter) mit dem Bastione-Hügel (212 Meter), begrenzt. Zu dessen Füßen breitet sich das große Ponale-Kraftwerk aus, das eher wie eine Villa des beginnenden 20. Jahrhunderts anmutet. Durch drei Druckleitungen ist es mit dem 500 m höher gelegenen Ledrosee verbunden, der auch als Speicherbecken für den Gardasee dient.
Auf der anderen Seite des Hafenbeckens hat auf einer kleinen Insel die mächtige Seefestung Platz gefunden, die über eine Brücke zu erreichen ist. Die Dächer der meist drei- und vierstöckigen Häuser sind mit roten Ziegeln gedeckt und bilden eine schöne Dachlandschaft, aus der die mittelalterliche Torre Apponale mit der Stadtuhr herausragt – 34 Meter hoch und über 165 Stufen zu besteigen. Das historische Zentrum innerhalb der Stadtmauern ist für den Autoverkehr gesperrt. Es bezaubert mit gut erhaltenen Toren und engen Gassen, an denen Cafés, Restaurants und Souvenirläden locken.

TIPP

MIT LAUTEM DONNER UND SPRITZERN

Ja, man versteht sein eigenes Wort nicht mehr, und nass gespritzt wird man auch noch bei diesem Naturschauspiel der Cascata del Varone nördlich von Riva. Also Regenschutz nicht vergessen! Zur Erholung bieten sich danach ein Spaziergang rund um den Tennosee wenige Kilometer nördlich und auf dem Rückweg ein Rundgang durch das Künstlerdorf Canale an. www.cascata-varone.com

3

Zauberhaft ist der alte winzige Fischerhafen von Limone.

LIMONE

LIMONE KOMMT NICHT VON LIMONEN

Für viele ist Limone der schönste Ort am Gardasee. Seinen Ruhm verdankt er der zauberhaften Lage, dem reizvollen alten Hafen, dem milden Klima und den auffälligen Limonaie, die man fälschlicherweise für die Namensgeberinnen hält.

Limone kommt jedoch vom lateinischen Wort »limes« und bedeutet Grenze – daher der Ortsname! Und heute ist Limone fast schon zum Opfer seiner Fans geworden, die es bereits im Frühjahr überfallartig einnehmen. So bleibt es bis zum Herbst: volle Gassen, unzählige Souvenirläden, Nureinheitspreise in manchen Cafés und Restaurants und viele Gäste in Hotelkästen, die ohne Rücksicht auf die alte Bausubstanz in die historischen Zitronengärten gesetzt wurden.
Mit der neuen Fährschiff-Anlegestelle am südlichen Ortsrand, dem Porto Nuovo vor dem schön ausgebauten Kiesstrand, hat Limone touristisch zusätzlich an Bedeutung gewonnen. Gleichzeitig wurden Parkplatz, Hafen und der gesamte Lungolago Marconi bis zur Polizeiwache mit einer verbreiterten Promenade angebunden, was noch mehr Platz für Menschenmassen bedeutet, die sich dann weiter durch die engen Gassen zum Porto Vecchio schieben, der allein schon durch seine Winzigkeit und die hübschen umgebenden Häuser noch immer romantisch wirkt. Vom alten Hafen durchzieht eine schmale Hauptgasse Limone weiter Richtung Norden und führt zur wunderbar restaurierten Limonaia del Castel, die man nicht auslassen darf.

TIPP

DREI MUSEEN
Außer der Schaulimonaia, Limonaia del Castel, besitzt Limone noch das Museo del Turismo an der neuen Promenade zum Porto Nuovo, das von den Anfängen des Fremdenverkehrs in Limone und den illustren Gästen erzählt, die sich hier bereits tummelten. Das kleine Fischermuseum, Museo dei Pescatori im Stadtpark zeigt, wie die traditionellen Fischer lebten.
www.visitlimonesulgarda.com

FROSTALARM AUS DEM TONTÖPFCHEN

Sie stehen am Westufer und wirken wie Ruinen: gestelzte Bauten, im Sommer offen und im Winter früher durch Glasscheiben geschlossen. Originale Limonaie sind nicht mehr viele geblieben, 1850 waren es allein in Gargnano noch mehr als 450. Wie sie funktionieren, ließen wir uns genau dort erklären.

Giuseppe Gandossi ist passionierter Besitzer einer Limonaia und hat diese Leidenschaft auch auf seinen Sohn Fabio übertragen, der seine Limonaia besichtigen lässt. Schließlich soll der hl. Franz von Assisi die ersten Limonen aus dem Süden des Landes nach Gargnano gebracht haben, als er das Kloster San Francesco zu Beginn des 13. Jahrhunderts gründete. Aber weil es am Gardasee im Winter doch mal frostig werden kann, mussten die Zitrusfrüchte geschützt werden. Die Lösung waren Gewächshäuser, die zur kalten Jahreszeit mit Glasfenstern geschlossen und sogar mit Kohleöfen beheizt werden konnten. Ob die Zeit fürs Gewächshaus schon gekommen war, sah man an den kleinen Tontöpfen, die man unter die Bäume stellte: War das Wasser darin gefroren, gab es Frostalarm.

← Ein schönes Beispiel für ein wieder funktionierendes Limonenhaus ist das von Limone, nun ein Museum.
↙ Für die Limonaia wurde der Südflügel des Castello in Torri del Benaco abgerissen.
↓ Fabio Gandossi ist eigentlich Maler und Bühnenbildner, doch als sein Vater aus Altersgründen aufgeben musste, übernahm er die Familienlimonaia.

Ende des 16. Jahrhunderts waren die hier »zardi de limù« genannten Früchte so begehrt, dass man sie entlang der gesamten westlichen Uferstrecke von Limone bis Salò anbaute – auf 35 Kilometern Länge. So wurde der Gardasee zum nördlichsten Anbaugebiet von Agrumen in Europa.

Die Limonen kamen ganz schön weit

Die schon sehr früh gereiften Zitronen wurden bis an den russischen Zarenhof verschickt, um sie etwa zu kostbaren Zitronaden und Sorbets zu verarbeiten. Mit dem gewinnbringenden Handel war jedoch Schluss, als die erste Eisenbahn es ermöglichte, noch früher im Jahr und preiswerter die Früchte aus Süditalien und Sizilien zu exportieren.
Bis dahin lohnte sich auch das Geschäft mit den Cedri, große, grüne Zitrusfrüchte, auch Zitronatzitronen genannt: pockennarbig, dickschalig und doch – frei nach der Bibel – die schönsten und edelsten Früchte überhaupt. Die Juden ganz Europas brauchten sie für ihren festlichen Korb zum Laubhüttenfest. Und sie wurden ausgerechnet in Gargnano fündig, wohin spezielle Aufkäufer ausgeschickt wurden, die dann die teuer erkaufte Ware auf den Schultern zu den Laubhütten tragen mussten, wie es die Tradition verlangte.

Begehrte Immobilien

Nirgendwo am Lago haben sich so viele Limonaie erhalten wie in Gargnano. Und immer mehr von ihnen werden in den letzten Jahren so restauriert, dass sie zumindest teilweise für die erneute Produktion von Zitrusfrüchten geeignet sind. Die übrigen sind als steinerne Zeugnisse dieses einst blühenden Erwerbszweiges als hohe Stelzen hinter den noch höheren Mauern geblieben. Die meisten wurden allerdings mitsamt den dazugehörenden Gebäuden als begehrte Immobilien zu Privatvillen oder Hotels umgestaltet. Immerhin werden auf diese Weise ihre wichtigsten Teile erhalten. Denn ihre Restaurierung ist mehr als schwierig, auch wenn das Denkmalamt selten dazwischenredet … Die Familie Gandossi besitzt die letzte original erhaltene und funktionierende Limonaia von Gargnano, die sie vor mehr als vier Jahrzehnten erst einmal vor dem Verfall retten musste. Pfosten für Pfosten wurde sie wiederaufgebaut. Zum Glück waren noch viele Holzläden erhalten, die Rahmen der Glasscheiben sogar noch mit Holzstiften zusammengehalten. Diese muss man mühsam herausdrehen, wenn eine Scheibe ersetzt werden soll. Die Limonaia besitzt sogar einen eigenen Wasserlauf vom umgeleiteten Malorabach, der einst auch eine Mühle in Bewegung setzte, die letzte der 27 entlang der historischen Via dei Mulini.

Kurz aber hübsch: die Bootsbrücke von Commessaggio

ROUTE 4: KLEINE PERLEN DIES- UND JENSEITS DES PO

ALS WÜRDE EIN FÜLLHORN AUSGESCHÜTTET

Cremona ist ein guter Startpunkt für die kurzweilige Tour zwischen den architektonisch wie historisch interessanten Städtchen südlich des mächtigen Flusses Po. Es ist vor allem Verdi-Land, denn das italienische Musikgenie stammt aus dieser Ecke – ein Vergnügen, seinen großen Fußstapfen zu folgen.

Wir verlassen nur schweren Herzens die Geigenstadt **1 Cremona**. Ihr fast durchweg aus Backstein errichtetes historisches Zentrum ist einfach zu schön und lädt zu einer längeren Pause unter den Arkaden auf der Piazza del Comune mit Blick auf die breite Fassade des Domes und auf Europas höchsten frei stehenden Backsteinturm ein. Andererseits lassen sich genau hier auch wunderbar weitere Reisepläne schmieden. Etwa südlich des großen Flusses zu befestigten Städtchen und architektonischen Kleinodien – und auf Verdis Spuren? Giuseppe Verdi, der Großmeister der italienischen Musik, stammt aus dieser Gegend, in der er gern lebte. Dem Lauf der Po-Schleife folgend kommt man nach Sant'Agata, wo sich Verdi eine große Villa leistete. Sie ist umgeben von einem herrlichen Park. Vor dem Haus steht ein hoher alter Ginkgo, den Verdi selber gepflanzt haben soll. Die Blätter des Baumes sehen aus wie zwei Hirnlappen, weshalb manche

INFO

Start: Cremona
Ziel: Sabbioneta
Länge: ca. 140 Kilometer
Dauer: 1–2 Tage
Beste Reisezeit: ganzjährig

glauben, dass ein daraus hergestelltes Extrakt die kognitiven Funktionen fördern und bis ins hohe Alter fit halten kann. Vielleicht deshalb schuf hier Verdi in einem halben Jahrhundert seine wohl besten Werke.

Nur rund fünf Kilometer sind es bis zum wohl bekanntesten Verdi-Ort Busseto, nicht zuletzt wegen des kleinen, der berühmten Mailänder Scala nachempfundenen Theaters in der Rocca Pallavicino, natürlich mit viel rotem Plüsch und drei vergoldeten Logenreihen. Platz ist lediglich für 300 Glückliche, wenn sie zu den Verdi-Festivals Eintrittskarten erhaschen. Am Stadtrand wurde 2009 in der Villa Pallavicino, auch Palazzo dei Marchesi genannt, nach sorgfältiger Restaurierung das Museo Nazionale Giuseppe Verdi eingerichtet, und 2014 als Hommage an die brillante Interpretin Verdis, das Museo Renata Tebaldi.

Der südliche Ortsteil Roncole Verdi ist der Geburtsort des Musikers, weshalb er dessen Namen als Beinamen trägt. Hier wird die Piazza zwischen dem ärmlichen Elternhaus – für das sich Verdi zeitlebens schämte – und der Pfarrkirche im Juli zur Freilichtbühne für Konzerte.

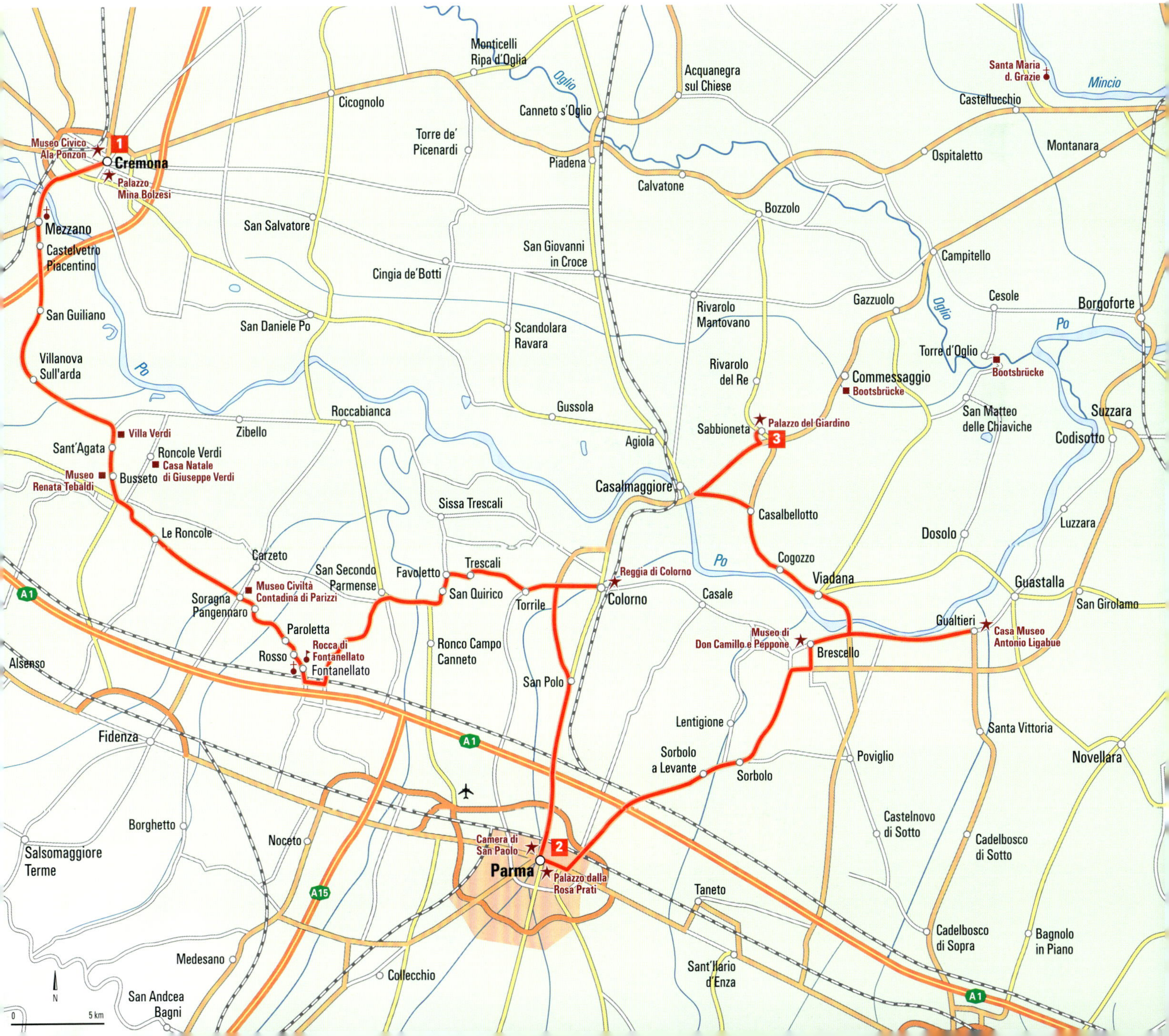

Der Maler Antonio Ligabue ist im überschaubaren Städtchen Gualtieri nicht nur mit seiner Büste präsent, sogar ein eigenes Museum ist ihm gewidmet.

Von Palazzo zu Palazzo

Keine fünf Kilometer südlich stößt man mitten im Ortskern von Soragna auf die Rocca Meli Lupi di Soragna. Man sieht es der Anlage heute nicht gleich an, dass sie 1385 ursprünglich als Festung (daher Rocca) errichtet und erst im 17. Jahrhundert im barocken Stil zum Palast umfunktioniert wurde – mit Prunktreppe, Galerie der Poeten und prächtigen Sälen, die beweisen, wie edel der Adel sich einzurichten leistete. Die Rocca ist zwar privat bewohnt, jedoch für die Öffentlichkeit zugänglich gemacht worden. Soragna hat erstaunlich viel zu bieten, auch ein Parmesan-Museum, ein jüdisches Museum und ein Bauernmuseum sind darunter.
Die SP 11 führt durch die landwirtschaftlich intensiv genutzte Ebene nach knapp sieben Kilometern nach Fontanellato, in dessen Mittelpunkt die prächtige Wasserburg Rocca Sanvitale steht, wie eh und je rundum von einem Kanal umgeben. Diesen wiederum säumt eine mit Arkaden geschmückte, von zweistöckigen Palazzi gesäumte Straße. So ein Wassergraben ist verlockend, daher finden hier zweimal jährlich feucht-fröhliche Angelwettbewerbe statt.
Die Hauptattraktion der Rocca ist das von Parmigianino 1523 freskierte Gemach der schönen Paola, der Ehefrau des Galeazzo Sanvitale, mit dem Thema »Die Legende von Aktaion«, der die Jagdgöttin Artemis beim Bad überraschte, daher in einen Hirsch verwandelt und von den eigenen Jagdhunden zerrissen wurde. Auch eine verteidigungstechnische Finesse gibt es: Vom sogenannten Spiegelturm konnte man ungesehen den Vorplatz beobachten.
Nach 27 Kilometern ist Colorno erreicht, die königliche Schlossanlage. Gerne wird das Rokokoschloss der Farnese und später der Bourbonen als das kleine Versailles Italiens bezeichnet. Der Garten im sogenannten französischen Stil ist normalerweise auch dann zugänglich (über ein offenes Tor rechts), wenn der Palast geschlossen bleibt.
Keine 20 Kilometer sind es bis **2 Parma**, in die Stadt des malenden Parmigianino, des Parmaschinkens und -käses: Zeit für eine längere kulinarische Genusspause – und eine musikalische dank des alljährlichen Parma Festivals.

Dem Po ganz nah

Nun geht es zurück Richtung Po. Nächstes Ziel ist Brescello, das ältere Leser und Nostalgiker sicher durch die französisch-italienischen Spielfilme »Don Camillo und Peppone« kennen, die humorvolle Geschichten vom aufmüpfigen Pfarrer und dem sturen kommunistischen Bürgermeister erzählen. Brescello wirbt bis heute mit den Requisiten der fünf Filme im Museum, mit Caffè Peppone und Caffè Don Camillo. Die beiden Bronzedenkmäler auf der Piazza nicht zu vergessen, mit denen sich auch jüngere Touristen ablichten lassen.
Wir bleiben am Po und fahren weiter Richtung Osten nach Gualtieri, das aus dem Palazzo Bentivoglio (1594-1600), seinem 96 mal 96 Meter großen Hof und dem Borgo dahinter zu bestehen scheint. Der Palazzo Bentivoglio, der im Obergeschoss einen Freskenzyklus des als Außenseiter geltenden Malers Ligabue besitzt, wurde bis auf ein Viertel seiner Größe abgebrochen, um aus seinen Bausteinen Material für den großen Po-Damm zu bauen, der sich 1,2 Kilometer vom Ort entfernt befindet. Genau so lang ist daher die schnurgerade Lindenallee, die zum Fluss und seinen streng geschützten Auen führt. Unbedingt hinlaufen, -radeln – oder auch -fahren!
Viele Wege führen nördlich des Po nach **3 Sabbioneta** – ein schneller, aber nicht der schönste über Casalmaggiore. Von den Gonzaga als »Idealstadt« angelegt, ist Sabbioneta von einer Backsteinmauer mit sechs Eckbastionen umgeben und durch zwei Stadttore zugänglich. Dahinter erstreckt sich das ebenfalls backsteinerne Städtchen. Wer möchte, verlängert die Tour bis zu den Bootsbrücken über die Zuflüsse des Po: Der Ponte di Barche in Commessaggio führt über den Canale Navarolo, der andere bei Torre d'Oglio über den Oglio.

RESTAURANTS / ÜBERNACHTUNGEN

EINKEHREN

HOSTERIA 700, CREMONA
Traditionelle Küche in einem freskierten Palazzo aus dem 18. Jahrhundert, im Italienischen als »settecento«, also 700, bezeichnet. Viel Hausgemachtes und Bioprodukte, liebevoll nach traditionellen Rezepten zubereitet und präsentiert.
www.hosteria700.com

AL CAVALLINO BIANCO, ZIBELLO
Ente und Gans, Schwein oder Fische aus dem Po vor der Haustür bestimmen speziell im Winter die Speisekarte im alteingesessenen Restaurant auf dem Landgut Corte Pallavicina mit eigener Schinkenproduktion. Köstlich, wenn auch meist deftig, für Schlemmer unwiderstehlich. Ein Spezialmenü ist zu empfehlen – und danach ein langer Spaziergang am nebelverhangenen Po entlang.
www.ristorantealcavallinobianco.it

LEON D'ORO, ZIBELLO
Unter den Arkaden des Rathauses befindet sich eine der besten Adressen für den Einkauf von Spezialitäten der Provinz Parma, viel Hausgemachtes. Es ist gleichzeitig eine wunderbare Lokalität für den kulinarischen Genuss vor Ort, ob innen oder draußen unter den Arkaden mit Blick auf die Piazza Garibaldi.
www.leondorozibello.it

CAFFÈ PEPPONE, BRESCELLO
Eine schönere Position kann es gar nicht geben an der großen Piazza, Schauplatz der Filmreihe um Don Camillo und Peppone. Von früh bis spät beliebter Treff zum schnellen Espresso, einem Aperitivo oder für eine ganze Mahlzeit.
www.facebook.com/caffepeppone

DUCALE, SABBIONETA
Einfach aber bodenständig mitten im hübschen historischen Ort, mit mehreren preiswerten Menüs und auch Pizza. Das älteste noch in Betrieb befindliche Lokal der »idealen Stadt«.
www.ristoranteducale.com

ÜBERNACHTEN

DELLEARTI, CREMONA
Designhotel im historischen Zentrum, mit Betonung auf der Farbe Schwarz, raffiniertes Spiel mit dem Licht, auch Raum für Ausstellungen und Fitness. Eine Garage befindet sich gegenüber.
www.dellearti.com

HOTEL VERDI, PARMA
Schön renoviertes Boutiquehotel im Libertystil am Parco Ducale, auch Suiten sind vorhanden und ein Parkplatz.
www.hotelverdi.it

GIULIA GONZAGA, SABBIONETA
Wundervolles kleines Hotel in einem schmalen Haus aus dem 16. Jahrhundert im Ortszentrum, mit liebevoll gestalteten Details und freundlichen Gastgebern, die eine Menge Literatur und Prospekte für die Erkundung auch ringsum bereitstellen.
www.albergogiuliagonzaga.com

ALBERGO DEI MEDAGLIONI, CORREGGIO
Dieses Hotel lohnt einen Abstecher in den erstaunlich lebhaften Geburtsort des Malers Correggio, untergebracht in einem schön restaurierten Gebäude im Libertystil, mit gutem Restaurant. Im Centro Storico gelegen.
www.phihoteldeimedaglioni.com

Lieblingshotel in Sabbioneta: das Giulia Gonzaga im historischen Zentrum

CREMONA

DIE GEIGENSTADT AUS ROTEM BACKSTEIN

Cremona ist Musikliebhabern der Inbegriff für die Kunst des Geigenbaus, nirgendwo sonst haben sich so viele Geigenbauer niedergelassen. Doch die Stadt selbst, an strategisch günstiger Lage am Po gelegen, ist mit ihren harmonisch backsteinroten Palästen und Kirchen mehr als nur einen Besuch wert.

1

Der deutsche Dichter August von Platen habe, als er bei Nacht reisemüde mit der Kutsche auf den Domplatz gefahren wurde, begeistert ausgerufen, er habe noch nie etwas Schöneres gesehen. Damals war das Zentrum der Stadt mit Fackeln beleuchtet, doch auch heute noch gehört der Platz zu den richtig schönen und trotz unterschiedlicher Bauphasen ringsum auch zu den harmonischen. Gut, dass es gleich beim Rathaus unter den Arkaden eine Bar gibt, die ihre Stühle auf die elegante Domfassade richtet. Den Kopf muss man ganz schön heben, um die Spitze des Torrazzo, wie die Cremoneser den Glockenturm liebevoll nennen, den Riesenturm also, zu bewundern, mit 112,27 Metern immerhin der höchste frei stehende Backsteinturm Europas.
Den Dom bitte einmal mitsamt Turm umrunden – jede Fassade ist unterschiedlich und reich ausgearbeitet, auch die Chorpartie. Und innen erweist er sich als eine wahre Pinakothek, über und über freskiert und mit riesigen Ölgemälden ausgestattet. Die größten oberitalienischer Meister des 16. Jahrhunderts haben hier ihr Werk hinterlassen wie Antonio da Pordenone, Girolamo Romanino und Bernardino Campi. Die wunderschönen großen Gobelins sind übrigens nach Entwürfen von Giulio Romano gefertigt worden. Und auch das Chorgestühl ist sehenswert – ein Meisterwerk der Holzintarsienkunst aus der Renaissance (1483–1490).
Nach dem Kunstgenuss begibt man sich wieder hinaus auf die Piazza und zu einem Bummel in die weite Fußgängerzone der Altstadt. Die Straßen gehen vom Domplatz aus regelmäßig sternförmig ab, Verlaufen ist also vorprogrammiert, doch wir haben ja Zeit. Wer bis zur sogenannten Cittanova findet, kommt zum Palazzo del Popolo von 1256, als Cremona zweigeteilt regiert wurde: von hier aus guelfisch, von der Piazza del Comune aus ghibellinisch.

Geigen spielen die Hauptrolle

Um ihrem Ruhm als Geigenbauerstadt gerecht zu werden, finden in Cremona Musikwettbewerbe statt, wird der Geigenbau unterrichtet, und im Museo Stradivariano wird dem größten der Zunft gehuldigt, Antonio Stradivari (ca. 1644-1737). Dieser Maestro hat mit »il Cremonese« 1715 sein Meisterwerk geschaffen, das so erhalten ist, wie es Stradivari aus der Hand gegeben haben soll. Die Geige in ihrer heutigen Form hat allerdings Andrea Amati geschaffen, der um das Jahr 1500 in Cremona geboren wurde. Sein Enkel Nicola Amati war Stradivaris Lehrer. Der dritte im Bunde der historischen Geigenbauer war Giuseppe Guarneri del Gesù (1698-1744).
Zahlreiche private Geigenbau- und Musikschulen sorgen dafür, dass in Cremona immer irgendwo musiziert wird. Geschäftstüchtige Ladenbesitzer lassen sogar über Lautsprecher die Gasse beschallen. Zurückhaltend sind dagegen die Geigenbauer im Consorzio Liutai Antonio Stradivari, darunter auch Deutsche und Japaner, z.Zt. immerhin 42, auch jüngere. Manches Handwerk hat doch Zukunft!
Übrigens: Cremona ist auch eine Stadt für Naschkatzen, speziell für Fans des Torrone, des hiesigen Nougats, für den eine eigene Messe im November abgehalten wird. Wer es deftiger mag, findet spezielle Senffrüchte, Mostarda genannt, ebenso wie den Torrone, in den zahlreichen Feinkostgeschäften.

↑ Geigen, wohin man in Cremona auch schaut, und Geigenklänge von überall her …
← Einer der schönsten Plätze in Cremona zum Schauen und Genießen ist die Piazza Duomo – hier mit Blick von der Vorhalle der Kathedrale auf das Rathaus.

TIPP

ABENDS AUF DIE PIAZZA

Reisende sollten es spätestens in Cremona den Einheimischen nachmachen und sich zur Aperitivo-Zeit oder »dopo cena«, also nach dem Abendessen, eine schöne Piazza aussuchen, um sich in einem Caffè niederzulassen und es einfach zu genießen, da zu sein … Besonders beliebt sind die Piazza del Comune mit Blick auf den Dom und die dahinter liegende kleine Piazza della Pace.

WOCHENMÄRKTE

Jeden Dienstag auf der Piazza Fiume und jeden Samstag auf der Piazza Stradivari finden gut besuchte Wochenmärkte mit Lebensmitteln und auch Kleidung, Haushaltswaren etc. statt. Hier gibt es die lokalen Spezialitäten Nougat, italienisch Torrone, und die Senffrüchte, italienisch Mostarda, sicher günstiger als in den Feinkostläden …

Ganz schön edel ist Parmas Palazzo Ducale!

2

PARMA

MEHR ALS PARMESAN UND SCHINKEN

Fußgänger und Radfahrer bestimmen das Bild in der schönen Hauptstadt der Musik, wie sich Parma am liebsten tituliert, obwohl sie ihren Wohlstand eher den kulinarischen Genüssen zu verdanken hat, die ihren Namen tragen.

Die Lebensmittelläden gleichen kulinarischen Schatzkästlein, Mode wird ebenfalls effektvoll in kleinen Boutiquen präsentiert, und das historische Zentrum Parmas ist vom Mittelalter und der Renaissance geprägt – speziell der überaus harmonisch wirkende Domplatz mit Duomo, Campanile und nebenan das Baptisterium, an dem sich kaum satt sehen kann, wer dafür ein Auge hat. Über dem hohen Sockel stapeln sich rund um das Oktogon vier tiefe Galerien übereinander, darüber eine Reihe Blendbogen und noch eine kurze Balustrade für das fast flache Dach. Dies alles dient nur dazu, um zu verbergen, dass sich innen eine überdimensional hohe Kuppel öffnet, 1196 bis 1216 vom Bildhauer und Architekten Benedetto Antelami errichtet. Kunsthistorisch Interessierte zieht es in den Palazzo della Pilotta (1618), einen riesigen Komplex mit Museen und dem Teatro Farnese, für den der Palast ausgehöhlt wurde, um darin in den aufsteigenden Rängen und Galerien Platz für 4500 Zuschauer zu schaffen. Es besteht komplett aus Holz und ist mit technischen Finessen wie Kulissenwechsel und Wassereinlassen für Seeschlachten ausgestattet. Zur Erholung eignet sich jenseits der Verdi-Brücke der Parco Ducale.

TIPP

NOVEMBER PORC

Zibello ist ein ganz zauberhafter kleiner Ort direkt am Po, im Winter stets total eingenebelt – genau richtig für den Reifungsprozess des Culatello di Zibello, des hauchzarten luftgetrockneten, nein, nebelgetrockneten Schinken. Dieser ist der Star unter den Spezialitäten bei den November-Messen rund um Schinken- und Wurstwaren vom Schwein. www.novemberporc.it und www.stradadelculatello.it

3

Auch am Rathausplatz von Sabbioneta ist alles pure Renaissance.

SABBIONETA

DIE »IDEALE STADT« DER GONZAGA

Normalerweise ist das Renaissance-Städtchen ziemlich verschlafen. Richtig wachgeküsst wird es jeden ersten Sonntag im Monat, wenn ein riesiger Antiquitätenmarkt Sammler und Neugierige vor den Palazzo Ducale und in die Galleria degli Antichi lockt.

Vespasiano Gonzaga aus einer Seitenlinie der mächtigen Familie, die das nahe Mantua beherrschte, war ein Blaubart, der seine in flagranti erwischte erste Frau tötete und die zweite zwang, neben dem Leichnam ihres – vermeintlichen – Liebhabers den Giftbecher zu trinken. Aber als Dichter, Architekt und Mäzen war er genial. So schuf er 1551 bis zu seinem Tod 1591 Sabbioneta als ideale Militär- und auch Residenzstadt. Er residierte im imposanten Palazzo Ducale im Zentrum des Ortes. Sein Grabmal ließ er sich nebenan in der prächtig ausgestatteten oktogonalen Hofkirche, der Chiesa dell'Incoronata, errichten.

Kaum zu übertreffen ist aber das Teatro Olimpico, von Palladios Nachfolger Vincenzo Scamozzi aus Vicenza 1588 geschaffen. Von der Empore schauen die Götter des Olymp hinab, und die Ortsführer erzählen gern, dass die österreichische Kaiserin Maria Theresia sie wohl mitgenommen hätte, als sie Sabbioneta plündern ließ, wären sie aus Marmor – es sind Gipsfiguren. Dafür bediente sie sich an den Schätzen in der 96 Meter langen Galleria degli Antichi, die heute für Ausstellungen und Antiquitätenmessen genutzt wird.

TIPP

DIE BOOTSBRÜCKEN ÜBER DIE PO-ZUFLÜSSE

Die erste Bootsbrücke auf sechs Booten überwindet den breiten Canale Navarolo in Commessaggio, kurz bevor er in den Po mündet. Die längere Brücke zwischen San Matteo delle Chiaviche und Cesole braucht zwölf Boote, um über den noch breiteren Oglio zu führen. Beide Brücken sind von Sabbioneta aus schnell erreicht. Sie zu befahren bereitet echtes Vergnügen, wenn man keine Angst vor dem lauten Rumpeln der Holzbohlen hat, die über die Boote führen.

Wohin man in der Valpolicella schaut, überall Weinberge oder Weingärten!

ROUTE 5: VON VERONA NACH BELLUNO

VON WEINLAND ZU WEINLAND

Berühmte Weinlagen wie Valpolicella und Prosecco bilden die »untere«, Lessiner Berge und Belluneser Dolomiten die »mittlere« Etage auf der vielfältigen Tour von Verona nach Belluno, mit wenig bekannten Städten und historischen Villen am Wegesrand.

Wir nehmen Abschied von Verona, wo schon die ersten Hinweisschilder in die Region Valpolicella locken. »Val poli cella«, das Tal der vielen Keller, nannten es die Römer, die den Weinanbau hierherbrachten. An der Etsch entlang, die hier romantisch zwischen Auen und im Winter skurril gestutzten Weiden fließt, geht es über Pescantina nach Sant'Ambrogio di Valpolicella, wo man spätestens auf die »Strada Valpolicella Classico« stößt. Sie ist zwar etwas verwirrend zu fahren, weil sie mehrere Schleifen macht, doch erfasst sie nicht nur die wichtigsten Weingüter des Gebietes, sondern auch historische Villen, sehenswerte Kirchen und landschaftliche Schönheiten. Das überschaubare Sant'Ambrogio, Hauptort des Gebiets Valpolicella, liegt in 180 Metern Höhe, ist ein blühendes Zentrum des Wein- und Obstanbaus und wird wegen seiner Weinkellereien, guten Restaurants und seines schönen Hinterlandes voller Weingüter gern besucht. Sein Vorort **1 San Giorgio** gehört zu Recht zu den »borghi più belli« Italiens, und ist daher an schönen Wochenenden voller Ausflügler. Von der großen Terrasse im Dorfzentrum genießen sie wie von einem Balkon aus – mit sechs

INFO

Start: Verona
Ziel: Belluno
Länge: ca. 305 Kilometer
Dauer: 2–3 Tage
Beste Reisezeit: März–Oktober

riesigen Linden und einem rosamarmornen großen Herzen zum Durchschauen – das weite Panorama.
Östlich der Etsch und der Staatsstraße führt ein kurvenreiches Sträßchen nach Norden. Vor Sant'Anna d'Alfaedo, das sich vor der grandiosen Kulisse der Monti Lessini ausbreitet, biegen wir nach Molina ab, um uns im wunderbaren mit unterschiedlichen Wanderwegen angelegten Park die Beine zu vertreten. Auf einer Schaukel kann man sich sogar in einen Wasserfall hineinschwenken lassen! Ein schöner Abstecher führt zu einem Naturspektakel: zum Ponte di Veja, einer natürlichen, neun bis elf Meter dicken Steinbrücke, die über einer 29 m tiefen Schlucht aufragt. Schon Dante war begeistert! Und Ausflügler von der Trattoria (siehe S. 75)!
Zurück zur Provinzialstraße 12 geht es weiter südlich bis Negrar, berühmt für seine Kirschen und den Recioto-Wein sowie das schönste und größte »Grüne Theater« Italiens, den Giardino di Pojega der Villa Rizzardi – ein Name, der Weinkennern wiederum auf der Zunge zergeht!
Jetzt peilen wir Grezzana, Cerro Veronese und Selva di Progno an, durchqueren auf schmalen Straßen, die sich wegen

Die Villa Rizzardi in Negrar prahlt mit ihrem Grünen Theater auf dem weitläufigen Weingut – ein Highlight für das Weinbaugebiet der Valpolicella.

der tiefen Einschnitte der Lessiner Berge mit den zur Etsch eilenden Flüssen kurvenreich durch die Landschaft schlängeln, den Parco Naturale Regionale della Lessinia und verbinden die Fahrt mit einem Abstecher nach Ljetzan (Giazza, siehe S. 82). Nächstes Ziel ist Bolca mit seinen fossilienreichen Steinbrüchen und dem interessanten Museum.

Das Prosecco-Land der Provinz Vicenza

Die ebenfalls kurvenreiche SP 44 führt über die vicentinische Provinzgrenze hinweg, über viele Brücken und kleinere Pässe nach Valdagno mit der schneebedeckten Kulisse des Pasubio. Ein Beinhaus erinnert dort an den immer wiederkehrenden Irrsinn von Schlachten, von denen auch Schio betroffen war, das wir als Nächstes erreichen, ab dem 15. Jahrhundert Zentrum der italienischen Wollproduktion und in der Neuzeit durch die Textilfabriken von Lanerossi zum »Manchester Italiens« aufgestiegen.

Dass Thiene seit 2007 Sitz des Europäischen Zentrums für Berufe der Denkmalpflege ist, erkennt man auch an der gepflegten Altstadt. Übrigens befindet sich Italiens Sommerschule der Magie – frei nach Harry Potter – im Palazzo Porto Colleoni – auch Castello di Thiene genannt –, der aus dem 15. Jahrhundert stammt und mitten in der Stadt liegt.

Ein Schlenker nach Norden könnte uns auf die Hochebene der Sette Comuni mit der für ihren würzigen Käse bekannten Ortschaft Asiago führen. Oder wir steuern direkt **2 Marostica** an, ein Must-see alle zwei Jahre (in geraden Jahren), wenn das lebende Schachspiel am zweiten Septemberwochenende auf der Piazza dei Scacchi ausgetragen wird. Es ist eines der schönsten Feste Italiens mit farbenprächtigen Kostümen und echten Pferden!

Die hölzerne Brücke über die Brenta mitten im lebhaften Marktstädtchen Bassano del Grappa gehört zu unseren Lieblingsplätzen, von ihr aus blickt man auf den Fluss wie aus einem Zimmerfenster. Das nette Städtchen ist berühmt wegen der beiden Grappa-Destillerien, die hier ihren Ursprung und Verkaufsläden haben. Dabei kommt der Beiname del Grappa nicht vom hochprozentigen Tresterschnaps, sondern vom alles beherrschenden, 1775 Meter hohen Monte Grappa.

Villen und Wein

Nun geht es nach Nordosten ins kastellbewachte Asolo inmitten saftig grüner Hügellandschaft mit zahlreichen Villen. Kenner kommen, um hier D'Annunzios Muse, der berühmten Schauspielerin Eleonora Duse (1858–1924) zu huldigen und Caterina Cornaro (1454–1510), die als Königin von Zypern abdanken musste und im Gegenzug die Ländereien um Asolo erhielt. Die meisten aber zieht es der netten Lokale wegen hierher, die mit venetischen Spezialiäten zu guten Weinen aufwarten – das Prosecco-Gebiet vor der Tür.

Eine der schönsten venetischen Villen steht im nahen Maser, Andrea Palladios Villa Barbaro (1560), im Inneren mit einem der wunderbaren Freskenzyklen von Paolo Veronese. In den mythologischen Szenen und den Ideallandschaften werden wie üblich die Auftraggeber verherrlicht, zum Teil mit erfrischenden Details wie eine gemalte, halboffene Tür, durch die ein junges Mädchen ins Zimmer schaut oder eintritt.

Im Norden bildet der Piave eine zerfranste breite Flusslandschaft, die über lange und seltene Brücken überwinden muss, wer ins Prosecco-Gebiet möchte, das von zwei Ortsnamen geprägt ist: Valdobbiadene und Conegliano. Folgt man der ausgeschilderten Weinstraße, fährt man durch die Rebgärten. Am Piave-Westufer entlang kommt man nach **3 Feltre**, in das mit Außenfresken über und über verzierte Städtchen. Zurück an den Piave und auf dessen Südflanke erreichen wir über das altertümlich wirkende Mel unser Ziel, **4 Belluno**.

RESTAURANTS / ÜBERNACHTUNGEN

EINKEHREN

TRATTORIA CAPRINI, NEGRAR

Traditionsreiche Trattoria seit 1907, im Obergeschoss gegenüber der Pfarrkirche, im Erdgeschoss mit uriger Osteria. Perfekte lokale Küche, auch die Pasta hausgemacht und frisch zubereitet, und serviert von den freundlichen Mitgliedern der Familie Caprini.
www.trattoriacaprini.it

TRATTORIA DI VEJA, PONTE DI VEJA

Uriges Terrassenlokal an der namengebenden steinernen Naturbrücke, die Wirtsfamilie legt gerne ein, was sie in der Umgebung sammelt, diverse Pilze etwa, und macht selber leckere Würste und Schinken, die es als Aufschnitt oder zu Polenta gibt, je nach Jahreszeit.
www.pontediveja.com

STUBE GOURMET, ASIAGO

Elegant im holzgetäfelten Untergeschoss des Hotels Europa befindet sich das mit einem Michelin-Stern gekürte Abendlokal vom Feinsten, aber in der Küche der lokalen Tradition verpflichtet, ursprünglich ein Weinlokal.
www.stubegourmet-asiago.it

ÜBERNACHTEN

ANTICA CORTE AL MOLINO, NEGRAR

Wenige Zimmer auf einem kleinen, familiengeführten Weingut, nur Juli und August mit Restaurant.
www.anticacortealmolino.com

BONOTTO HOTEL BELVEDERE, BASSANO DEL GRAPPA

Seit 1878 »erstes Haus am Platze«, wenn auch nur am Zentrumsrand von Bassano, mit viel gelobtem Restaurant, auch für Nicht-Hotelgäste geöffnet.
www.bonotto.it

AL SOLE, ASOLO

Wunderschönes Vier-Sterne-Hotel nahe am Ortszentrum in stilvoll luxuriöser Villa, Zimmer und Suiten teilweise mit freigelegten Fresken, Restaurant und kleines Fitnesscenter. Parkplatz, was hier in Zentrumsnähe wichtig ist.
www.albergoalsoleasolo.com

DUE MORI, MAROSTICA

Kleine Pension in historischem Palazzo aus dem 18. Jahrhundert mit Blick auf die mittelalterliche Stadtmauer.
www.duemori.it

CASAGRANDE, FELTRE

Relativ modernes Hotel am nordöstlichen Stadtrand Richtung Belluno, auf sportliche Gäste spezialisiert, denen gerne Fahrräder vermietet und Touren in der Umgebung empfohlen werden.
www.hotelcasagrande.it

CAPPELLO E CADORE, BELLUNO

Zum Teil toprenoviertes Hotel von 1843 mitten in der Altstadt mit großzügigen Zimmern und Suiten. Gutes Restaurant mit wechselnden Tagesmenüs.
www.albergocappello.com

VILLA MARINOTTI, PIEVE DI CADORE

Kleiner familiärer Betrieb nördlich von Belluno mit sechs rustikal eingerichteten Zimmern in herrlich ruhiger Lage.
www.villamarinotti.it

Valdobbiadenes Lokale laden verführerisch zu Prosecco-Verkostungen ein.

1

Blick auf den Kreuzgang der Pieve di San Giorgio

SAN GIORGIO

DEN KREUZGANG NICHT VERPASSEN!

San Giorgio ist ein Vorort von Sant'Ambrogio, sein Klosterkomplex kunsthistorisch ein Highlight der Valpolicella. Doch der winzige Ort ist auch ein Balkon für den Panoramablick über die weinselige Landschaft und ein wahres Schlemmernest.

Die Pieve di San Giorgio mit hoch aufragendem Glockenturm und dreischiffiger langobardisch-romanischer Pfarrkirche (7. bis 12. Jahrhundert) besitzt keine Hauptfassade, dafür an der Chorseite drei Apsiden. Im Innern wird sie von vier kräftigen Pfeilerpaaren im Westen und drei ungleichmäßigen Säulenpaaren im Chorbereich getragen. Die Innenflächen der Rundbögen zwischen den Kirchenschiffen sind mit geometrischen Motiven freskiert, an der Südwand wurde ein großes Abendmahlfresko durch den Einbau der Tür zerstört. Fast vollständig, wenn auch blass erhalten, sind die Fresken in der westlichen Rundapsis, durch die man in die Kirche tritt, überragt vom »Christus in der Mandorla«.
Das Kleinod der Pieve von San Giorgio steht im Chorraum: ein kleines Ziborium (Altarüberbau) aus der Langobardenzeit, das 1923 aus Teilen des Kreuzganges zusammengesetzt wurde, den 712/13 ein Meister namens Ursus schuf. Die Kapitelle des übrig gebliebenen Kreuzgangs, die auf kleinen, schlanken Säulen und konisch geformten Rechteckpfeilern thronen, wirken langobardisch. Sie zeigen u. a. Tiermotive und christliche sowie geometrische Symbole.
Unbedingt einen Blick wert ist das kleine Antiquarium links der Kirche, das auf zwei Stockwerken archäologische Funde ausstellt, die genau hier zwischen dem Chor der Pieve und dem Museum gemacht wurden (ab dem 5. Jahrhundert v. Chr.).

TIPP

DALLA ROSA ALDA
Der Name steht im Schlemmernest San Giorgio für eine der besten Adressen und das gleich dreifach: für das nette B&B, darunter die Trattoria mit perfekter lokaler Küche und gegenüber den urigen Weinprobierkeller, die Enoteca El Tinel.

2

Alle zwei Jahre werden in Marostica lebende Schachfiguren bewegt.

MAROSTICA

LEBENDES SCHACHSPIEL

Einer Liebesgeschichte hat das Städtchen am aufsteigenden Hang seine Tradition des lebenden Schachspiels zu verdanken. Und diesem wiederum die Pflege der zahlreichen historischen Paläste, heute mit einladenden Bars, Restaurants und Pensionen.

Das mittelalterliche Städtchen Marostica, das gleich mit zwei Burgen aufwartet, wird gänzlich von einer Stadtmauer umschlossen, die das untere und das obere Kastell verbindet. Das tägliche Leben findet in schönstem Rahmen rund um die Piazza mit rosa-weißem Schachbrettmuster vor dem restaurierten unteren, dem Castello Inferiore statt. Wie die gesamte Stadtanlage verdankt Marostica die Befestigung den Skaligern, auch das obere, das Castello Superiore (über einer Festung von 1100, heute Ruine). Dieses Verteidigungsmodell ist typisch für die Skaliger und in Venetien häufiger anzutreffen, aber in Marostica besonders kompakt gelungen. Und es bietet eine wunderbare Kulisse zwischen dem unteren Kastell und seiner früheren Waffenkammer (heute Rathaus) für das »lebende Schachspiel«, das alle zwei Jahre (in geraden Jahren) am zweiten September-Wochenende in Erinnerung an die wohl friedlichste Schlichtung einer Fehde im Mittelalter stattfindet: Der Legende nach soll 1454 der Kastellan Taddeo Parisio, dessen schöne Tochter Lionora von zwei Rivalen als Ehefrau begehrt wurde, ein entscheidendes Schachspiel vorgeschlagen haben, das mit lebenden Figuren (also Menschen und Pferden) ausgetragen wurde. Dadurch wollte er den Streit verhindern, der wegen des geplanten Duells der Rivalen blutig auszugehen drohte.

TIPP

SCHON AM VORABEND ANKOMMEN

Wer sich rechtzeitig in Marostica einquartiert, wird am Vorabend des wohl berühmtesten Schachspiels des Landes im Licht der untergehenden Sonne erleben, wie die Einheimischen bereits in ihren historischen Kostümen durch die festlich geschmückten und in Fackellicht getauchten Gassen flanieren.

FELTRE

DIE STADT DER AUSSENFRESKEN

Ihre wunderschönen Renaissance-Fresken, die auch an den Außenfassaden der Wohnpaläste prangen, hat die Città Serenissima, wie sich Feltre werbewirksam nennt, ihrem notwendigen Wiederaufbau nach der Zerstörung in den Jahren 1509 und 1510 durch die Truppen Kaiser Maximilian I. zu verdanken.

3

Feltres Palazzi haben wenig mit der Protzigkeit etwa der Renaissance-Paläste von Florenz zu tun, die aus derselben Zeit stammen. Sie sind wohnlich, menschlichen Dimensionen angepasst – und daher bis heute fast durchweg privat bewohnt. Die sogar an den Markttagen Dienstag und Freitag beschauliche kleine Stadt lebt heute von den diversen hierher verlegten Fakultäten der Mailänder Universität und anderen Schulen und Instituten sowie vor allem vom Kunsthandwerk. Die wichtigste Einnahmequelle besteht in der Förderung des Fremdenverkehrs. Neben dem wunderbaren Centro Storico von Feltre ist auch das sogenannte Feltrino, das Land um die Stadt, von besonderer Schönheit und einen Besuch wert. Im Rücken der Stadt erheben sich die grandiosen Dolomiten mit dem Parco Nazionale delle Dolomiti Bellunesi, der unter strengen Naturschutz gestellt ist und professionell verwaltet wird.

Das historische Zentrum, die sogenannte Citadella mit höchstens 600 festen Einwohnern, erhebt sich auf einem befestigten Hügel am äußersten westlichen Rand der Val Belluna, des Bellunatals, das zwischen Belluno und Feltre verläuft. Fast theatralisch ist ihr Aufbau zwischen dem Park am Viale Marconi und dem Dombereich mit den archäologischen Ausgrabungen im Tal. Dazwischen erstreckt sich die großartige Piazza Maggiore an der Stelle des römischen Forums am höchsten Punkt der Hauptstraße, die sich zu den beiden Toren hin absenkt. Treppen führen rechts und links der Piazza zur Kirche hinauf, Treppen verbinden auch fußgängerfreundlich und teils sogar überdacht die unterschiedlichen Straßenniveaus innerhalb der Altstadt. Treppen über Treppen, auch im Dombezirk jenseits des breiten und von hohen Bäumen beschatteten Straßenzugs von Via Campo Mosto, Via Campo Giorgio und Largo Castaldi.

Durch die stattliche Porta Imperiale (auch Porta Castaldi genannt) pflegten früher die Kaiser Feltre zu betreten, um den Fürstbischöfen zu huldigen. Die Porta bildet den Auftakt für einen der großartigsten Straßenzüge Venetiens, der Via Mezzaterra, die quer durch die Altstadt bis zur Piazza Maggiore verläuft und darüber hinaus, wo sie zu Ehren des berühmtesten Malers von Feltre Via Luzzo heißt. An deren Ende steht das zweite historische Stadttor, die Porta Oria.

← Kunstvolle Außenfresken schmücken die Häuser in Feltre. Nur hier findet man sie in so großer Menge.
↗ Überall in der Stadt hinterließen Kunsthandwerker ihre Werke, auch Kleinigkeiten wie Türgriffe.

Der geniale »Tote von Feltre«

Die Paläste entlang der Straße sind außen meist freskiert oder mit Sgrafitti (grau gehaltene Ritzungen im Putz) versehen. Mythologische oder philosophische Motive sind darauf zu sehen, vielfach aus der Hand des sogenannten Morto da Feltre (der »Tote von Feltre«, siehe S. 81). Balkone und Loggien sorgen zusätzlich für eine optische Auflockerung, Letztere bieten auch Schutz bei Regen und zu starkem Sonnenschein. An allen bedeutenden historischen Bauten der Stadt sind kleine Tontafeln angebracht, die ihre wichtigsten Daten angeben. Die schönsten Palazzi an der Via Mezzaterra sind der Palazzo Crico-Tauro (15. Jahrhundert), in dem auch das Informationsbüro seinen Sitz hat, sowie der Palazzo Salce Aldovini Mezzanotte (16. Jahrhundert), dessen freskierte Fassade sowohl römische als auch griechische Szenen zeigt. Ein wunderschöner Stadtpalast darf, obwohl privat, gerne besichtigt werden, ja die Besitzer freuen sich sogar, wenn sie, nach Voranmeldung (über das Info-Amt möglich), Gäste empfangen können, die sich für ihr Haus interessieren: der Palazzo De Mezzan. Dieser befindet sich an der gleichnamigen Piazzetta im Nordwesten der Altstadt am Anfang der Via Paradiso, sozusagen eine Etage höher als die Via Mezzaterra. Er ist im 16. Jahrhundert auf einem Teil des zerstörten Kastells entstanden, das im 14. Jahrhundert zum Schutz des Bischofspalastes gegenüber errichtet wurde. Die Fresken wurden erst 1990 unter Putz entdeckt!

Im Sockelbereich der Eingangshalle sind monochrome Atlanten von 1572 zu sehen und zwischen ihnen Landschaftsbilder. Grotesken über den Fenstern zeigen, dass man die Domus Aurea in Rom bereits kannte: Sie stammen vom sogenannten Morto di Feltre, wie man den Feltriner Maler Lorenzo Luzzo (gest. 1526) nennt, der auch Bergmann war und sich gut auf das Erkunden von Grotten verstand. Seinen Namen Morto da Feltre, der »Tote von Feltre« erhielt er deshalb, weil er sich in den römischen Katakomben herumtrieb, eben bei den Toten ... Er gilt als der Entdecker der antiken Domus Aurea in Rom und auch als derjenige, der von dort die Grotesken, die zierlichen, verspielten antiken Motive verbreitete, die so beliebt werden sollten, dass sie kaum noch in einem Palast fehlten. Sie haben übrigens nichts mit dem Wort »grotesk« zu tun, sondern kommen von den Grotten, in denen sie entdeckt wurden, italienisch »grotte«. Daher wird diese Art der Malerei »pittura grottesca« genannt.
Im privat bewohnten ersten Obergeschoss waren alle Wände freskiert, jedoch haben sich nicht alle Bilder erhalten. Besonders schön ist an der Fassaden-Innenwand eine Venus. An der Kaminwand ist die Darstellung der Entstehung Feltres (links sieht man die nach Troja geschickten Schiffe) zu sehen. Die Fresken im Schlafzimmer der Besitzerfamilie sind die ältesten (1510–1512), sie zeigen die »Anbetung der Könige«, umgeben von den beim Morto so beliebten Grotesken.

Der sakrale Teil

Im Gegensatz zur profanen Macht, die sich an der zentralen Piazza Maggiore manifestiert, befand sich das religiöse Zentrum südlich der Stadtmauer, jenseits der heutigen Via Campo Giorgio, am Domplatz, unter dem seit 1995 archäologische Grabungen durchgeführt werden. Das sakrale Zentrum Feltres wurde über dem heidnischen Kultplatz errichtet, der wohl schon in vorrömischer Zeit bestand. Im 11./12. Jahrhundert errichtete man hier ein Baptisterium. Der dreischiffige Duomo di San Pietro Apostolo entstand ab dem 15. Jahrhundert. Aus dieser Zeit stammt die spätgotische Apsis, die Krypta darunter (aus dem 11. Jahrhundert) ist in ihrer Achse etwas verschoben, was das gebeugte Haupt Christi am Kreuz symbolisieren soll. 1510 wie fast alles in Feltre zerstört, wurde der Dom ab 1600 wieder aufgebaut. Zu seinen Kostbarkeiten zählen ein Kruzifix aus dem 15. Jahrhundert, der zum Teil zerstörte Bischofsthron und das Chorgestühl von 1471/74, das den Brand von 1510 überstanden hatte. Im Baptisterium nebenan wurden im wundervollen Taufbecken (von 1399), das aus einem einzigen, 80 Doppelzentner schweren Felsblock besteht, bis ins 19. Jahrhundert alle Kinder Feltres und der Nachbargemeinden getauft. Das Baptisterium ist heute eine beliebte Hochzeitskapelle.
Scalette Vecchie heißen die rund 500 Stufen, die vom Domplatz aus durch die Porta Pusteria nach oben in die Altstadt führen. Das ist auch der historische Fluchtweg, der ursprünglich allerdings enger war.

⇖ Wer ins Bellunesische fährt, erlebt eine Landschaft zum tief Durchatmen, die durch den Naturpark streng geschützt ist.
⇙ Rom trifft auf Venedig im schönen und kaum bekannten Feltre, das Kenner wegen der herrlichen Außenfresken an seinen Palästen besuchen.

TIPP

ARCHÄOLOGISCHE ZONE
Unterhalb der Piazza Duomo wurden mehr als 1 000 Jahre Stadtgeschichte ausgegraben: Reste des römischen Feltria, Grundmauern von Privatwohnungen und Läden an der mit großen Steinplatten gepflasterten Straße. Im Zentrum befinden sich Reste eines Gildehauses mit Marmor- und Mosaikfußböden. Auch das Baptisterium aus dem 11./12. Jahrhundert ist nur noch an seinen Grundmauern zu erkennen, einem doppelten runden Ring mit halbrunder Apsis, der die römischen Strukturen überschneidet.
https://fondacofeltre.it

GALLERIA D'ARTE MODERNA
Die Galerie ist hauptsächlich einem einzigen Künstler der Stadt gewidmet, dem Kunstschmied Carlo Rizzarda (1883–1931). An die 400 seiner Werke sind hier in seinem früheren Wohnhaus ausgestellt, die meisten natürlich »verbaut« als Tore, Lampen oder Gebrauchsgegenstände, vor allem im zweiten Obergeschoss. Im ersten Geschoss sind die Werke einiger seiner Zeitgenossen zu finden. Nebenbei besichtigt man diesen für das 16. Jahrhundert typischen Palazzo Cumano. Leider wurden die ursprünglichen Deckenfresken Tiepolos von österreichischen Soldaten zerstört, nun schließen stuckierte Decken die einstigen Wohnräume ab.
www.visitfeltre.info/luoghi/galleria-darte-moderna-carlo-rizzarda

ALTDEUTSCHE SPRACHINSELN IN VENETIEN

Die Tredici und die Sette Comuni stehen für eine noch recht lebendige Tradition der alten Zimbern (oder Cimbern). Speziell Giazza im Westen und weiter östlich mehrere Dörfer auf der Hochebene von Asiago zu Füßen der Lessinischen Berge bemühen sich um die Erhaltung der Tradition der althochdeutschen und frühbairischen Mundarten.

Mit dem Willkommensgruß »Sait bouken kan Ljetzan« betritt der Besucher den Ort Giazza (Ljetzan) nördlich von Verona am Ende des Valdilasi. In den Tredici Comuni (13 Gemeinden) sind noch Spuren des Althochdeutschen und Frühbairischen zu finden. Nach neuesten Forschungen haben um 1287 die ersten bajuwarischen Schäfer, Holzfäller und Zimmerleute die Gegend besiedelt und urbar gemacht. Vom Norden her kaum erreichbar, vom Süden nur auf engen Pfaden zu finden, konnte der Stamm der Zimbern (nach den Zimmerleuten, nicht nach den im 1. Jh. v. Chr. aus Jütland südwärts wandernden Zimbern) in absoluter Abgeschiedenheit seine Lebensweise und Kultur erhalten.
In neuer Zeit mussten die Erwerbstätigen ihre Arbeit rund um Verona suchen, verließen ihre Häuser, wurde Giazza und

← Im nördlichen Venetien mag man es rustikal, ob im oder um das Haus herum.
↙ Roana grüßt alle Besucher der Hochebene von Asiago.
↓ Der würzige Käse von der Hochebene Asiagos genießt in Italien einen sehr guten Ruf.

die Umgebung allmählich für viele nur noch eine Wochenendsiedlung im romantischen Wandergebiet. Die jungen Menschen zimbrischer Abstammung kümmerten sich, abgelenkt durch Schulstress und Medien, kaum mehr um ihre Vergangenheit. Einige der Tradition verbundene, im Hochtal verbliebene Einwohner – etwa 90 gegenüber 700 vor 50 Jahren – wissen diesen historischen Schatz allerdings zu schätzen und werden sogar durch Urlauber animiert, die an den ethnologischen Eigenarten interessiert sind.
Im Museo Etnografico di Giazza sind Zeugnisse der Siedler zu finden: Ackerbaugeräte, mythische Figuren, Informationen über die Sprache sowie bäuerliche Legenden und Hexengeschichten. Interessant ist die Lautverschiebung vom deutschen F und dem W zu B: Aus Frau wird etwa »Brau«, aus dem Fräulein das »Broille«, und wieviel heißt »biivel«, der Winter wird zum »Bintar«.
Spätestens nach dem Besuch des Dokumentationszentrums (mit Bibliothek) versteht man die Aufschrift am gegenüberliegenden Gasthaus besser: »Birrhaus« hat nichts mit dem Gerstensaft zu tun, wie vielleicht zunächst gedacht, sondern heißt Wirtshaus. Und in dem hinter dem Museum in einer engen Gasse stehenden »Haus un Proat Zimbar«, einer Bäckerei mit cimbrischem Brot, gibt es auch »Chesan« (Käse), »Povain« (Ricotta) und »Smaltz undar Kesar« (Butter).
Was das Sprichwort »Von oarn keniapa in eisal« bedeutet, verstehen in der Provinz Verona noch etwa 100 Personen, im gesamten Norden der Region Venetien sind es vielleicht 500 Menschen. Allerdings ist der Dialekt weiter östlich, nördlich von Vicenza in den Sette Comuni (7 Gemeinden) bei den später eingewanderten Zimbern rund um Asiago leicht verändert: Die Redensart »An den Ohren erkennt man den Esel« heißt hier: »Von hoarn kenntsich in esel«.

Zimbrisch lernen mit Gleichgesinnten

Intensive Sprachforschungen werden im westlich von Asiago liegenden Flecken Roana (Robaan) im Istituto di Cultura Cimbra betrieben. Hier organisiert Sergio Bonato wissenschaftliche Seminare zur Erforschung der Sprachinseln, regt Schulen an, den jungen Nachkommen der Bajuwaren Kurse in Tradition und Sprache der Zimbern anzubieten. Und hier gibt es noch immer Kurse der zimbrischen Sprache, für Anfänger und auch für Fortgeschrittene. In beiden Museen, in Giazza und Roana, wird der Besuch von Urlaubern aus dem deutschen Sprachraum akribisch registriert, ein Argument, Region und Rom zu mehr Unterstützung für den Erhalt der zimbrischen Kultur zu animieren.
https://www.facebook.com/CentroCulturaCimbra/ und https://www.cimbri7comuni.it/museo-della-tradizione-cimbra

BELLUNO

DIE SCHÖNE ZU FÜSSEN DER BERGE

Die Lage der Stadt ist bezaubernd schön, ihr sehenswertes Centro Storico thront auf einem Hügel in 383 Meter Höhe, von Piave und seinem Zufluss Ardo um- bzw. durchflossen. Und im Hintergrund erheben sich, Belluno vor den kalten Nordwinden schützend, die Belluneser Alpen, die als riesiger Park unter Naturschutz stehen und zu Ausflügen locken.

4

Man parkt den Wagen am besten im Südwesten auf dem Parkplatz von Lambioi (Parcheggio di Lambioi mit WC und Gepäckaufbewahrung) unterhalb der Stadtbefestigung und fährt die Rolltreppe hinauf, direkt ins historische Zentrum Bellunos. Oben angekommen, befindet man sich an der Piazza Duomo mit der Kathedrale, deren Chor und Campanile quasi über dem Parkplatz schweben, und der Präfektur. Hier bestanden religiöse wie politische Macht nebeneinander und tun es eigentlich bis heute.
Wo früher am sogenannten Sinistra Piave die Flöße aus dem Norden ankamen, entstand bereits in keltischer Zeit der Ort, dessen Name keltisch geblieben ist (von Beleno, nach einem Wassergott). Mehr hat sich aus dieser Zeit nicht erhalten, dafür umso mehr aus der römischen Epoche, beispielsweise ein Doppelsarkophag mit griechischer Inschrift, der 1489 beim Bau des Glockenturms gefunden wurde und heute im Innenhof des Palazzo Crepadona (für Ausstellungen und Kongresse hergerichtet) zu sehen ist. Die mittelalterliche Stadtmauer existiert nicht mehr, nur ihre beiden Stadttore, die Porta Doiona im Norden und Porta Rugo im Süden, haben überdauert. Das von der Renaissance geprägte historische Zentrum zeigt sich trotz der langen Jahre als Garnisonstadt, wo 3000 Soldaten (50 Jahre lang bis zum Fall des »Eisernen Vorhanges«) stationiert waren, erfreulich intakt und erweist sich dank strenger Verordnungen auch als angenehme Fußgängerzone – besonders angenehm, weil man hier unter den langen Bogengängen, italienisch Portici, die das historische Zentrum prägen, bei jedem Wetter durch die Stadt schlendern kann, ohne nass zu werden oder allzu viel Sonne abzubekommen. Auffallend viele Bäckereien gibt es, die vor Ort leckere Brote und Patisserie produzieren, und nette Cafés, deren Tische von manchen Studenten gerne auch als Lernstube benutzt werden. Und was noch auffällt in Belluno: Die Preise sind allgemein etwas niedriger als sonst im Norden Italiens, erst recht im Veneto. Das ist wohl auch dem Status als Universitätsstadt zu verdanken.

Piazza Duomo, der Balkon der Stadt

An der Piazza Duomo erhebt sich imposant – aber nicht unbedingt harmonisch – die Präfektur. Sie ist im früheren Palazzo dei Rettori untergebracht, der mit einem Uhrturm von 1536/46 mit interessanter, noch funktionierender Uhr aufwartet. Architektonisch wirkt er uneinheitlich, was nicht wundern soll, ist doch der ab 1409 entstandene Bau 1802 abgebrannt und später wieder aufgebaut worden. So zieren den Palazzo Bogengänge der Renaissance und lange Steinbalkone ebenso wie die vielen Wappen und Büsten der Rektoren, die hier an die 400 Jahre als Statthalter Venedigs residierten. Es mag den Betrachter verwundern, dass dieses Gebäude als einer der schönsten Paläste der Terraferma Venetiens gilt, also des Hinterlandes Venedigs, obwohl er nicht im hier üblichen Stil der späten venezianischen Gotik mit ihren filigranen Maßwerkfenstern entstand, sondern im an sich strengen und klaren Renaissancestil. Nicht verpassen sollte man den Blick von der Terrasse der Piazza Castello hinter dem Domplatz, der weit über das Piavetal reicht, und auch nicht den schönen Blumenmarkt, der sich samstags teils bis zur Piazza Mercato (delle Erbe) ausbreitet.
An der mittelalterlich krummen Via Duomo steht ganz in der Nähe das Museo Civico, das mit seinen archäologischen Stücken und Gemälden 1876 in einem geradezu wohnlich wirkenden Palast eingerichtet wurde. Es bereitet Vergnügen, durch die anschaulich erklärten Sammlungen zu schlendern und immer wieder auch außergewöhnliche Stücke zu entdecken (alle stammen aus Belluno oder höchstens aus einem

← Belluno liegt einfach traumhaft schön am wilden Fluss Piave und wird im Norden durch die Alpen vor Wind geschützt.
↗ Der Palazzo dei Rettori mit seinem Uhrturm blickt auf eine lange Geschichte zurück – seit 1409.

Umkreis von 15 Kilometern). Einzigartig ist ein frühvenetischer Kultschlüssel mit sechs daran angebrachten Ketten, man benutzte ihn, um im Frühjahr damit symbolisch den Boden für neue Pflanzen zu öffnen (7. Jahrhundert v. Chr.). Sehenswert ist im ersten Geschoss auch die hübsche Sammlung von weiblichem Haarschmuck aus Gold- oder Silberfäden für besondere Anlässe. Im zweiten Obergeschoss wurde die Pinakothek eingerichtet, 15 Bilder sind für Blinde »lesbar«. Eine Sammlung zeigt hier auch Tische und Bilderrahmen des Belluneser Holzschnitzers Andrea Brustolon (1682 bis 1732), außerdem ein ergreifendes Kruzifix, das drastisch den leidenden, noch lebenden Christus darstellt. Im Dachgeschoss ist die älteste Malerei der Pinakothek aufgehängt: Gemälde ab dem 15. Jahrhundert sowie im alten Rathaus abgenommene Fresken, darunter »Christus vor Pilatus« von Domenico Tintoretto aus einer von Napoleon geschleiften Belluneser Kirche. Es war nicht die einzige …

Der »Bauch« Bellunos

In der Fortsetzung der Via Duomo gelangt man im Nu zur kleinen Piazza delle Erbe, sozusagen der »Bauch« Bellunos, wo montags bis samstags vormittags Markt abgehalten wird. Umgeben ist der Platz von langen, relativ niedrigen Portici-Reihen unter den Palazzi. Hier steht auch das als Monte di Pietà bezeichnete Pfandleihhaus aus der Renaissance (1501). Über die kurze Via Rialto ist die Piazza Vittorio Emanuele II erreicht und fast in ihrer Verlängerung die in etwa längsovale Piazza dei Martiri, der »Salon« Bellunos. Hier, so sagen die Einheimischen, pflegte man sich früher zu verloben, und sonst nirgendwo in der Stadt! Die Piazza konnte sich jenseits der Porta Dojona bereits außerhalb der heute nicht mehr existierenden mittelalterlichen Mauer großzügig ausdehnen und lockt mit Cafés unter den Portici der hübschen, meist sorgfältig restaurierten Paläste.

Auch das sehr oft bespielte Teatro Comunale befindet sich hier, das nicht nur für Theaterstücke, sondern auch für Konzerte genutzt wird. Hier sind bereits Superstar Madonna oder Paolo Conte mit seiner charakteristischen rauen Stimme aufgetreten. Übrigens ist das Theater durch einen hohen Torbogen mit der Altstadt verbunden, dessen Tor sich noch heute schließen ließe. Und vom Platz aus rechts davon befindet sich ein zweiter Durchgang, die Porta Dante mit einem Freskobild des Dichters der Divina Commedia.

Doch begeben wir uns zurück zur riesigen Piazza dei Martiri mit ihren hübschen schmiedeeisernen Laternen und dem schattigen, 1930 angelegten Park in der Mitte. Dieser bildet eine Art grüne Lunge für die Oberstadt. Zur Einkehr fordern

Cafés auf, zwei besonders einladende und sogar historische rechts und links der Kirche San Rocco von 1561: das Caffè Manin und das Caffè Deon, das inzwischen zu einer Lounge Bar mutiert ist. In der Mitte des Parks erinnert ein Bronzemonument an die vier von Deutschen erschossenen italienischen Partisanen. Belluno, erfährt man hier, wurde viermal von den Deutschen eingenommen.

Via Mezzaterra und Borgo Piave

Auf der anderen Seite der Piazza delle Erbe beginnt die lange Via Mezzaterra, die älteste Straße der Stadt, die zu einem geruhsamen Bummel einlädt. Sie setzt sich in der kürzeren Via I Novembre fort, die nach einem Linksschlenker zur Via Caduti del Ponte führt. Von hier geht es durch die hübsche mittelalterliche Porta Rugo hindurch abwärts zum engen Borgo Piave mit seinen bescheideneren Häusern, die aus dem 15. und 16. Jahrhundert stammen. Das ist das Viertel, in dem die Flößer mit ihrer Holzladung auf der Fahrt vom Norden nach Venedig Station machten.

↖ Die Provinzhauptstadt Belluno prahlt mit ihren zahlreichen historischen Bauten.
↗ Wie im gesamten Alpenraum wird auch im Bellunesischen Holzschnitzerei ganz großgeschrieben.
→ Vom Fluss her wirkt die Stadt Belluno etwas düster, ihr historischer Kern darüber aber ist einladend.

TIPP

TIZIANS GEBURTSORT PIEVE DI CADORE

40 km nach Norden lohnt ein Ausflug (auf dem Weg nach Cortina d'Ampezzo) ins Cadore mit seinen urigen Bergdörfern, darunter Tizians Geburtsort Pieve di Cadore. Mitten auf der Piazza Tiziano zeigt die würdevolle Bronzestatue den bedeutenden Maler Tizian (1477–1576), einen der größten Künstler der venezianischen Malerei des 16. Jahrhunderts. Seine Blickrichtung deutet auf sein bescheidenes Geburtshaus schräg gegenüber, die Casa Tiziano, 1935 als Museum zugänglich gemacht. Hier unternahm Tizian seine ersten Malversuche, bevor er nach Venedig ging. Natürlich sind nur Zeichnungskopien zu sehen, aber das Haus vermittelt einen guten Eindruck von der Lebensweise seiner Zeit. www.magnificacomunitadicadore.it/cadore/musei/2/casa-natale-di-tiziano-vecellio.html

AUSFLUG INS ALPAGO

Östlich von Auto- und Eisenbahn lockt die Hügellandschaft des Alpago mit ihren kleinen Dörfern, den dichten Nadel- und vor allem den lichten Laubwäldern, die im Herbst eine unglaubliche goldgelbe Färbung annehmen. Ruderboote dümpeln auf dem Lago di Santa Croce für romantische Ausflüge auf dem Wasser, ganz im Süden reizt die Hochebene von Cansiglio (1000 Meter) mit einem Golfplatz. Und überall zu finden: eine deftige leckere bäuerliche Küche. Die wichtigste Spezialität der Umgebung ist vielleicht nicht jedermanns Sache: s'ciosèle, Berg-Schnecken. www.infodolomiti.it, www.agordino.bl.it/rivamonte

Wenn Cesenatico erreicht ist, dann nichts wie an den Kanalhafen, den Leonardo da Vinci plante.

ROUTE 6: VON PADUA AN DIE ADRIA UND IN DEN APENNIN

DIE ADRIA UND IHR HINTERLAND

Padua bezaubert durch Marktplätze und ein Umland voller herrschaftlicher Villen. Über den Brenta-Kanal an die Adria geht es in die Lagunenstadt Chioggia und weiter zum weitläufigen Doppel-Delta von Etsch und Po, über Comacchio nach Ravenna, Stadt der Mosaiken und der einladenden Sandstrände, und in den Tosko-Emilianischen Apennin mit befestigten Städtchen.

Das historische Zentrum 1 **Paduas** wirkt, als bestünde es nur aus Marktplätzen und der Basilika des hl. Antonius. Im Osten der Stadt beginnt der Brenta-Kanal, an dessen befestigten Ufern sich der venezianische Adel niederzulassen pflegte und sich dafür herrliche Villen bauen ließ. Eine der eindrucksvollsten ist die riesige Villa Pisani in Stra, auch Villa Nazionale genannt, mit ihren 114 Räumen und dem imposanten Garten mitsamt Labyrinth. Über Stra und Dolo führt unser Weg nach Mira und weiter bis zur wunderbar harmonischen Villa Foscari von 1556, La Malcontenta genannt, die Schlechtgelaunte, die einzige, die am Kanal tatsächlich vom genialen Architekten Palladio stammt. Am südlichen Ufer des Kanals entlang geht es parallel zum eigentlichen Brenta-Fluss und durch die Lagune hindurch über Dämme in die Lagunenstadt Chioggia, gern als Klein-Venedig tituliert. Ihr Corso del Popolo ist gesäumt von vielen Cafés und Restaurants mit einem großen Angebot an Fischspezialitäten, schließlich befindet sich hier der Fischmarkt, der weite Teile Norditaliens beliefert.

INFO

Start: Padua
Ziel: Imola
Länge: 420 Kilometer (mit Ferrara)
Dauer: 3–4 Tage
Beste Reisezeit: ganzjährig

Die historische Via Romea führt südwärts in das gewaltige Doppeldelta von Etsch (im Norden) und Po (im Süden), eine traumhaft wilde Landschaft aus Land und Wasser – keine Frage, dass die Straßen meist auf Dämmen gebaut sind. Mittendrin befindet sich Porto Viro am **2 Po-Delta**. Im Süden ragt der 50 m hohe Glockenturm der Abtei von Pomposa in die Höhe. Klar, dass schon Dante hier war und Friedrich Barbarossa. Die Kirche (8.–11. Jahrhundert) besitzt Fresken – etwa ein Abendmahl am runden Tisch, eine Seltenheit! –, einen schönen Fußboden aus Einlegearbeiten sowie eine wunderschöne Fassade mit lasierten Terrakottaschalen und Kleinskulpturen. Nette Lokale laden zur Pause ein.

Von der Küste ins Hinterland

Über Codigoro ließe sich eine Wegschleife nach **3 Ferrara** einbauen, in die Stadt der Este, und über Ostellato zurück Richtung Adriaküste. Ohne den Abstecher führt die schmale Küstenstraße an beliebten Badestränden vorbei zur Lagune von Comacchio, den sogenannten Valli – mit 14 000 Hektar

Eine der zauberhaftesten Städte auf dieser Tour
ist Brisighella, überragt vom sogenannten Uhrturm.

Kanälen, Seen, Sümpfen und Flussarmen eine der eindrucksvollsten Lagunen Europas. Hier sollte man unbedingt eine Runde mit dem Boot drehen und dem Museo delle Valli einen Besuch abstatten, das die Arbeit der Lagunenfischer anschaulich erklärt (bedeutende Aalzucht). Und auch das überaus hübsche Städtchen Comacchio sollte man nicht verpassen mit seinen geschwungenen Brücken über die zahlreichen Kanäle, etwa die dreifache Brücke (Treponti), eine komplizierte architektonische Arbeit.
Zurück zur Küstenstraße, führt unser Weg nach Süden direkt auf **4 Ravenna** zu. Weiter südlich lohnt Cervia wegen seiner Salinen und erst recht Cesenatico wegen des Hafenkanals einen Stopp, den Leonardo da Vinci geplant haben soll und in dem historische Boote mit herrlich bunten Segeln vor dem Meeresmuseum ankern. Und an den beiden Kanalufern locken zahllose nette Bars und Restaurants.
Jetzt geht es ab ins Hinterland, auch weil der Verkehr entlang der Adria-Badeorte Nerven kosten kann. Wir peilen Cesena an und setzen die Fahrt danach durch die schöne, teils von Weinbergen geprägte Hügellandschaft des Apennin nach Bertinoro fort: Einen schöneren Aussichtsbalkon dürfte es weit und breit nicht geben als den vom historischen Zentrum auf kleinem Plateau! Und dann die Geschichte des Städtchens mit der Säule der Gastfreundschaft: Seit dem 14. Jahrhundert steht sie vor dem Rathaus, und an ihren Ringen konnten Durchreisende ihre Pferde oder Lasttiere festmachen. Der Besitzer des jeweiligen Ringes hatte nun die Ehre, Gastgeber zu sein und die aktuellsten Neuigkeiten zu erfahren. Das Fest der Gastfreundschaft am ersten Septembersonntag erinnert noch heute an diese Tradition.
Über Mussolinis Geburtsort Predappio steuern wir nördlich davon Terra del Sole an und gönnen uns mitten im Renaissance-Ort auf der großen Piazza, die einst als Paradeplatz diente, eine Pause. Mit Blick auf die Kirche geht es rechts zum Borgo Fiorentino, links zum Borgo Romano, und an beiden Enden der Gassen, deren Häuser einst Soldatenfamilien bewohnten, erhebt sich jeweils eine wuchtige Festung. Diese »ideale Stadt« wurde nach dem Entwurf des Architekten Baldassare Lanci ab 1564 für den toskanischen Großfürsten Cosimo I de' Medici errichtet.

Ein Eselsweg im Obergeschoss

Schmale Straßen führen auf und ab durch endlose Weingärten und vereinzelte Ölbaumplantagen nach Brisighella, einem unserer Lieblingsorte in Italien: vom Kastell überragt und bewacht, klein, heimelig, mit netten Unterkünften und richtig guten Restaurants, denn schließlich gehört das hiesige Olivenöl zu den Top-Qualitäten mit eigener Herkunftsbezeichnung. Der Eselsweg, Via degli Asini, eine im 15. Jahrhundert erbaute Straße mit Bogengang verläuft auf Höhe des ersten Stockwerks durch die Häuser der Hauptpiazza und ist eine echte Schönheit vor allem am Nachmittag, wenn die Sonne gleißend durch die Wandöffnungen scheint und ihren grell-weißen Abdruck auf dem Boden hinterlässt. Die Via degli Asini diente als sicherer Weg für den Transport des Kalksteins, der aus der nahen geologischen Besonderheit der Vena del Gesso Romagnolo stammte. Das dicht gepresste Gestein lässt sich so fein schneiden, dass es schon den Römern als Fensterglas diente, das sie Lapis specularis nannten. Im Naturschutzgebiet mit an die 220 Grotten sind allein 40 Kilometer erkundet, der Park ist wunderbar ausgeschildert für Wanderer, Radfahrer und Nordic Walking.
Leidenschaftliche Autofahrer können sich über den Endpunkt dieser Tour in Maranello bei Imola freuen. Ferrari lässt grüßen, Rennbahn und Museum können besucht werden, und passende Mitbringsel für autoaffine Reisende gibt es ebenso wie einen F1-Simulator.

RESTAURANTS / ÜBERNACHTUNGEN

EINKEHREN

12 RISTORANTE, CESENATICO
Das vielleicht beste Restaurant des Städtchens für ein Abendessen, klein aber fein und direkt am Kanalhafen in romantischer Atmosphäre und mit innovativer Fischküche.
www.12ristorante.com

LA PANTOFLA, CERVIA
Die Kneipe der Fischergenossenschaft ist Treffpunkt der Fischer und echter Kenner, die zum Fischschlemmen kommen. Täglich wechselnde Menüs, riesige Portionen, alles fangfrisch. Urige Atmosphäre im großen Speisesaal und an den langen Holztischen der Terrasse.
www.circolopescatoricervia.it

TRATTORIA ALLA VIDA, MIRA
Einst dunkelgetäfelt, heute ganz hell und doch sehr gemütlich gestaltet mit historischen Fotos und netten Sprüchen an den Wänden. Unverändert sehr gut geblieben ist die Küche, jetzt allerdings rein vegetarisch, und freundlich familiär der Service durch die Eigentümerin.
www.trattoriaallavida.it

CA' DE VÈN, RAVENNA
Beliebtes Weinlokal, untergebracht in einem historischen Stadtpalast von 1542, mit Degustationsmenüs, aber auch hausgemachten Piadine sowie Käse- und Aufschnittplatten zum Wein.
www.cadeven.it

ÜBERNACHTEN

BRISTOL BUJA, ABANO TERME
Seit drei Generationen familiengeführtes Thermalhotel mit eigener aufwendiger Kurabteilung unter medizinischer Leitung, Fango, Thermalpool etc. und sehr gutem Restaurant. Angenehme Aufenthaltsräume. Mit Parkplatz.
www.bristolbuja.it/de

RIVIERA DEI DOGI, MIRA
Etwas in die Jahre gekommenes, aber direkt am Brenta-Kanal gelegenes kleines Hotel, das erste am Kanal. Ideal auch wegen des großen privaten Parkplatzes. Einige der Zimmer haben Terrazzoböden und Holzbalkendecken.
www.rivieradeidogi.com

HOTEL DE PRATI, FERRARA
Renoviertes Hotel vom Beginn des 20. Jahrhunderts nahe der Piazza Castello, also mitten im historischen Zentrum, gepflegte Atmosphäre, Stilmöbel kombiniert mit moderner Kunst. Nur 15 Zimmer und eine Suite sowie ein Apartment nebenan.
www.hoteldeprati.com

AL PONTICELLO, COMACCHIO
Nur sechs Zimmer im Obergeschoss eines gepflegtes Stadthauses mitten im Ort und auf Entdecker spezialisiert, die sich in den Valli umsehen wollen, speziell zur Vogelbeobachtung.
www.alponticello.it

CASADODICI, CESENATICO
Kleines Hotel direkt am Kanalhafen mit nur sechs ganz unterschiedlichen Zimmern, nach Filmdiven benannt. Private Atmosphäre, tolles Frühstück im wunderbaren Gemeinschaftsraum.
www.casadodici.com

LA ROCCA, BRISIGHELLA
Zauberhaft restauriertes, in der vierten Generation geführtes Hotel mitten im Ort zu Füßen der Rocca. Hervorragendes Restaurant (auch für Nicht-Hotelgäste), das mit hausgemachter Pasta und im Herbst/Winter mit Trüffelgerichten aufwartet.
www.albergo-larocca.it

Kaum zu übertreffen ist der Charme der Casadodici am Hafenkanal von Cesenatico.

DIE STADT DER MÄRKTE

Die einen pilgern nach Padua zur Grabkirche des hl. Antonius, die anderen zur Capella degli Scrovegni, um eines von Giottos Hauptwerken zu sehen. Wieder andere besuchen die großartigen Marktplätze mitten im historischen Zentrum. Wellness-Enthusiasten steuern die nahen Euganeischen Hügel mit den Fango-Kurorten an.

Die Kuppellandschaft der Kirche Sant'Antonio, der Grabkirche des hl. Antonius, wirkt geradezu orientalisch, innen erweist sie sich als kostbar ausgestattete Pfeilerbasilika der Renaissance. Darin liegt auf der linken Seite die Grabkapelle mit marmornen Hochreliefs, die das Leben des Heiligen erzählen. Gedränge durch Pilger ist in der Kirche ebenso wie auf dem Vorplatz, der von der Reiterstatue des venezianischen Feldherrn Gattamelata (1453) überragt wird, meist an der Tagesordnung.

Im Palazzo Bo, dem Urkern der alten Universität Paduas, befindet sich das sehenswerte Anatomische Theater von 1594 – nicht zum Bespielen, sondern als Anatomiehörsaal mit so engen aufsteigenden sechs Rängen, dass kaum ein Medizinstudent – rund 500 Zuhörer fanden darin Platz – bei der Obduktion in Ohnmacht gefallen sein kann … Galileo Galilei war einer der bedeutendsten und populärsten Lehrer an dieser Universität, dem die Studenten ein hohes Lehrpult bauten, das man noch heute bewundern kann.

1

Hauptziel für Kunstinteressierte ist natürlich die Cappella degli Scrovegni, für die man sich am besten voranmelden sollte. Und der Besuch lohnt sich: Giotto hat darin von 1303 bis 1305 eines seiner Hauptwerke hinterlassen. In 38 Bildern erzählt er in der schmalen Kapelle in kräftigen Farben, deren Leuchtkraft er durch Einbeziehen des natürlichen Lichtes hervorzauberte, die Lebensgeschichte Christi – nahe dem Triumphbogen besonders eindringlich »Der Verrat des Judas«.

Große Plätze und überquellende Märkte

Der Prato della Valle am Rand des historischen Zentrums, nach dem Roten Platz in Moskau und der Place de la Concorde in Paris der drittgrößte Platz Europas, ist samstags Schauplatz eines Marktes. Der Platz selbst ist bereits eine Attraktion mit den Kanälen, Brücken und den 78 Statuen, umgeben von Bogengängen an den Wohnhäusern.
Doch die größte Anziehungskraft dürften die drei Plätze um den früheren Justizpalast, den Palazzo della Ragione, haben: Piazza delle Erbe, Piazza della Frutta und Piazza dei Signori. Unter dem Palazzo, von den Padovanern Salone genannt, breiten sich unzählige Marktstände und -buden aus. Überall duftet es nach ausgebackenen Meerestieren und Gemüse, werden zur Saison Artischocken vor Ort bis auf deren Boden ausgeputzt und Säfte gepresst. Ringsum reihen sich Fressstände und kleine einladende Lokale, die Marktfrisches zu den guten Weinen der nahen Colli Euganei anbieten, die manche schon für eine wohltuende Fango-Kur aufgesucht haben mögen.

Das Euganeische Bäderdreieck

Vor den Toren Paduas gedeihen berühmt-gute Weine, und hier versorgen uralte Quellen das Gebiet vulkanischen Ursprungs mit Thermalwasser, weshalb sich ein richtiges Bäderdreieck gebildet hat mit den Orten Abano Terme, Galzignano, Montegrotto sowie Battaglia Terme. Es sind keine schönen Orte, aber mit einer so guten Infrastruktur für den Kurbetrieb ausgestattet, dass sie auch als guter Standort für Ausflüge in die Umgebung taugen. Ringsum gibt es Weingüter, ausgeschilderte Wander- und Radwege führen durch die meist sanft gewellte Hügellandschaft und zu Sehenswürdigkeiten wie dem riesigen Komplex der Abbazia di Praglia, einer Benediktinerabtei von 1080 mit allein vier Kreuzgängen und noch an die drei Dutzend Benediktinermönchen, die den Betrieb aufrechterhalten. Besuchenswert ist auch die auf einem Hügel hockende Villa Emo Capodilista von 1568, ein zauberhafter Zentralbau mit Ecktürmchen und zweigeschossigen Loggien – und ringsum natürlich eigenen Weingärten.

↑ Ob roh oder bereits gegart – auf Paduas Märkten gibt es alles in Hülle und Fülle.
← Eine wunderschöne Visitenkarte Paduas ist die weitläufige Platzanlage Prato della Valle, deren Kanal von steinernen Figuren bewacht wird.

TIPP

RADTOUR DURCH DIE EUGENÄISCHEN HÜGEL

Einen ganzen Tag sollte man einplanen für die – je nach gewählter Wegstrecke und Abstechern – 75 bis 85 Kilometer rund um die Hügel und in sie hinein. Startpunkt kann jeder Ort sein, ob Padua oder einer der Kurorte, das hübsche Monselice oder das interessante Este. Räder können in zahlreichen Hotels geliehen werden, für Hausgäste sogar kostenlos.
www.veneto.eu, www.collieuganei.it/ciclovie/anello-colli-euganei

BOOTSTOUR RUND UM PADUA UND HINAUS

Paduas historisches Zentrum ist umgeben vom Wasser des kleinen Flusses Bacchiglione, den man mit dem Boot befahren kann. DeltaTour bietet romantische Bootsfahrten bei Nacht. Von derselben Gesellschaft werden auch längere Bootstouren auf dem Brenta Kanal organisiert, die die berühmten Villen am Kanal ansteuern und ein Mittagessen an Land servieren.
www.deltatour.it

DIE VILLEN AM BRENTA-KANAL

Seit dem 16. Jahrhundert verbindet der 33 Kilometer lange Brenta-Kanal Venedig mit Padua. In seinem Wasser spiegeln sich schöne Villen Palladios und seiner Nachfolger, errichtet für Venedigs Adelige, die der Schwüle der Lagune entrinnen und ihre Ländereien kontrollieren wollten.

Die Villa Foscarini Rossi ist ein Glücksfall für Venetien-Reisende, die sich auch für Mode interessieren. Sie ist seit 1995 Sitz des Schuhmuseums des erfolgreichen Fabrikanten Luigino Rossi mit seiner Rossimoda und einer sehr schönen Ausstellung historischer Schuhmodelle. Die Villa Pisani ist die prächtigste und größte in Venetien überhaupt und steht im weitläufigsten Park am Brenta-Kanal. Barocker Prunk verbindet sich in diesem Palast harmonisch mit der Einfachheit der Klassik. Baubeginn des Zentralgebäudes war 1720, so wie es sich Alvise Pisani (1664–1741) wünschte, der lange Venedig in Paris vertreten und Versailles kennengelernt hatte. Nach seiner Wahl zum Dogen übertrug er 1735 Francesco Maria Preti die Umsetzung zur fünfflügeligen Schlossanlage, die mit 114 Räumen und einem immensen Park mit dem aufregendsten Irrgarten Italiens, luxuriösen Stallungen und anderen Nebengebäuden von großer Opulenz zeugt. Ein langer Kanal verbindet die Rückseite optisch mit den Stallungen bzw. dem Zitronenhaus. Statuen säumen die Wege und bekrönen Balustraden, und die Prunksäle wurden mit Stuckaturen und Fresken von den besten Künstlern der damaligen Zeit ausgestattet, an erster Stelle Giambattista Tiepolo, der 1760 bis 1762 zusammen

← La Malcontenta, die »Schlechtgelaunte«, ist Palladios schönste Villa am Brenta-Kanal und eine seiner harmonischsten überhaupt.
↙ Prachtvolle Villen, ob von Palladio oder von ihm beeinflusst, zieren ganz Venetien.
↓ Die Villa Pisani am Brenta-Kanal wird wegen ihrer historischen Bedeutung auch Villa Nazionale genannt.

mit seinem Sohn Giandomenico den Tanzsaal zur Glorifizierung der Familie Pisani ausmalte.

Mira mit drei sehenswerten Villen

Die 1719 erbaute Villa Widmann ist eher bescheiden, besticht aber durch ihre Wohnlichkeit auf zwei Ebenen rund um den beide Stockwerke umfassenden, mit mythologischen Themen gestalteten Zentralraum. Von der umlaufenden Empore konnte man den Tanzsaal von oben betrachten. Vom leicht verwilderten Garten blickt man auf die Barchessa Valmarana (16. Jahrhundert) jenseits von Straße und Kanal. Nachdem Venedig Mitte des 19. Jahrhunderts hohe Steuern auf die Prachtbauten der Venezianer erlassen hatte, wurden zahlreiche Villen kurzerhand abgerissen, so auch die Villa Valmarana. Geblieben sind die erst 1734 geschaffenen beiden Flügel, die Barchessen, eine für die Geräte, eine als Gästehaus. Nur das Gästehaus – dieses ist allerdings besonders sehenswert – kann besichtigt werden, dessen Hauptsaal Michelangelo Schiavoni, Chiozzotto genannt, ab 1712 in der Art Tiepolos ausmalte – mit der üblichen Glorifizierung der Auftraggeber. Ein anderes Kleinod der venezianischen Kunst findet man in der Barchessa Alessandri (ab 1704) im Zentrum von Mira, ein zauberhaftes und interessantes Beispiel für die Lebensart der Venezianer am Brenta-Kanal. Da es in Venedig verboten war, frönten die Venezianer ihrer Spielsucht in privaten Casinos, wo man maskiert, also unerkannt spielen konnte. Man glaubt noch heute, beim Betreten dieser Räume etwas von der leidenschaftlichen Atmosphäre von damals zu spüren. Die Wände zieren Motive aus Ovids Metamorphosen, und neben der Tür zum Spielsaal gibt es eine kleine bemalte Vitrine mit Fläschchen, Kannen und Tassen, die an die Gastfreundschaft in diesem Haus beziehungsweise an den Bauherrn Cesare Alessandri erinnern soll.
Knappe fünf Kilometer vor Fusina spiegelt sich der klassisch schöne Säulen-Portikus der Villa Foscari (1556), besser bekannt als La Malcontenta, »die Schlechtgelaunte«, im trägen Wasser des Kanals. Man kann den wunderschönen Park mit seinen fotogenen Hängeweiden sowie die freskierten Räume des »piano nobile« besichtigen. Es ist die einzige tatsächlich von Andrea Palladio (1508–1580) geplante Villa am Kanal, und zwar für Alvise und Nicolò Foscari, deren Familie damals zu den einflussreichsten in Venedig gehörte.

AUTOBUMMELN DURCH DAS PO-DELTA

1604 haben die Venezianer die Po-Mündung nach Süden umgeleitet, um die Versandung der Lagune zu stoppen. Erst danach bildete sich das große Delta, das sich zwischen der nördlichen Etsch und dem südlichsten Po-Arm, Po di Goro genannt, an der Grenze zur Emilia Romagna ausbreitet.

2

Nirgendwo erlebt man so großartige tiefrote bis violette Sonnenuntergänge wie hier, auch wenn man sich dabei ordentlich gegen die dann auffliegenden Moskitos wappnen muss! Man fährt auf schmalen Dämmen oder an ihrem unteren Rand entlang, überquert auf engen Brücken zahllose Kanäle, nimmt eine kleine Fähre, die sich nur einmal um sich selber dreht und schon am anderen Ufer ist, um dieses mit dem Wagen zu erreichen. Es ist eine Landschaft, die auch für Abenteurerseelen etwas bietet, und erst recht für Naturliebhaber, die hier eine große Vielfalt an Pflanzen – unterschiedliche Arten je nach Salzgehalt des Wassers – und viele Vogelarten finden.

Wer es nicht glaubt, sollte genauer auf die Landkarte schauen: Man fährt mitten durch die Doppellagune von Etsch und Po. Doch wo hört das Meer auf, wo beginnt die Lagune, wo das Meer, und wo mischen sich Land und Wasser? Die Dämme mussten von Menschenhand in mühsamster Arbeit errichtet werden und sind ständig zu pflegen. Doch die Vorarbeit hatten bereits die Benediktiner geleistet, die sich nur dem Gebet und der Arbeit verpflichtet sahen – nach ihrem Motto »ora et labora« eben. Dafür gehörten ihnen ungeheure Ländereien, auch solche, die nicht dem Meer abgetrotzt wurden. Bis nördlich der Alpen besaßen sie große Latifundien und Klöster. Und überall wurde hart gearbeitet und nach dem festgelegten Ritual gebetet.

Aufklärung in der alten Pumpstation

Am besten beginnt man eine geruhsame Fahrt durch das Po-Delta an der Ca' Vendramin westlich von Porto Tolle, von Weitem an ihrem 60 m hohen backsteinernen Schornstein zu erkennen. Hier erfährt man im didaktisch gut aufgebauten Museo Regionale della Bonifica di Ca' Vendramin innerhalb der historischen Pumpstation von 1900 (also im Jugendstil) alles, was man über das Delta und seine Urbarmachung wissen möchte. Außerdem kann man gutes Informationsmaterial zum Thema des Museums erstehen.

Das Großartige an diesem Museum ist, dass man tatsächlich die alten, mit Dampf betriebenen Motoren der Pumpstation erhalten konnte, sodass sie noch heute funktionieren würden, um das Wasser abzupumpen. Man sieht die Becken für das ankommende und diejenigen für das abfließende Wasser. Je mehr Wasser abgepumpt und Land trockengelegt wurde, desto mehr Dämme zum Schutz vor Überschwemmungen konnten errichtet werden. Bis 1938 funktionierte diese – wichtigste – Pumpstation, die einem der drei Konsortien angehörte, die für das Po-Delta zuständig waren, und auch Strom erzeugten. Ein zusätzliches Problem dieser ohnehin unter Meeresspiegel liegenden Isola di Ariano bis nach Taglio di Po hinauf bestand darin, dass im 20. Jahrhundert auch noch mit der Gewinnung von Methan begonnen wurde, wodurch der Boden noch mehr, auf sieben bis acht Meter unter Meeresniveau, absackte. Das ist inzwischen unterbunden worden, man hat somit aber nur den status quo erhalten, das Bodenniveau jedoch nicht erhöhen können.

Maisfelder, auch Flächen mit Soja, Getreide und Mangold begleiten den Weg zum reinen »Schlafort« Porto Tolle, wo eine neuere Brücke über den Po di Venezia in den Norden des Deltas, nach Ca' Venier führt. Von den Dämmen sieht man auf Teiche und Lagunen mit Seerosen hinab, eine unwirtliche und doch verwunschene Natur, die von Menschenhand gezähmt, ja in ihre Schranken gewiesen wurde. Die Via dei Valli zwischen den größeren privaten Fischteichen, ein beliebter Radfahrweg, führt zu Aussichtstürmen. Überall gibt es Ausflugslokale und Fischteiche für die Sportfischer, die es hier nun wahrlich nicht schwer haben, einen ordentlichen Fang zu ergattern. In der Valle Leonardo werden Meeresfische gezüchtet, also nichts für Angler. Aber sonst dürfen sie – mit Genehmigung, die von den Ferienorten ausgestellt werden – in der Lagune fischen.

Bei Barchessa Ravagnan lockt die Oasi Val Pisani mit dem gleichnamigen Restaurant, das normalerweise nur nach Vor-

← Wo hört das Land auf, und wo fängt das Wasser an? Fließende Übergänge sind typisch für das Po-Delta.
↗ An Sommerabenden wird die Idylle getrübt. Dann sind Moskitos im Anflug, und zwar erbarmungslos!

bestellung mit einem festen Menü verwöhnt, das man meist stundenlang genießen kann. Und wieder überall Kanäle, Schleusen und kleine Pumpstationen, sehr schmale Dämme und Straßen, Maisfelder und Weiden, viele Picknickplätze und Radfahrer – und Moskitos!

Zum Inbegriff privater Feriensiedlungen

Von Barchessa Ravagnan führt ein Dammweg nach Porto Levante, einem kleinen Fischernest, das eine neue Marina mit Werft erhielt. Dort ankern auch Boote, die man mieten kann. Hier gibt es neuerdings auch eine ständig verkehrende Fähre über den Po di Levante und damit eine direkte Verbindung zur Isola di Albarella, dem Inbegriff nobler privater Feriensiedlungen (Eintritt nur mit Ausweis bzw. Nachweis, dass man sich hier eingemietet hat) mit Hotel, Yachthafen, Villen mit eigenen Bootsgaragen, Golfplatz und vielem mehr auf insgesamt vier mal 1,5 Kilometer Fläche.
Umständlicher ist es allerdings, nach Rosolina Mare zu gelangen, dem bei Italienern sehr beliebten, geradezu gemütlich-schlichten Ferienort mit seinem nördlichen »Ableger« Rosapineta (über Rosolina und Ca' Morosin). Denn nur im Sommer gibt es eine direkte Bootsverbindung zwischen den beiden Urlaubsorten. Diese ist vor allem wichtig für den Besuch des Botanischen Gartens in Porto Caleri südlich von Rosolina Mare. Unterwegs zwischen den Valli entdeckt man viele Cassoni, die reetgedeckten Fischerhütten, die ansehnliche Größe haben können, weil sie als Schlafplatz, Küche und Lager in einem dienten. Baracken, die manche idyllische Lagunenecke verschandeln, zeigen an, wo Vongole gezüchtet werden, die kleinen kostbaren Venusmuscheln.

Botanisch kaum zu toppen

Der Giardino Botanico Litoraneo von Porto Caleri ist genau der richtige Ort für all jene, die entweder generell Liebhaber ursprünglich gebliebener Natur sind oder es sonst nicht glauben können, welche Pflanzenvielfalt sogar eine scheinbar nur aus Sand und Buschwerk bestehende Küstenlinie zu bieten hat. Am besten, man meldet sich zu einer geführten Tour an, oder folgt den drei vorgeschlagenen Wegen A–C, um möglichst viel zu sehen und in alle Vegetationszonen des Gartens zu gelangen: Pinienwald mit seinem Unterholz voller Brombeeren und Asparagus, Macchia mit dichtem Wacholderbestand, Wildoliven und Liguster, duftenden Wildkräutern und Wildrosen, Strandvegetation, Vegetationszonen in Meereshöhe und schließlich Feuchtgebiete (mit Liliengewächsen, Schilf, echten Binsen, Geißblatt und vielen unterschiedlichen Gräsern), über die man natürlich auf Holzstegen geleitet wird. Badesachen sollte man mitnehmen, denn hinter dem botanischen Garten breiten sich herrliche Sandstrände aus!

↖ Ob bei Sonnenuntergang wie hier oder bei aufgehender Sonne – der Po, Italiens längster Fluss, ist meist gut für spektakuläre Bilder.
↙ Pumpstationen wie diese waren für die Urbarmachung des Po-Deltas unentbehrlich.

TIPP

RAD- ODER KANUTOUR AUF DEM DEICH DES PO DI GORO
Rund 16 km lang ist die Radtour, die fast eben über den Deich auf der Westseite des Po di Goro entlangführt, von der Ca' Vendramin bis nach Gorino. Alternativ kann man den Po di Goro mit dem Kanu erkunden. Auf den Ausflügler wartet ein einmaliges Naturerlebnis in diesem südlichen Teil des Po-Deltas. Intakte Natur breitet sich ringsum aus, mit dichten Schilfgürteln und bewaldeten Inselchen. Nur leise sollte man sein, vor allem beim Paddeln, um die nistenden Vögel nicht aufzuschrecken: vor allem Bartmeisen, Rohrdommeln und Schilfrohrsänger, aber auch Möwen, Ringeltauben und Reiher.

VOGELBEOBACHTUNG IN DEN VALLI DI COMACCHIO
Die Lagune der Aalfischer ist nicht weit und eignet sich nicht nur für eine Bootstour oder die Umrundung zu Fuß oder mit dem Fahrrad, sondern auch zur Vogelbeobachtung unter sachkundiger Leitung, die Interessierte über das Touristenbüro oder vor Ort an der Stazione di Pesca Foce buchen können.
www.ferrarainfo.com

HAUSBOOT-FERIEN
Zur Reisesaison bieten Houseboat Holidays Italia mit Sitz am Porto Levante in Porto Viro teils richtig komfortable Hausboote aller Größen an, mit denen man auch ohne Bootsführerschein auf eigene Faust die Flüsse und Lagunen des Po-Deltas erkunden kann.
www.houseboat.it und
www.parcodeltapo.org

Zugangswege schlängeln sich durch die Bracklandschaft im Botanischen Garten von Porto Caleri.

STADT DER RADFAHRER

Die UNESCO-geschützte Provinzhauptstadt ist von ihrem historischen Wall in Form eines ungleichmäßigen Trapezes umgeben, der nur einen einzigen nennenswerten Durchbruch im Südwesten aufweist. Die Ferraresi lieben ihre Wälle, als Joggingroute ebenso wie als Radstrecke.

Die von 1492 bis 1520 errichteten, neun Kilometer langen und mit zahlreichen Bastionen versehenen Mauern aus Backstein und der dicht bewachsene Wall dienten Ferrara nicht nur zu militärischen Zwecken, sie boten auch Schutz vor den ständig drohenden Überschwemmungen. Ferraras Blütezeit war unübersehbar die Epoche der Este, eines der ältesten Adelsgeschlechter Italiens (vom 10. Jahrhundert bis zur Renaissance). Sie bauten Ferrara zu ihrer Residenz und einem wichtigen Handelsplatz aus, holten die größten Dichter der Zeit wie Ariost und Torquato Tasso an ihren Hof. Die Stadt blieb bis ins 19. Jahrhundert hinein ein Ort der Maler und Bildhauer, ein bedeutendes kulturelles

3

↑ Einst Residenz der Familie d'Este, ist heute im Castello Estense die Provinzverwaltung untergebracht.
↙ Ferraras Bewohner lieben ihre Altstadtgassen wie die Via Mazzini in buntem Schmuck, den die passionierten Radfahrer offensichtlich genießen.

Zentrum. Ein Erzähler, der zu den leisen Europas gehört, war der 1916 in Bologna geborene und 2000 in Rom verstorbene Giorgio Bassani. Der Träger des Nelly-Sachs-Preises (1969) machte Ferrara zur heimlichen Heldin seiner Bücher (»Ferrareser Geschichten« oder »Gärten der Finzi-Contini«).

Pflichtbesuch: Rocca Estense

Mitten in der wunderschönen Stadt, die mit ihren Wohnhäusern aus roten Backsteinen, gedeckt mit roten Dachziegeln, ihren großartigen Palästen und breiten Straßen bezaubert, liegt die Festung der Este, die im Mittelalter außerhalb des Zentrums stand. Da Ercole d'Este die Randlage nicht passte, ließ er ab 1492 die Stadt kurzerhand auf das Doppelte erweitern. Im neuen Zentrum blieb damit viel Platz, genug für großzügige Gärten hinter den Palästen und geräumige Innenhöfe. Sehr schön lassen sich die beiden Teile unterscheiden: der mittelalterliche Kern mit seinen engen, verwinkelten Gassen südlich des Kastells und der Renaissanceteil mit seinen geraden, rechtwinklig angelegten Straßen. Und der Palazzo Ducale, bereits 1385 als Wasserburg mit trutzigen Eckbastionen errichtet, hatte nun seinen Platz mitten in der erweiterten Stadt! Um ihn als Wohnpalast würdiger zu gestalten, erhielt er Balkone und eine Balustrade, was den Burgcharakter verdeckte. Die Innenräume wurden besonders prachtvoll ausgestattet, wie etwa der Wappensaal und vor allem der herrliche Spiegelsaal. Eine Besonderheit ist der Salotto dei Giochi, dessen Deckenfresken die damals bekannten Spiele zeigen, vom Kindes- bis zum Erwachsenenalter. Auffallend sind die Ringkämpfe – auch sie Spiele? Wie auch immer, es ist nackenschonend und interessant zugleich, diese Decken mit Hilfe schräg aufgestellter Spiegel anzuschauen. Immerhin stammen die lebhaften Freskenszenen von Sebastiano Filippi aus Ferrara, hier il Bastianino (um 1532–1602) genannt, einem Schüler Michelangelos.

Der Löwenturm am Eingang zum Castello ist nach Erdbebenschäden wieder restauriert und kann, allerdings nur über 122 Stufen, erklommen werden – also etwas für sportliche Ferrara-Besucher. Bequemer lässt sich der kleine hängende Garten mit Zitronenbäumchen besichtigen.

Ferrara ist gut zu Fuß zu erobern, wenngleich manche der historischen Straßen, auch die ganz breiten wie etwa der Corso Ercole I, mit Flusskieseln gepflastert sind – also nichts für High Heels! Relativ dicht beisammen befinden sich drei Prachtpaläste, die unbedingt sehenswert sind: Palazzo dei Diamanti mit seiner Quaderfassade, die wie mit geschliffenen Diamanten besetzt wirkt, Palazzo Schifanoia und Palazzo Costabili, alle drei als Museen zu besichtigen. Ob das für den großen italienischen Regisseur Michelangelo Antonioni eingerichtete Museum jemals wieder zugänglich sein wird, steht allerdings in den Sternen.

Bevor man die Stadt wieder verlässt, gehört auf jeden Fall noch ein Besuch des Doms zum Pflichtprogramm – und natürlich ein Gang über den Stadtwall.

TIPP

FERRARA CITTÀ DELLE BICICLETTE

Stadt und Umland machen Sportlichen unter den Gästen das Radfahren schmackhaft, damit sie wie die Einheimischen fast alle Wege mit dem Drahtesel zurücklegen. So gibt es sogar geführte Stadtrundfahrten mit dem Fahrrad! Und an wichtigen touristischen Punkten sind spezielle Ständer aufgestellt, an denen man die Räder buchen bzw. abstellen kann. www.ferrarainbici.it

VIA DELLE VOLTE

Diese enge Gasse südwestlich vom Castello Estense und dem Dom trägt ihren Namen wegen der spitz zulaufenden, niedrigen Bögen (italienisch Volte), die sich zwischen den schmalen Häusern, Casseri genannt, spannen. Die Casseri sind 4,5 Meter breit, wie es der Länge eines Holzbalkens entspricht, die man für den Bau benötigte, mit je zwei Fenstern und einen Kaminzug in der Mitte. Sie sind etwas dunkel, aber dennoch begehrte Immobilien, in denen sich u. a. beliebte Restaurants eingenistet haben.

4

RAVENNA

DIE STADT DER MOSAIKEN

Kein Wunder, dass alles, was mit Mosaiken geschmückt ist, also fast die komplette Altstadt Ravennas, unter UNESCO-Schutz gestellt wurde. Nirgendwo sind sie in solcher Menge und solcher Pracht erhalten. Und die Stadt ist zudem zur Freude der Fußgänger fast autofrei – ein Vergnügen, hier auf Entdeckungstour zu gehen.

Man trifft sich als Ravennater auf der großzügigen Piazza del Popolo, gesäumt von Palazzo Comunale und Palazzetto Veneziano, spätestens mittwochs und samstags am Vormittag zum Wochenmarkt. Als neugieriger Reisender sicher auch, sind doch die Cafés und Restaurants zumindest bei schönem Wetter mit ihren Tischen im Freien sehr einladend. Die Piazza ist auch ein guter Platz, um sich den Rundgang durch die Stadt zu überlegen, der normalerweise den berühmten Mosaiken gilt.

Also zuerst die Basilica di San Vitale anpeilen, wobei man zwangsweise das Nationalmuseum im aufgelassenen Benediktinerkloster passieren muss, was auch nicht schade ist. In der Kirche aus dem 6. Jahrhundert steigt man ein paar Stufen hinab und steht dann unvermittelt Christus als Weltenrichter in der Apsis gegenüber, rechts und links von ihm San Vitale und der Kirchengründer Ecclesius. Besondere Aufmerksamkeit gehört der Darstellung der prächtig in byzantinischem Stil gekleideten und über und über mit Schmuck be-

↑ Dantes Grab in Ravenna, wohin die Florentiner einmal im Jahr reumütig pilgern
← Wo gibt es denn schönere Mosaiken als in Ravenna? In der Kirche San Vitale weiß man gar nicht, welche man zuerst anschauen soll.

hangenen Kaiserin Theodora und ihres Hofstaates. Die Seitenwände schmücken Szenen aus dem Alten Testament. Alle Bilder erstrahlen trotz des gedämpften Lichtes in leuchtenden Farben, da die Mosaiksteinchen bewusst schräg eingesetzt wurden, um diesen Effekt zu erzeugen.
Dann geht es hinaus in den Garten der Anlage um San Vitale, wo man sich auf eine längere Wartezeit einstellen sollte, denn das enge Mausoleo di Galla Placidia von 425 erlaubt nicht viele Besucher auf einmal. Aber das Warten lohnt sich: Das dunkle Mausoleum ist innen vollständig mit Mosaiken ausgekleidet, die blaugrundigen des Tonnengewölbes, mit achtblättrigen Blüten bedeckt, sollen orientalische Teppiche als Vorlage gehabt haben und verdienen mehr als einen kurzen Blick. Über dem Eingang steht in einer lebendigen Natur, die das Paradies versinnbildlicht, ein jugendlich bartloser Christus als Guter Hirte zwischen sechs Schafen, die die Gläubigen symbolisieren.

Von Mosaik zu Mosaik

Die Domus dei Tappeti di Pietra – übersetzt das Haus der steinernen Teppiche – wurde nahe der kleinen Kirche Sant'Eufemia drei Meter unter dem Straßenniveau entdeckt: 14 byzantinische Mosaikböden aus dem 3. Jahrhundert gibt es zu bestaunen. Wunderschön ist unter den Mosaikbildern, die sonst geometrische und pflanzliche Motive aufweisen, der Tanz der die Jahreszeiten versinnbildlichenden Götter. Zu den frühesten Mosaiken Ravennas zählen diejenigen im Battistero Neoniano neben dem Dom, mit der Taufe Christi im Jordan. Das gleiche Motiv, anders interpretiert, findet man im Battistero degli Ariani, wo das Kuppelmosaik, entstanden im 5./6. Jahrhundert, Christus nackt als Jugendlichen darstellt. Den Jordan symbolisiert ein alter Mann, der mit Meerestieren geschmückt ist. Darüber schwebt die Taube als Zeichen des Heiligen Geistes.
Als bedeutendstes Bauwerk der römisch-kaiserlichen Zeit Ravennas gilt Sant'Apollinare Nuovo (6. Jahrhundert), dessen hoher runder Campanile nicht zu übersehen ist. Es war die Palastkirche Theoderichs, der ein Arianer war und somit als Ketzer galt. In der Kirche wurden daher die Mosaikbilder nach Theoderichs Tod umgearbeitet: Die Familienmitglieder Theoderichs wurden durch Vorhänge ersetzt, man kann teilweise noch schemenhaft einige Köpfe erkennen.

TIPP

DANTE-ZEREMONIE

Der große Dichter der »Göttlichen Komödie« fand, von seiner Heimatstadt Florenz aus politischen Gründen verbannt, in Ravenna Schutz und verstarb hier 1321. An ihn erinnert eine kleine als Tempelchen gestaltete Kapelle in der Via Dante Alighieri 9, in der sich auch sein Grabmal befindet. Für dessen Lampe schickt die schon lange reuige Geburtsstadt Florenz jeweils am 2. Septembersonntag eine Delegation nach Ravenna und bringt Olivenöl. Dies ist Anlass, eine Art Jahrmarkt auf der nahen Piazza del Popolo zu feiern, bei dem toskanische Produkte, Kulinarisches wie Handwerkliches, verkauft werden.

MOSAIKKURSE

Ob jung oder alt, in Ravenna werden Mosaikkurse angeboten, die für jeden geeignet sind, vor allem aber natürlich für Menschen, die diese Kunst ernsthaft erlernen und betreiben möchten. Die Kurse finden in der Scuola Internazionale Studi d'Arte del Mosaico e dell'Affresco statt. Wer möchte, kann sich also auch für Freskenkunst entscheiden.
www.sisamravenna.it

RAVENNA BELLA DI SERA

In den Monaten Juli und August werden im historischen Zentrum abendliche Veranstaltungen – Musik aller Stilrichtungen, aber auch Spektakel aller Art – geboten. Vor allem auf der beliebten Piazza del Popolo und ihrer Umgebung findet man das Unterhaltungsangebot.
www.turismo.ra.it

DIE HEIMLICHE HOCHBURG ZEITGENÖSSISCHER KUNST

Um die Medici, ihre prachtvollen Villen und Gärten, die Kunst der Renaissance zu entdecken – das ist der übliche Grund, in die Toskana zu reisen. Doch um zeitgenössische Kunst aufzuspüren? Man darf gespannt sein.

Um eine solche Reise zu beginnen, ist **1 Montecatini Terme** ein wunderbarer Ort. Hier lebt Dante Simoncini, Historiker, Hobby-Etruskologe und Hotelier, der uns auf die Idee zu dieser ungewöhnlichen Tour brachte. »Wo die Natur aufhört, da fängt die Kunst an«, sagt Dante. Und das findet er besonders anschaulich realisiert in der nahen Fattoria di Celle in Santomato, die der Kunstmäzen Giuliano Gori mit großem Respekt vor der Natur umgestalten ließ. Die Familie Gori hat Künstler in die Fattoria eingeladen, um hier zu arbeiten, manche waren bis zu zwei Jahre ihre Gäste.

INFO

Start: Montecatini Terme
Ziel: Capalbio
Länge: ca. 450 Kilometer
Dauer: 2–3 Tage
Beste Reisezeit: Ostern–Oktober

Wie ein Eingangsportal wirkt die große rote Skulptur des Umbrer Alberto Burri. Insgesamt stehen und liegen auf dem 45 Hektar großen Landgut oder in der Villa rund 80 Kunstwerke. Am 5. März 2015 hat die Region um Pistoia ein Unwetter heimgesucht, allein in der Fattoria di Celle wurden 520 Bäume zerstört – doch die Kunstwerke blieben wie von Zauberhand unberührt. Für den passionierten Sammler Gori der Beweis, dass die Natur seine Kunstwerke angenommen hat …
Man muss unterscheiden zwischen Kunstparks von Sammlern, die Werke mehrerer Bildhauer besitzen und solchen, die jeweils

Roberto Cipollones Werk im Chianti Skulpturenpark

Marina d. Ronchi
Seravezza
Pietrasanta
Camaiore
Forte dei Marmi
Marina di Pietrasanta
Viaréggio
Massarosa
LUCCA
Nozzano Castello
Lago di Massaciuccoli
Torre d. Lago Puccini
Vecchiano
Migliarino
Cascine Vecchie
S. Giuliano Terme
Mad. dell' Acqua
Gombo
PISA
Vicopisano
Bientina
Marina di Pisa
Tirrenia
Calambrone
Puntigiano
Palazzi
Cascina
Pontedera
Ponsacco
Marciana
LIVORNO
Ardenza
Antignano
Calafuria
Salviano
Parrana S. Martino
Gabbro
Castelnuovo di Misericordia
Orciano Pisano
Fauglia
Crespina
Capannoli
Casciana Alta
Casciana Terme
Guasticce
S. Luce
Castiglioncello
Rosignano Solvay
Castellina Marittima
Riparbella
Cecina
Marina di Cecina
La California
Marina di Bibbona
Bibbona
Bolgheri
Castagneto Carducci
Donoratico
Sassetta
S. Vincenzo
C. Cavalleggeri
Rimigliano
Campiglia Marittima
Venturina
S. Carlo
Cafaggio
Casalappi Ruschi
Riotorto
Salivoli
Piombino
Torre del Sale
Prato Ranieri
Follonica
Golf von Follonica
Ligurisches Meer
Tyrrhenisches Meer
Marciana Marina
Portoferraio
Marciana Alta
P. Polveria
P. Nera
La Pila
Procchio
Marina di Campo
P. di Fetovaia
Isola d'Elba
P. dei Ripalti
Capoliveri
Porto Azzurro
Rio Marina
Rio nell'Elba
Cavo
C. Vita
I. Cerboli
Gello
S. Maria
M. Barbona 1026
Villa Basilica
Ponte a Moriano
Fiano
Nocchi
Piazzano
Gragnano
Pescia
Porcari
Altopascio
Montecatini Terme
Marliana
PISTOIA
Campanile
Fattoria di Celle
Montale
Agliana
Vaiano
M. Maggiore 916
PRATO
Monsummano Terme
Olmi
Pazzere
Parco Museo Quinto Martini
Seano
Carmignano
Poggio a Caiano
Vinci
Cerreto Guidi
Galleno
Ponte Buggianese
Staffoli
S. Croce sull'Arno
Fucecchio
Empoli
Montelupo Fiorentino
Signa
Lastra a Signa
Carcheri
Sesto Fiorentino
FLORENZ
Scandicci
Fiesole
Vaglia
M. Morello 934
Pratolino
S. Piero a Sieve
Borgo S. Lorenzo
Vicchio
Bovino
Dicomano
M. Giovi 992
Rufina
Molino d. Piano
Sieci
Pontassieve
Diacceto
Londa
Fornace
M. Peschiena 1198
Villore
Castel dell' Alpe
San Godenzo
M. Falterona 1654
Pso. di Consuma
Stia
Pratovecchio
Borgo a Collina
Montemignaio
Vallombrosa
Poggio Uomo di Sasso 1538
Poppi
Soci
Bibbiena
Raggiolo
Poggio Masserecci 1548
Rassina
S. Ellero
Rignano sull'Arno
Leccio
Reggello
Terme di Firenze
Grassina
Impruneta
S. Polo in Chianti
Strada
Cintoia
Faella
Castelfranco di Sopra
Trappola
Loro Ciufenna
Talla
Figline Valdarno
S. Giovanni Valdarno
Terranuova Bracciolini
S. Giustino Valdarno
Pieve S. Giovanni
Laterina
Montevarchi
Catena
Scala
Sottili
Montopoli in Val d'Arno
S. Miniato
Fontanella
Castelfiorentino
Toiano
Montefoscoli
Mura
Montaione
Cerbaia
S. Casciano in Val di Pesa
Montespertoli
Tavarnelle Val di Pesa
Greve in Chianti
Petrazzi
Certaldo
Peccioli
S. Vivaldo
Gambassi Terme
Terricciola
Chianni
Villamagna
Spedaletto
Poggio di Mela 654
Miemo
Montecatini Val di Cecina
S. Martino
Poggibonsi
Gavignano
San Gimignano
Castel S. Gimignano
Le Balze
Volterra
Museo Guarnacci
Saline di Volterra
Poggio Metato 554
Colle di Val d'Elsa
Cosole d'Elsa
Monteriggioni
Collalto
S. Dalmazio
Il Campo
SIENA
Pievasciata
Parco Sculture del Chianti
Lilliano
Castellina in Chianti
Radda in Chianti
Campana
S. Donato
M. S. Michele 893
Badiaccia a Montemuro
Molinlungo
Torre
Bucine
Ponticino
Pratantico
Nusenna
Ambra
Viciomaggio
Civitella in Val di Chiana
Olmo
Monti
Pianella
Castelnuovo Berardenga
Ciggiano
Gargonza
Montagnano
Colonna di Grillo
Montaperti
Presciano
Armaiolo
Monte S. Savino
Lucignano
Foiano d. Chiana
Rapolano Terme
Isola d'Arbia
Monteroni d'Arbia
Asciano
Lucignano d'Arbia
Sinalunga
Bettolle
Trequanda
Torrita di Siena
Piano
S. Giovanni d'Asso
Montisi
Gracciano
Serravalle
Buonconvento
Bibbiano
Vadossi
Torrenieri
Montepulciano
Pienza
Montalcino
S. Quirico d'Orcia
Chianciano Terme
Casale di Pari
Pari
Castelnuovo dell' Abate
Castiglione d' Orcia
La Vittoria
Argiano
Montenero
Seggiano
Il Giardino di Daniel Spoerri
Campiglia d'Orcia
Abbadia S. Salvatore
Radicofani
Castel del Piano
Montegiovi
Arcidosso
Piancastagnaio
M. Labbro 1193
S. Fiora
Saragiolo
Selva
Roccalbegna S. Caterina
Triana
Castell' Azzara
Belvedere
Semproniano
S. Giovanni d. Contee
Onano
S. Martino sul Fiora
Sorano
Sovana
Pitigliano
Latera
Montemerano
Manciano
Farnese
Valentano
Saturnia
Poggioferro
Scansano
Pereta
Montiano
Magliano in Toscana
Fattoria Colle Lupo
Sgrillozzo
la Campigliola
Ischia di Castro
Canino
Musignano
Casa del Piano
Capalbio
Pescia Fiorentina
Capalbio
Giardino dei Tarocchi
Pescia Romana
Casa Campomorto
Ansedonia
Lago di Burano
Port' Ercole
Orbetello
Orbetello Scalo
Albinia
S. Donato Vecchio
S. Donato
Fonteblanda
Talamone
Porto S. Stéfano
Torre Cala Grande
Isola del Giglio
Formiche di Grosseto
Marina di Alberese
Alberese
Spergolaia
Principina a Mare
Rispescia
Grosseto
Castiglione della Pescaia
La Rocchette
Torre Civetta
Poggio Cavallo
Istia d'Ombrone
Polveraia
Montorgiali
Murci
Granaione
Campagnatico
Cinigiano
Poggi d. Sasso
Roselle Anfiteatro romano
Montepescali
Montorsaio
Stícciano Scalo
Paganico
Monte Lattaia
Civitella Marittima
Sasso-fortino
Roccastrada
Montemassi
Ribolla
Tatti
Il Giardino dei Suoni di Paul Fuchs
Parco di Sculture Kurt Laurenz Metzler
Lama Iesa
Monticiano
Boccheggiano
Chiusdino
S. Lorenzo a Merse
Brenna
Fontazzi
Ponte Macereto
Grotti
Rosia
Sovicille
Costalpino
Malignano
Belforte
Poggio Casalone 723
Monteguidi
Pomarance
Libbiano
Montecerboli
Larderello
Serrazzano
Lagoni d. Sasso
Castelnuovo di Val di Cecina
Micciano
Casale Marittimo
M. Pozzacchera 382
Sassa
Monteverdi Marittimo
Monterotondo Marittimo
Gerfalco
Montieri
Poggio Fogari 726
Fontalcinaldo
M. Arsenti 561
Prata
Massa Marittima
Montioni
Valpiana
Rondelli
Ravi
Scarlino
Portiglione
Giardino Viaggio di Ritorno
Vetulonia
Buriano
Tirli
0
10 km
N
A1
A11
A12

Die überdimensionale Tasse auf antikem Kapitell ist ein Werk Daniel Spoerris, ausgestellt in seinem Skulpturenpark am Monte Amiata.

nur einem Künstler gewidmet, ja von ihnen selber angelegt wurden, so der in Seano bei **2 Carmignano**, einem berühmten Weinanbaugebiet, geschaffene Parco Museo Quinto Martini, der das Werk des hier geborenen Bildhauers präsentiert. Der Park ist als Treffpunkt gedacht, als eine Piazza, auf der man sich begegnet. 36 Bronzefiguren, die Martini (1908–1990) zwischen 1931 und 1988 schuf, stehen auf einer Fläche von 32 000 Quadratmetern. Sie bilden Menschen ab, denen man so auch heute in den weinbedeckten Hügeln von Carmignano begegnen könnte: seinem schlafenden Seaneser Mädchen, seiner Mutter, dem Mann im Regen, dem Jäger …
Im Parco Sculture del Chianti bei Pievasciata wird man von einem Amphitheater aus weißem Marmor und schwarzem afrikanischen Granit empfangen, im Sommer Schauplatz gut besuchter Konzerte und Jazzabende. Den Skulpturenpark hat der Trentiner Kaufmann und Jurist Piero Giadrossi auf 13 Hektar Waldfläche ab 1981 geschaffen, denn zum Konzept gehört auch der Naturgenuss. Unsere Lieblingsskulpturen sind die bunten Schafe, die ihr Schöpfer Vincent Leow aus Singapur »Milchfabrik« nennt, oder der acht Meter hohe Wirbel aus Glasplatten des Griechen Costas Varotsos, seine »Energie«. Die Künstler durften den Platz für ihre Werke selber wählen, betont Giadrossi.

Immer bunter

Il Parco di Kurt Laurenz Metzler (geb. 1941) bei Monticiano ist dem Schweizer Künstler und seiner Frau Claudia zu verdanken, die ihn 1995 schufen. Er ist etwas für Menschen, die es gerne richtig farbig mögen wie Metzler selber, der seine menschlichen Figuren aus verschiedenen Materialien wie Eisen und Bronze, Aluminium und sogar Harz schuf. Sie sind allesamt geeignet für die Aufstellung im Freien, allerdings nicht so, dass sie sich in die Natur einfügen, sondern sie »besetzen«, mit der Natur als Kulisse. Manche Figuren lustwandeln, andere scheinen sich zu unterhalten, eine liest Zeitung – eine Art Straßentheater?
Giardino dei Suoni nennt der bayerische Künstler Paul Fuchs (geb. 1936) seinen nur zwei Hektar kleinen Skulpturenpark bei Boccheggiano nahe Montieri, der einen Abstecher in die bewaldete grossetanische Maremma lohnen würde. Er hat ihn 1996 angelegt, mit zum Teil riesenhaften Gestalten aus Stein, Eisen oder Holz wie den 31 Meter hohen Grande »Indicatore«. Andere wiederum sind so zart, dass sie wie Mobiles bei jedem Windhauch tönen – als Dialog mit der Natur, wie Fuchs sagt.
Das Rumänisch-Schweizer Multitalent Daniel Spoerri (geb. 1930) hat 1997 den nach ihm benannten Park, Il Giardino di Daniel Spoerri, in Seggiano angelegt mit bislang 113 Installationen von 55 Künstlern. Die meisten Werke sind Spoerris eigene, zu den weiteren zählen Arbeiten von Arman, Nam June Paik, Luigi Mainolfi, Aldo Mondino, Meret Oppenheim, Jesús Rafael Soto, Mauro Staccioli, Jean Tinguely und vielen anderen. Schade, dass man nur donnerstags bis sonntags den 16 Hektar großen Park erwandern kann. Dann aber könnte man auch in seiner Locanda ausprobieren, was Spoerri unter EatArt versteht, eine seiner vielen Ideen. Etwas selbstverliebt hat er die bronzene (!) Rekonstruktion des Hotelzimmers »Chambre No 13« geschaffen, das er Anfang der 1960er-Jahre in Paris bewohnte. Vom »Kreis der Einhörner« aus sollte man den Sonnenuntergang betrachten – einfach überwältigend!
Ein Projekt des Bioarchitekten Rodolfo Lacquaniti ist der Giardino Viaggio di Ritorno beim zauberhaften Strandort Castiglione della Pescaia, auf dem Landgut Il Leccio im Vorort Buriano. Der Parkname ist Programm, denn Ritorno bedeutet im Italienischen Wiederkehr, und alle Kunstwerke sind aus recycelten Materialien. Was die Menschen im Allgemeinen für Abfall halten, wird hier zu Kunst.
Knapp an der Grenze zum Latium bezaubert bereits seit Jahrzehnten beim einstigen »Banditennest« der Maremma, Capalbio, der Giardino dei Tarocchi der französischen Künstlerin Niki de Saint-Phalle (1930-2002), ein würdiger Schlussakkord für unsere Reise auf der Suche nach den schönsten Kunstparks der Toskana. Neben Mobiles und einem Spiegelturm gibt es bunte großbusige, begehbare, mit Keramikstücken und Spiegeln verzierte Frauenfiguren zu bestaunen, die leider eine traurige Geschichte vom Missbrauch der Künstlerin haben. Das Ganze ist umgeben von einem dichten Steineichenwald. 1998 wurde der Skulpturenpark mit den zwischen zwölf und 15 Meter hohen Figuren der Tarotkarten eröffnet, die sich in der Toskana großer Beliebtheit erfreuen – daher der Name Giardino dei Tarocchi.

RESTAURANTS / ÜBERNACHTUNGEN

EINKEHREN

ENOTECA GIOVANNI, MONTECATINI
Kleines Restaurant in zwei Räumen, einer elegant, einer rustikal, mit innovativer toskanischer Küche und guter Weinauswahl (auch Verkauf). Im Sommer abends mit Tischen auf der Piazza.
www.enotecagiovanni.it

BOTTEGA PERRUZZI, ARTIMINO, CARMIGNANO
Sympathische Enothek mit Weinverkostung und toskanischen Spezialitäten, speziell Aufschnittplatten.
https://bottegaperuzzi.it

OSTERIA DEL CAFFÈ CASOLANI, CASOLE D'ELSA
Wunderbare Osteria und Weinprobierstube in Jugendstilambiente. Es gibt hier kleine Köstlichkeiten und ein täglich wechselndes Menü, frisch zubereitet. Im Sommer wird JazzDiVino ausgerichtet und füllt den ganzen Ort.
www.caffecasolani.com

IL FRANTOIO, CAPALBIO
Historische Ölmühle, behutsam restauriert, Tische auch unter uralten Olivenbäumen, innen lange Theke für die Leckereien zum Aperitivo. Im Obergeschoss werden Ausstellungen und Lesungen abgehalten, um die sich Wirtin Maria Concetta Monaci ebenfalls kümmert.
www.frantoiocapalbio.com

ÜBERNACHTEN

TORRETTA, MONTECATINI TERME
In der dritten Generation familiär geführtes Vier-Sterne-Hotel oberhalb des Kurparks. Das Restaurant versorgt die Hausgäste mit bekannt-guter Küche. Schöner Pool mit Kaskade im kleinen Garten. Liebevoll modernisierte Zimmer. Parkplatz. Der Hausherr klärt in der Enoteca seine Gäste über toskanische Weine auf, bietet Wellnesstage in einer nahen Therme oder Kochkurse auf seinem Landgut oberhalb der Stadt an.
www.hoteltorretta.it

TERME GROTTA GIUSTI, MONSUMMANO TERME
Historisches Kurhotel in wunderbarem Ambiente direkt über der grottenreichen Therme, auf fünf Sterne-Niveau renoviert, inmitten eines weitläufigen Parks, mit gutem Restaurant. Riesiger Außenpool mit Thermalwasser (man kann auch als Tagesgast hinein).
www.grottagiustispa.com

TENUTA DI CAPEZZANA, CARMIGNANO
Wundervolle, elegante Zimmer in der Medici-Villa auf einem der berühmtesten Weingüter der Gegend.
www.capezzana.it

PAGGERIA MEDICEA, ARTIMINO
Wunderschönes Hotel, das im früheren Pagenhaus der Medici-Jagdvilla La Ferdinanda untergebracht ist, auf die man schaut. Pool und Wellnessangebote auf dem weitläufigen Parkgrundstück in herrlicher Panoramalage. Restaurant, Tennis und Parkplatz.
www.artimino.com

ANTICA FATTORIA LA PARRINA, ALBINIA
Traumhaft schönes historisches Landgut mit Herrenhaus und Nebengebäuden, die sich um einen Innenhof reihen. Gemütlich-elegante Zimmer, Salons, Pool und Restauant, das mit regionalen Spezialitäten verwöhnt. Besonderer Tipp: der Laden im Untergeschoss des Haupthauses, der täglich frische Produkte des Landgutes anbietet.
www.parrina.it

Am buntesten sind die Tarot-Figuren von Niki de Saint Phalle.

BEI DEN BUTTERI – DEN COWBOYS DER TOSKANA

Das einstige Jagdgebiet der Medici und später der Lothringer gelangte in den 1980er-Jahren über Umwege an die Region Toskana und ist heute Teil des ausladenden und streng geschützten Naturparks Maremma – mit einem Landgut, auf dem Rinder und Pferde gezüchtet werden. Wichtigste Mitarbeiter sind die Butteri, die toskanischen Cowboys.

Alessandro Zampieri stammt aus dem Veneto, ebenso wie die meisten Bewohner von Alberese, dem kleinen Ort südlich von Grosseto. Deren Vorfahren wurden vor zwei Generationen als preiswerte Arbeitskräfte zur Urbarmachung der malariaverseuchten Küsten-Maremma angeworben. Alessandro ist stolz auf seine Arbeit. Nur zu viert schaffen es seine Mitarbeiter und er, der »capo buttero«, die Tiere auf dem 4600 Hektar großen Landgut, der Azienda Agricola Alberese von Spergolaia, in den Griff zu bekommen. Die im Naturpark gezüchteten Tierrassen stammen alle aus der Maremma bzw. sind hier heimisch, wie die besonders großen weißen Rinder mit den charakteristischen Hörnern

← Typisch für die weißen Kühe der Maremma sind ihre langen, spitz zulaufenden Hörner.
↙ Butteri und die edelsten Pferde der Maremma haben dem Naturpark ihr Siegel aufgedrückt.

und die wundervollen, robusten Pferde. Sie werden halb wild gehalten und mit biologisch angebautem Futter versorgt. Alessandro kennt jedes Tier mit Namen, sagen seine Mitarbeiter. Das kann sehr wichtig sein, denn nur wenn die Butteri die Tiere auseinanderhalten können, wird Inzucht vermieden. Selbstverständlich sind alle Angaben über die Rinder am Ohrclip, bei den Pferden aber auf einem Chip unter der Haut hinterlegt. Aber ein Buttero liest nicht ab! Auch wenn er über viele Tiere wacht – an die 550 Rinder und 70 Pferde. Alle Tiere sind auf natürlichem Weg gezeugt und haben riesige Auslaufflächen zur Verfügung. Lediglich nachts und zur Brunstzeit werden sie in Pferche getrieben. Davon gibt es auf dem Landgut mehrere hundert – wie viele genau, hat noch keiner gezählt.

Die Maremma-Rinder

Alessandro beugt sich zu einem grauweißen Rind hinunter und hebt den großen Hautlappen unter dem Hals des Tieres an: »Der funktioniert wie ein Ventilator«, erklärt er lächelnd. So wird das Blut der Tiere kühl gehalten.
Die schönen Rinder haben Glück, dass sie als Schlachttiere nicht besonders begehrt sind. Zwar schmeckt ihr mageres Fleisch gut, aber ihnen fehlen genau diejenigen Stücke, die üblicherweise gefragt sind: dicke Hinterteile. Als Arbeitstiere haben sie eher eine stärker ausgebildete Vorderseite. Außerdem wird die Milch der Kühe nur für ihre Kälber genutzt, die sechs bis acht Monate bei der Mutter bleiben dürfen. Die Aufzucht der Maremma-Rinder soll ohnehin keinen Profit bringen, sie dient einzig dem Erhalt der Rasse.

Die Ausstattung der Butteri

Die langen, dicken und steifen Mäntel der Butteri bestehen aus Baumwolle, die Alessandros Mutter nach alter Tradition sorgfältig mit Leinöl bearbeitet, um sie wetterfest zu machen. Der Knieschutz sieht besonders urig aus: Es ist ein Stück aus einem Wildschweinfell und genauso unentbehrlich wie der Mantel und der Schlapphut, müssen die Maremma-Cowboys doch bei jedem Wetter hinaus.
Das wichtigste Werkzeug der Butteri ist der »uncino«, ein langer Stock mit einem Haken aus Metall oder Hirschhorn. Damit macht ein Buttero wirklich alles, ohne vom Pferd absteigen zu müssen: Er zieht damit das neugeborene Kalb von der Mutter weg, damit es nicht erdrückt wird, während ein anderer Reiter mit seinem Stock die Kuh davon abhält, den Kumpanen anzugreifen. Auch das Zaumzeug lässt sich mit dem Haken am Stock zuzurren und der Sattel festmachen – so verhindert der Reiter einen Tritt vom Pferd. Sogar die vielen Tore zu den Pferchen lassen sich mit dem Stock problemlos öffnen und schließen und das Lasso um den Hals des Pferdes legen.
Schon die Etrusker züchteten Maremma-Pferde, im 17. Jahrhundert wurden die Tiere dann mit Araberpferden gekreuzt. Sie dienten damals als Hütepferde der toskanischen Rinderhirten, heute werden sie als Reit- und Wanderpferde eingesetzt. Die Tiere verfügen über Eigenschaften, die andere Rassen nicht oder nicht mehr besitzen. Sie sind sehr robust und brauchen daher wenig Pflege, weshalb sie früher als Militärpferde eingesetzt wurden. Sogar gegen Zecken sind sie immun – »und gegen Touristen«, scherzt Alessandro.
www.maremma-toscana.com/natura/butteri-maremmani

1

Schönste Bäderarchitektur prägt bis heute Montecatini Terme.

MONTECATINI TERME

AUCH VERDI UND PUCCINI WAREN HIER

Montecatini Terme ist das Zugpferd der toskanischen Thermalorte und von großzügiger Bäderarchitektur der Liberty-Zeit geprägt. Die wohltuende Wirkung der Quellen wusste bereits die Prominenz vergangener Zeiten zu schätzen.

Der wohl bedeutendste Kurort der Toskana hat seinen Ruhm dem Fürsten Peter Leopold von Habsburg-Lothringen zu verdanken, der die bereits den Römern bekannten Thermalquellen neu fassen ließ, was naturgemäß gekrönte Häupter, Musiker und Dichter nach sich zog – und was den vorherrschenden Liberty-Stil erklärt. Montecatini, seit 2021 als Weltkulturerbe unter UNESCO-Schutz, bietet eine hervorragende Infrastruktur mit Hotels und Restaurants, das Kurviertel ist zu den Ruhezeiten von Autoverkehr weitgehend freigehalten. Wunderbar grün und ausladend ist der Kurpark mit seinen Baumriesen und sehenswert die Thermenanlagen, vor allem das Tettuccio am Viale Verdi. Einen Bummel ins historische Stadtzentrum wert sind die Portici Gambrinus, in deren Prunkräumen schon Giuseppe Verdi und Giacomo Puccini zu Gast waren.
Von besonderem Charme ist Montecatini Alto oberhalb der Kurstadt, wohin ein schattiger Prozessionsweg, die Via Crucis, durch dichten Wald führt – direkt auf die Bergstation der Zahnradbahn (s.u.) zu. Ausflüge führen in die waldgrüne und dörferreiche Valdinievole nördlich der Kurstadt, wo viele Gäste mit dem Mountainbike oder zu Fuß unterwegs sind.

TIPP

MIT DER FUNICOLARE NACH MONTECATINI ALTO
Zwei rote Kabinen verbinden den Kurort mit seinem Ursprung auf dem nördlich gelegenen Hügel, mit Montecatini Alto, einem ganz bezaubernden kleinen Festungsort in bester Panoramalage. Das Zentrum bildet die Piazza Giusti, die sehr an die berühmtere von Capri erinnert. Auch sie ist umgeben von Cafés und Restaurants, die sich mit einladenden Tischen vor den hübschen Palazzi ausbreiten.

2

Bei Carmignano: Medici-Villen, Olivenhaine und Weingärten

CARMIGNANO

WEINBAUGEBIET MIT VIEL KULTUR

Die Etrusker hinterließen bis heute aufsehenerregende Reste, die Medici hatten in der hügelreichen, weit offenen Landschaft ihre liebste Jagdvilla, die Weinlagen produzieren erlesene Tropfen – und man wohnt hier garantiert exklusiv.

Artiminos Ruhm ist der Jagdvilla der Medici, La Ferdinanda, zu verdanken. Sie bietet, ebenso wie das kleine befestigte Dorf zu ihren Füßen, das sich auf einem Bergrücken des Montalbano erstreckt, eine weite Sicht auf das Arno-Tal und gehört zusammen mit den anderen Medici-Villen seit 2013 zum UNESCO-Weltkulturerbe. Bernardo Buontalenti baute die Villa 1596, die stark an diejenige von Poggio a Caiano erinnert, nur dass diese hier breiter ist und an den Ecken zu Bastionen ausgebaute Eckrisalite besitzt – als hätte man sich hier während der Jagd verteidigen müssen. Ihr Name verrät es schon, sie wurde im Auftrag des Medici-Großherzogs Ferdinand I. errichtet. Und weil sie so unzählige Schornsteine aufweist – immerhin besitzt die Villa 56 Räume – nennt man sie auch Villa dei Cento Camini, Villa der einhundert Kamine. Lange war im Gebäude das Archäologische Museum untergebracht, jetzt wird die Villa nur noch für private Zwecke wie Hochzeiten vermietet.

Artimino gehört zur Gemeinde Carmignano, und deren Ruhm als Weinbaugebiet für besonders kostbare Lagen ist kaum zu übertreffen, allen voran die der Tenuta di Capezzana. Wer sich mit ein paar Flaschen eindecken will, sollte diese Adresse auf keinen Fall verpassen. Auch für Olivenöl!

TIPP

TUMULO DI MONTEFORTINI, COMEANA

Außer dem Parco Archeologico di Carmignano ist ein Besuch des Hügelgrabes nahe dem Friedhof von Comeana für Etrusker-Fans ein Highlight, immerhin mit einem Durchmesser von ca. 70 Meter. Bis zu 13 Meter lange Gänge führen zu den Gräbern hinab, wo man mehr als 200 Grabbeigaben aus geschnitztem Elfenbein fand – im Museum von Artimino zu besichtigen.

So grün sind die Crete im Süden der Toskana nur nach einem längeren Regenguss.

ROUTE 8: VON AREZZO ÜBER DIE SÜDTOSKANA UND LATIUM NACH VOLTERRA

AUF DEN SPUREN DER ETRUSKER

Wahrscheinlich entstammen die Etrusker, über deren Herkunft lange gerätselt wurde, einheimischen Bevölkerungsgruppen, die im Gebiet der Toskana, Umbriens und Latiums lebten. Sie hatten einen intensiven Totenkult, gruben Gräber in den weichen Tuff, bauten riesige Mauern um ihre Stadtstaaten und waren große Metallkünstler.

Über das Casentino, vorzugsweise durch den herrlichen Naturpark entlang des jungen Arno kommend, ist 1 **Arezzo** erste Pflichtstation. Nach Süden geht es durch das fruchtbare Chiana-Tal zu einem Kurzbesuch in der Abtei von Farneta mit den dort gemachten fossilen Funden u. a. von Elefanten (!) im kleinen Museum und weiter östlich ins streng wirkende Cortona mit steilen Gassen und interessanten etruskischen Sammlungen im edlen Palazzo Casali. Zahlreich sind die etruskischen Gräber in der nahen Umgebung wie der kolossale Tumulus im Grabungsgebiet Melone II del Sodo.

Zurück geht es ins Chiana-Tal mit einem Schlenker nach 2 **Montepulciano**, das einfach zu verlockend auf seinem Berggrat hockt. Unser nächstes Ziel ist parallel zum Canale Maestrale 3 **Chiusi**. Im Archäologischen Museum befinden sich alle wichtigen etruskischen Funde, die nicht nach Florenz ins dortige Museum wanderten. Weiter führt die Strecke über die nette

INFO

Start: Arezzo
Ziel: Volterra
Länge: ca. 530 km
Dauer: 4–5 Tage
Beste Reisezeit: April–Oktober

verschlafene Ortschaft Città della Pieve an der umbrisch-toskanischen Regionalgrenze und entlang der hier kurvenreichen SR 71 an Orvieto (siehe S. 143) vorbei nach Latium an den Bolsenasee. In seinem Norden liegt das gleichnamige Städtchen zwischen See und den bis zu 700 Meter hohen vulkanischen Monti Volsini. Als die Römer 241 v. Chr. das etruskische Volsinii, heute Orvieto, eroberten, siedelten sie deren Bewohner hierher an den See und nannten den Ort Volsinii Novi. Schön sind die wuchtigen Mauern, deren Steine akkurat in Rhombenform schräg gesetzt sind!

Wir fahren nun nach Westen ins toskanische Etruskerland, wo nahe beisammen drei interessante Städtchen mit zahlreichen Nekropolen einen längeren Stopp erfordern: Sorano mit seiner wuchtigen Renaissance-Festung, das winzige Sovana und **4 Pitigliano**. Alle drei hocken, wie es sich für etruskische Siedlungen gehörte, obenauf auf ihrer Hügel- oder Bergkuppe in guter Panoramalage und guter Verteidigungsposition. Ringsum und auch unterhalb der Städte haben sich die Etrusker in den weichen Tuff gegraben. Die Städte liegen ja zu Füßen des erloschenen Vulkans Monte Amiata, mit

Der Besuch der tempelartigen Tomba Ildebranda unterhalb des Etrusker-Kleinods Sovana ist Pflicht!

1738 Meter der höchste Gipfel im Zentrum der Toskana und mit seiner markanten Silhouette von Weitem zu sehen. Die Etrusker legten hier ihre Gräber an, mal schlichte, die wie kleine Grotten aussahen und die Bergwände geradezu durchlöcherten, oftmals aber stark verzweigte und prächtig dekorierte. Auch Gräber in Tempelform gibt es, wie etwa in Sovana die Tomba a Tempio Ildebranda. Verbindungswege gruben die Etrusker ebenfalls in den Fels, Vie Cave genannt, die an heißen Sommertagen angenehmen Schatten spenden.

Thermalwasser für labende Pausen

Im verschlafenen Saturnia, unserer nächsten Station, kann man die Nähe zum vulkanischen Monte Amiata intensiv am eigenen Leib erleben, etwa in der großen und gepflegten Anlage der Terme di Saturnia, direkt über den Thermalquellen als Luxus-Kurhotel geführt, in dem auch Tagesgäste willkommen sind. Wem das zu fein oder zu teuer ist, kann sich in die frei zugänglichen warmen Wannen der darunter liegenden Sinterterrassen der Cascate del Mulino legen. Vom zauberhaften kleinen Saturnia führt ein gut zwei Kilometer langes Stück der römischen Via Clodia hinab zu diesen insgesamt etwa drei Kilometer entfernten natürlichen Badewannen, die, von von einer alten Mühle bewacht, mit 37,5 Grad warmem Thermalwasser zum Bade laden.

Über das Bergstädtchen Scansano und an Grosseto vorbei, das eine Besuchsrunde wert wäre, kommen wir zur großen römischen Ausgrabungsstätte von Roselle und von da ins kleine Vetulonia, dessen etruskische Funde im überschaubaren Museum untergebracht sind. Am Ortsrand kann man die zyklopischen Reste der einst wuchtigen Stadtmauer bewundern. Danach geht es ab in den schattigen Steineichenwald und unterhalb des Städtchens zu den Scavi Città, den Resten der Stadt aus der hellenistischen Periode (3.–1. Jahrhundert v. Chr.). Nach deren Besichtigung folgt man den Hinweisen zu den Tombe etrusche, den etruskischen Gräbern. Über eine etwa 600 Meter kurze steile Staubstraße abwärts wird der Tumulo Etrusco della Pietrera (7. Jh. v. Chr.) erreicht. Ein langer offener Gang führt in den zentralen Kuppelbau mit zwei Nebenkammern. Nach weiteren 600 Meter abwärts lädt die zeitgleiche Tomba del Diavolino zur Besichtigung ein, diesmal eine quadratische Grabkammer.

Wo die Etrusker Bergbau betrieben

Weiter in nördlicher Richtung scheinen Bergarbeiterstädtchen wie Gavorrano die neue Zeit zu verschlafen, das Bergwerksmuseum, das eine touristische Attraktion wäre, ist öfter geschlossen als zugänglich. Daher fahren wir weiter an die Küste zur Hafenstadt Piombino, für die Etrusker der Umschlagplatz für die von ihnen auf der nahen Insel Elba abgebauten Erze. Aber die größte Sehenswürdigkeit liegt etwas nördlich, in **5 Populonia**, das mit dem Bergarbeiterdorf von Campiglia Marittima als Parco Archeominerario besucht werden kann. Oberhalb geht es auf kurvenreichem Sträßchen durch zum Teil dichten Korkeichenwald über das sehenswerte und kulinarisch interessante Sassetta ins etwas düstere Castagneto Carducci – Carducci als Beiname, weil hier der Dichter der nationalen Einheit Italiens, Giosuè Carducci, geboren wurde.

Auf direktem Wege nach Norden, durch die Maremma Pisana mit ihren dichten Pinienhainen, wäre Bolgheri erreichbar, bekannt für die hochwertigen Weine und das Olivenöl, die in der Umgebung produziert werden, und für die einladenden Lokale, die an schönen Wochenenden und im Hochsommer allerdings absolut zu meiden sind.

Das Hinterland bilden die Colline Metallìfere, die sogenannten metallhaltigen Hügel, auch sie vulkanischen Ursprungs und Zentrum der Gewinnung geothermischer Energie. Die SR 439 schlängelt sich durch eine merkwürdig anmutende Landschaft, die von dicken Metallrohren und Dampf geprägt ist, an Larderello und Pomarance vorbei und erreicht über Saline di Volterra unseren Zielort **6 Volterra**.

RESTAURANTS / ÜBERNACHTUNGEN

EINKEHREN

ANTICA OSTERIA DELL'AGANIA, AREZZO
Wer es urig und echt aretinisch mag, kommt um diese Osteria nicht herum, die auch ein eigenes Weinlokal nebenan betreibt. Auf dem Speiseplan stehen traditionelle Spezialitäten wie Dinkelsuppe und Kutteln, Schweineleber und Stockfisch.
www.agania.it

LA GROTTA, MONTEPULCIANO
Stilvolles Restaurant mit gepflegter toskanischer Küche, das sich unterhalb der Stadtmauer der Kirche San Biagio gegenüber befindet. Mit kleinem Garten, ein herrliches Plätzchen für laue Sommerabende.
www.lagrottamontepulciano.it

LA SOLITA ZUPPA, CHIUSI
Der Name ist Programm, Suppen sind der Kern der familiären Osteria mitten in Chiusi, die bereits seit den 1930er-Jahren besteht. Interessante Menüs, auch ein vegetarisches, zu gutem Preis-Leistungs-Verhältnis.
www.lasolitazuppa.it

IL GARIBALDI INNAMORATO, PIOMBINO
Kleines und doch gehobenes Fischrestaurant im schlichten Trattoria-Stil, mitten im historischen Zentrum der Hafenstadt gelegen. Ohne Tischreservierung geht nichts!
www.ristoranteilgaribaldinnamorato.com

DA UGO, CASTAGNETO CARDUCCI
Schlicht, aber familiär mit wunderbarer lokaler Küche, eine etwas gewöhnungsbedürftige, aber sehr leckere Herbstspezialität ist Wildschweinskopf (natürlich ausgelöst) mit Kastanien.
www.daugo.it

ÜBERNACHTEN

CASA VOLPI, AREZZO
Gepflegtes Hotel in einer Parkvilla aus dem 18. Jahrhundert, nur zwei Kilometer vom Stadtrand entfernt. Mit Restaurant und Parkplatz. Radverleih.
www.casavolpi.com

VILLA AMBRA, MONTEPULCIANO
Familiär geführtes, renoviertes Hotel mit hervorragender Küche, Pool und Parkplatz im Vorort Sant'Albino. Die Produkte stammen vom eigenen Weingut mit Olivenölproduktion, Obst- und Gemüsegarten. Dependance und Agriturismo mit vier hübschen Zimmern.
www.villaambra.com

HOTEL DELLA FORTEZZA, SORANO
Burghotel im teilweise restaurierten Komplex der Orsini-Festung mit ganz unterschiedlichen Zimmern. Tolle Ausblicke in die Umgebung. Für Romantiker.
www.hoteldellafortezza.com

SCILLA, SOVANA
Moderne komfortable Zimmer, untergebracht in zwei mittelalterlichen Gebäuden mitten im winzigen Ort. Eigenes Gartenrestaurant Merli gegenüber, bekannt für seine Grillgerichte.
www.albergoscilla.com

LA BANDITA, SASSETTA
Zauberhaftes Villenanwesen auf einem kleinen landwirtschaftlichen Gut mit Nebengebäude. Zimmer teils mit antiken Möbeln eingerichtet. Pool, Reiten und Tennis. Restaurant für die Hausgäste.
www.labandita.com

VILLA RIODDI, VOLTERRA
Kleines Landhotel in historischer Poststation aus dem 15. Jahrhundert, zu Füßen von Volterra gelegen und mit schönem Blick auf die Stadt. Pool, herrlicher Garten und Parkplatz.
www.hotelvillarioddi.it

Nachgestelltes etruskisches Mahl im Archäologischen Museum von Vetulonia

AREZZO IST MEHR ALS ETRUSKISCH

Piero della Francescas Fresken, Roberto Begninis oscarprämierter Film »Das Leben ist schön«, der größte Antiquitätenmarkt der Region, aber auch ihr etruskischer Ursprung in strategisch günstiger Lage machen aus Arezzo einen guten Einstieg in eine Tour auf den Spuren der Etrusker durch die Toskana.

Ohne die Fresken Piero della Francescas in der Kirche San Francesco ist ein Besuch Arezzos undenkbar. Aber die Stadt war bereits im 7. Jahrhundert v. Chr. eine der etruskischen Metropolen im Zwölferbund und bedeutend, was man allerdings kaum mehr erkennen kann. Doch als Fundort der Chimäre, der großartigen etruskischen Bronzearbeit, die 1553 in der Nähe gefunden wurde, hat Arezzo in den Geschichtsbüchern einen festen Platz. Diese ist ein Mischwesen: Kopf und Körper eines Löwen, aus dem zusätzlich ein Ziegenkopf wächst, der Schwanz ist eine Schlange – so die etruskische Interpretation des feuerspeienden Ungeheuers, das im kleinasiatischen Lykien sein Unwesen getrieben haben soll. Diesem machte der griechische Sagenheld Bellerophon, wie Homer in seiner Ilias schildert, mit Hilfe des geflügelten Pferdes Pegasus den Garaus. Herrlich plastisch wird der Todeskampf dargestellt, mehrere Wunden

1

bedecken den Körper, der Ziegenkopf sinkt sterbend zur Seite. Kein Wunder, dass die Aretiner mit Florenz hadern, wo der kostbare Fund im Nationalen Archäologischen Museum steht. Dafür haben sie gleich zwei Kopien am Bahnhof aufgestellt, sozusagen als Begrüßungskomitee der Anreisenden.

Stadtbesichtigung per pedes

Autoreisende lassen ihren Wagen am besten im Norden gleich hinter der Stadtmauer und gelangen über die Rolltreppe zum Domplatz hinauf. Von der Fortezza Medicea beziehungsweise dem, was von ihr übrig geblieben und zum Stadtpark avanciert ist, breitet sich Arezzo zu Füßen des Betrachters aus. Erste Besucherpflicht ist der auf einer erhöhten Terrasse thronende Duomo San Donato mit wunderschönen, geradezu strahlenden Glasfenstern von Guillaume de Pierre de Marcillat (1518–1524), der auch die ersten drei Gewölbe des Mittelschiffs ausmalte. Dem Dom gegenüber hat sich in Teilen des Bischofspalastes das wirklich sehenswerte Museum Sakraler Kunst, das MuDAS etabliert.
Aus Arezzo stammen einige wichtige Persönlichkeiten, darunter der Dichter und Humanist Francesco Petrarca, dessen – vermeintliches – Elternhaus besucht werden kann. Man weiß bis heute nur, dass er in der Via dell'Orto unterhalb des Domes geboren wurde, nicht aber genau wo. Ganz genau kennt man dagegen das Wohnhaus Giorgio Vasaris nördlich der Kathedrale, Italien-Kennern sicher durch seine Künstlerviten bekannt und selber Architekt, Maler und Baumeister. Beim Besuch sollte man vor allem im hübsch dekorierten Schlafzimmer auf die Musen achten. Erato, die Muse der Liebeslyrik, trägt das Konterfei der jungen Frau Vasaris – Niccolosa Bacci aus der reichen Stoffhändlerfamilie, die u. a. die Fresken in San Francescos Hauptchorkapelle finanzierte. Gegenüber der Erato hängt ein Diana-Bild, schiebt man es zur Seite, was die Führer durch das Haus gern demonstrieren, wird ein Spiegel frei, in dem sich das schöne Antlitz der Muse spiegelt – sicher eine Hommage Vasaris an seine schöne Frau.
Die Piazza Grande bildet ein ungleichmäßiges Viereck, fällt leicht ab und ist umgeben von meist schmalen Palazzi unterschiedlicher Epochen. Dennoch wirkt dieser Platz harmonisch, Schauplatz der wichtigsten Veranstaltungen wie der Giostra del Saracino und der größten Antiquitätenmesse der Toskana. An höchster Stelle wird die Piazza von einer Loggia abgeschlossen, die Vasaris Handschrift trägt. Darunter befinden sich einladende Lokale, die bei gutem Wetter ihre Tische unter den Arkaden aufbauen – ein wunderbarer Platz zum Abschiednehmen und Weiterplanen.

↑ Piero della Francescas Fresko der Kreuzlegende in Arezzos Kirche San Francesco
← **Arezzos Piazza Grande ist wahrlich grandios und Austragungsort der wichtigsten Stadtfeste und Märkte. Links im Bild sieht man einen Teil der Vasari-Loggia.**

TIPP

RADTOUR AM CANALE MAESTRALE
Il Sentiero della Bonifica heißt der perfekt ausgebaute Rad- und Wanderweg entlang des von Arezzo nach Chiusi führenden Canale Maestrale. Dieser entstand durch bewundernswerte Ingenieurleistungen ab dem 16. Jahrhundert, um das malariaversuchte Chiana-Tal zu entwässern und es zu einem der fruchtbarsten Landwirtschaftsgebiete der Toskana zu machen.
https://sentierodellabonifica.it

STIA UND DER CASENTINO-NATURPARK
Das ausnehmend hübsche Städtchen mit seiner wie ein Theater aufsteigenden, von niedrigen Bogengängen geprägten Piazza Tanucci am jungen Arno ist nicht nur der wichtigste Produktionsort des als Panno bekannten unverwüstlichen Wollstoffs, sondern auch als Austragungsort der Internationalen Biennale der Eisenschmiede (in den ungeraden Jahren). Dann treffen sich Kunsthandwerker und ganz große Künstler zum Austausch und um zu zeigen, was sie zuletzt geschaffen haben. Manche hinterlassen danach ihre Kunstwerke der kleinen Stadt, die damit ihre Plätze schmücken kann wie an der großzügigen Piazza Mazzini im neueren Teil mit der kraftvollen »Schwerkraft« Botteros. Nach Norden zieht es Naturfreunde in den bewaldeten Parco Nazionale delle Foreste Casentinese – zum Durchatmen.
www.parcoforestecasentinesi.it

2

MONTEPULCIANO

VINO NOBILE UND NOBLE PALÄSTE

Montepulciano, die Bilderbuchstadt auf einem Berggrat zwischen Orcia- und Chiana-Tal, ist berühmt für seinen Vino Nobile und die damit verbundenen farbenfrohen und lauten Festlichkeiten beim Bruscello und Bravio delle Botti.

Der Vino Nobile macht aus Montepulciano eine Weinstadt, ihre Lage auf einem ovalen Berggrat und von hohen trutzigen Mauern umgeben bildet eines der geschlossensten und harmonischsten Stadtbilder der Region. Weil das Frühmittelalter mit der Vorherrschaft der Adelsfamilien bis ins 18. Jahrhundert hineinwirkte und das Bürgertum nicht hochkommen ließ, hat sich Montepulciano mit seinen zahlreichen Renaissancepalästen im historischen Zentrum kaum verändert. Es blieb ein architektonisches Juwel, das von Bürgerinitiativen liebevoll gepflegt wird.

Man betritt Montepulciano vom Norden kommend durch die imposante Porta al Prato mit toskanischem Wappen und dem Löwen von Florenz. Das Tor, das sich oberhalb eines Parkplatzes befindet, ist Teil der Befestigungsanlage aus dem 16. Jahrhundert, die Festungsbaumeister Antonio da Sangallo errichtete. So gelangt man direkt auf den langen Corso, der die Stadt von Nord nach Süd in langen Windungen durchzieht und mehrere Namen trägt. Das Tor auf der Südostseite ist die Porta delle Farine, die noch von der mittelalterlichen Stadtmauer (14. Jahrhundert) stammt.

Wer die Stadt innerhalb ihrer Mauern erkunden will, muss eine gute Kondition haben, denn es gilt steile Gassen zu überwinden, um bis zur Piazza Grande zu gelangen. Diese bildet das Herz des historischen Zentrums, geprägt vom edlen Bau des Rathauses, das nach Entwürfen von Michelozzo 1445 bis 1465 über einem Vorgängerbau aus dem 14. Jahr-

hundert errichtet wurde, von dem noch der Innenhof stammt. Erinnert es mit seinen guelfischen Zinnen und markanten Pechnasen, erst recht mit dem Uhrturm an das Florentiner Rathaus? Kein Wunder, viele andere Städte in der Toskana hatten es ebenfalls zum Vorbild. Auf der Piazza mit ihrem Pflaster in Fischgrätmuster befinden sich außerdem der für die Renaissance obligatorische Travertinbrunnen mit dem Medici-Wappen darüber, der 1594 begonnene Dom mit seiner unvollendeten Fassade sowie die vielleicht edelsten Paläste der Stadt. Hauptfarben der urbanen Komposition: beigefarbener Travertin und rötlicher Backstein – herrlich, wenn die Sonne die Travertinflächen streichelt!
An der vom Platz abgehenden Via Ricci erhebt sich gleich neben dem Palazzo del Capitano del Popolo (heute Gerichtsgebäude) der Palazzo Neri-Orselli mit den besuchenswerten Sammlungen der Pinacoteca Crociani und des Museo Civico. Im Doppelmuseum sind fast alle wertvollen Kunstwerke Montepulcianos effektvoll ausgestellt, natürlich auch schöne etruskische Grabbeigaben.

↑ Training für das Fässerrollen, Montepulcianos Bravio delle Botti, das alljährlich im August stattfindet
← Montepulciano zieht sich einen langen Berggrat hinauf, weshalb es mehrere Kurven und Kehren braucht, um auf den zentralen Domplatz zu gelangen.

Auch zu Füßen sehenswert

Auf dem Weg aus der Altstadt hinaus und hinab in die Ebene kommt man an der Wallfahrtskirche Madonna di San Biagio vorbei, die auf einer natürlichen Terrasse steht. Kein Geringerer als Antonio da Sangallo d. Ä. hat sie 1518 bis 1540 erbaut, dem Montepulciano als Ganzes sein edles Aussehen im Stile der Renaissance verdankt. Außer zur Mittagszeit steht die Kirche meist offen, schließlich gilt der Zentralbau über griechischem Kreuz als ein Meisterwerk der Renaissance. Als Gesamtensemble mit dem Pfarrhaus, der loggiaverzierten Canonica gegenüber, ist es mit dem fast gelben Travertin aus den nahe gelegenen Steinbrüchen von Sant'Albino errichtet worden. Wer San Biagio mit dem Wagen ansteuert, fährt durch eine lange Zypressenallee, die sich bei näherem Hinsehen als Kriegerdenkmal entpuppt, auf die Kirche zu und kann in der Umgebung parken.

TIPP

DEN RATHAUSTURM BESTEIGEN

Den mühsamen Aufstieg auf den Rathausturm belohnen an schönen Tagen die tollen Aussichten von dort oben: ins Chiana-Tal bis zu den vorapenninschen Gipfeln, nach Umbrien bis zum Monte Subasio, zum Lago Trasimeno mit seinen beiden Inseln und Perugia, davor in der Toskana auf die Seen von Montepulciano und Chiusi. Auf der anderen Seite zum Monte Amiata, in die Valdorcia, nach Pienza und Monticchiello und Montalcino, und in der Ferne blitzen die Türme von Siena hervor.
www.prolocomontepulciano.it

VINO NOBILE KAUFEN UND STAUNEN

In einigen Weinkellern der noblen Paläste kann man Wein verkosten und auch gleich vor Ort kaufen. Doch in der 30 Meter tiefen Cantina De'Ricci im Palazzo aus dem 16. Jahrhundert verbirgt sich eine Grotte, in der eine etruskische Familie gewohnt haben soll. Und unter der Enothek des Consorzio Vino Nobile di Montepulciano sind unter dem gläsernen Fußboden etruskische Fundamente und eine römische Zisterne zu sehen.
www.enolitecavinonobile.it

FESTE FEIERN

Zwei Termine für fröhlich-laute und typische Festlichkeiten in Montepulciano sind der Bruscello, ein Handwerker- und Bauernfest, das um den 15. August stattfindet, sowie das Bravio delle Botti meist am letzten August-Sonntag. Dann werden in einem ausgelassenen Wettbewerb, der es in sich hat, schwere Weinfässer die steilen Gassen hochgerollt. Die verschiedenen Stadtteile treten dabei gegeneinander an.
www.bruscello.it und
www.braviodellebotti.com

AN ETRUSKISCHER UNTERWELT KAUM ZU TOPPEN

Wer nach Chiusi kommt, hat sicherlich Interesse an den Etruskern, die für ihren Kult die Stadt systematisch ausgehöhlt zu haben scheinen und ringsum auch noch Gräber hinterließen. Zudem wird in den kleinen Lokalen eine gute kulinarische Tradition gepflegt.

Chiusi in 375 Metern Höhe war eines der bedeutendsten etruskischen Zentren, was eindrucksvoll im reich bestückten Archäologischen Museum und in den Nekropolen am Stadtrand demonstriert wird. Doch viele Spuren führen auch unter die Stadt. Geradezu aufregend ist der Besuch dieser Città Sotteranea unterhalb der Palazzi delle Logge und Bonci-Casuccini. Man steigt in den anscheinend immer feuchten Tuff hinab, der Kühle verspricht, und gelangt in ein Gewirr aus Gängen, in denen etruskische Urnen und rund 200 mit Inschriften versehene Dachziegel zu be-

3

↑ In den unterirdischen Gängen Chiusis befindet sich eine der größten Sammlungen etruskischer Graburnen.
↙ Reiche Schätze gibt es im, am und unter dem Dom von Chiusi. Im Untergrund, bestehend aus weichem Tuff, hatten die Etrusker leichtes Graben.

staunen sind, die als Deckel für die Ascheurnen fungierten. Nirgendwo sonst wurden so viele Inschriften wie hier gefunden, was als Hinweis darauf zu werten ist, dass die hiesige etruskische Bevölkerung gebildet und des Lesens kundig war. Ein Aha-Erlebnis ist hier unten auch ein rekonstruierter Verkaufsladen, der sich in einem mittelalterlichen Weinkeller unter dem Palast befindet: So wurden etruskische Funde wohl schon früh gehandelt.
Das sogenannte Labirinto di Porsenna kann man vom Dommuseum aus im Rahmen einer Führung besichtigen und kommt gleich zu Beginn an einer interessanten Brunnenkonstruktion vorbei. Diese von den Etruskern gegrabene Anlage hatten die Römer zu einem Regenwasserspeicher erweitert. Bis heute steht darin kristallklares Wasser, das sich im perfekten Gewölbe der Kuppel darüber spiegelt.
Die reichen Funde, die in Chiusis Unterwelt und in den Gräbern der Umgebung gemacht wurden, sind größtenteils vor Ort geblieben und bereichern das Museo Nazionale Etrusco in seinem hübschen Bau mit dem Säulenportikus, dessen Besuch unbedingt eingeplant werden sollte. Zu den Glanzstücken gehören auch einfache Wasserkrüge, die eine besondere Geschichte haben: Wenn ihnen, wie bei den hier ausgestellten, ein Henkel fehlt, dann wurden sie als Ascheurnen für die Verstorbenen benutzt. Man schlug ihnen zu diesem Zweck einfach einen Henkel ab. Einige Vasen zeigen eindeutig Motive aus der griechischen Mythologie: Sie unterscheiden sich von den griechischen nur dadurch, dass sie einfacher ausfallen. Die Geschichten jedoch, die sie erzählen, sind die gleichen – und beweisen wie die originalen Importwaren aus dem griechischen Korinth die regen Handelsbeziehungen.

Dom und Dommuseum

Alles, was es an bedeutenden christlichen Artefakten gibt und nicht in den Kirchen und Klöstern geblieben ist, befindet sich effektvoll ausgestellt im Museo della Cattedrale direkt beim Dom. Besonders schön und interessant ist die Sammlung von Codices und Chorälen aus dem 15. Jahrhundert, die meisten von ihnen stammen aus der Abtei von Monte Oliveto Maggiore, wo sie nicht mehr sicher genug waren. Sie sind mit farbenprächtigen Miniaturen besetzt. Auch sakrale Möbel, kostbarer Schmuck als Votivgaben und Gemälde gehören zu den Ausstellungsstücken.
Chiusis Dom, die Konkathedrale San Secondiano, steht auf den Überresten einer romanischen Basilika aus dem 6. Jahrhundert, die im 12. Jahrhundert umgebaut wurde. Im Inneren wirkt die dreischiffige Basilika wie ein frühchristliches Gotteshaus, und tatsächlich gilt Chiusi als eine der ersten christlichen Gemeinschaften der Toskana mit den einzigen Katakomben der Region.

TIPP

AUF ZU DEN GRÄBERN

Über das Archäologische Museum kann man sich für die Besichtigung der sehenswerten etruskischen Gräber (5.–2. Jh. v Chr.) am stadtnahen Poggio Renzo anmelden. Im Fresko des Grabes des Äffchens (Tomba della Scimmia) ist die Szene mit dem Äffchen, das an einen Baum gebunden beim Totenfest wartet, schwach zu erkennen. Immer wieder mit neuen Grabnischen erweitert wurden die nahen Tomba del Leone und die Tomba della Pellegrina.

LAGO DI CHIUSI

Der kleine See, Lago di Chiusi, im Chiana-Tal gilt als die Sommerfrische für die Bewohner von Chiusi und dem weiteren Umkreis und ist mit seinem Schilfgürtel sogar fischreich ein geeignetes Ausflugsziel nach einer intensiven Etruskertour durch die Unterwelt Chiusis. Ein Ausflugslokal – La Fattoria – bietet auch Kulinarisches und sogar Unterkunft .

Im Frühsommer platzen die roten Blüten des Klatschmohns überall in der Toskana auf.

Pitigliano: Wo hört der Tuff auf, wo fängt die Architektur an?

4

PITIGLIANO

EIN DURCHLÖCHERTER BERGRÜCKEN

Der Tufffelsen, auf dem sich Pitigliano, einer der größten Orte etruskischen Ursprungs im Süden der Toskana, erhebt, gleicht von Weitem Bienenwaben – Grabhöhle neben Grabhöhle, die heute als Lagerräume für den hiesigen Weißwein dienen.

Man sollte sich Pitigliano langsam nähern, um den schönsten Blick darauf zu erhaschen – am besten am Spätnachmittag eines sonnigen Tages, der eine rötlich-gelbe Färbung der Szene verspricht, und am allerschönsten vom Kirchlein Madonna delle Grazie im Südwesten aus. Die Etrusker bevorzugten zur Errichtung ihrer Städte strategisch günstige Lagen, die Römer taten es ihnen gleich und erst recht die Orsini im Mittelalter, die in ständiger Fehde mit anderen Herrschern lebten. Sie bauten Pitigliano zu einer schönen Stadt mit Palästen und Kirchen innerhalb der trutzigen Mauern aus. Die nachfolgenden Medici fügten den 15-bogigen Aquädukt in abenteuerlicher Höhe hinzu. Noch heute fährt man über der mediceischen Wasserleitung in die Stadt und steht gleich vor der wuchtigen Fortezza Orsini mit ihren beiden Museen (Civico Archeologico und Diocesano), die man ziemlich sicher nahezu alleine besichtigen kann. Denn die meisten Reisenden kommen wegen der guten Restaurants und des Bianco, des Weißweins, nach Pitigliano, andere wegen des jüdischen Ghettos. Es ist mit Synagoge und Matze-Öfen, koscherer Metzgerei und Kultbad nahezu original erhalten und zeugt von einer blühenden jüdischen Gemeinde im 15. Jahrhundert.

TIPP

JÜDISCHE KÜCHE ALS MAGNET

Pitigliano, das von vielen Juden aus aller Welt besucht wird, pflegt nicht nur für jüdische Gäste in fast allen Lokalen die traditionellen jüdischen Speisen, die wegen ihrer Originalität und ihrer Würze gut ankommen. Eine jüdische Gemeinde existiert hier allerdings schon lange nicht mehr, gepflegt wird das Ghetto durch engagierte Jugendliche.

5

Mit der Bergbahn geht es hinauf ins Mittelalter.

POPULONIA

UMSCHLAGPLATZ FÜR ELBAS ERZE

Die Etrusker verstanden es früh, die Eisenerze der vorgelagerten Insel abzubauen. Die Verarbeitung aber verlegten sie an den Golfo di Baratti auf dem Festland gegenüber, nach Populonia, heute eine der interessantesten Ausgrabungsstätten der Toskana.

Die Lage könnte nicht zauberhafter sein: Oben thront das winzige befestigte Populonia, darunter am sichelförmigen Golf von Baratti mit goldgelbem Strand breitet sich eine unendlich scheinende Folge von Ausgrabungsfeldern an dem Ort aus, der für die Etrusker gleichzusetzen war mit ihrer wichtigsten Verhüttungsstelle von Eisenerzen aus Elba. Da sie es jedoch noch nicht vermochten, die Erze vollständig auszubeuten, profitierten auch die ihnen nachfolgenden Römer von den Resten und bedeckten die Etruskergräber mit noch mehr Schutt.
In der Neuzeit entdeckte man darin den noch immer reichen Anteil an Eisen und baute den Schutt allmählich ab – zum Vorschein kamen etruskische Gräber und in ihnen wundervolle Grabbeigaben. In der Umgebung auf dem rund einhundert Hektar großen Grabungsfeld befinden sich außerdem zig in die Felswand gegrabene einfachere Bestattungsplätze. Mehrere Wege führen vom Gräberfeld hinauf zur römischen Akropolis zu Füßen der Rocca von Populonia – alles in allem ein wunderbares Ausflugsziel für mindestens einen halben Tag. Und oben im kleinen Nest kann man gemütlich einkehren oder unten am Baratti-Golf eine Badepause einlegen.

TIPP

ROCCA SAN SILVESTRO

Den zweiten Teil des Tages könnte man auf den Spuren der Minenarbeiter von San Silvestro verbringen, die im Mittelalter ein eigenes befestigtes Dorf über den Bergwerken bewohnten und dort das Eisenerz verhütteten. Dies ist im Rahmen einer Besichtigungstour möglich, die mit einer Bergwerksbahn durch den Berg bis hinauf zur Rocca auf einer Felsnase führt. www.parchivaldicornia.it

VOM ABSTURZ IN DIE TIEFE BEDROHT

Volterra, die malerische Stadt etruskischen Ursprungs, erstreckt sich auf einem langen Tuffgrat und war einst von einer sieben Kilometer langen Stadtmauer umgeben. Im Mittelalter wurde der Mauergürtel enger um die Stadt gezogen, es blieb knapp ein Fünftel der etruskischen Stadt übrig.

6

Schlagwörter, die zu Volterra, etruskisch Velathri, passen, wären Etrusker, Mittelalter und Renaissance – und Alabaster. Als einer der etruskischen Stadtstaaten des Zwölferbundes, der seit dem 9. vorchristlichen Jahrhundert bestand, erlebte Volterra seine Blütezeit bereits im 4. Jahrhundert v. Chr. Heute gibt die kleine Stadt ein schönes kompaktes Bild innerhalb ihrer Mauern ab, überragt von der riesigen Medici-Festung (heute Strafvollzugsanstalt) mit mächtigem runden »mastio« (Wehrturm).
Doch Volterra erhebt sich auf einer noch älteren Gründung, die während der sogenannten Villanova-Kultur existierte – ist also uralt. Von den Römern, die Volterra 298 v. Chr. einnahmen, ist außer dem Amphitheater unterhalb der Stadt wenig zu erkennen. Immerhin zeugt das Theater davon, dass die Stadt auch für Rom von Bedeutung war.
Den Alabaster entdeckten die Etrusker wohl bereits im 8. Jahrhundert v. Chr. in der Nähe der Stadt. Ihn zu bearbeiten sollen sie erst an die fünfhundert Jahre später von griechischen Kunsthandwerkern erlernt haben. Damit begann die Tradition der Alabasterurnen, in denen sich die reichen Etrusker bestatten ließen. Wo der besondere, als Alabaster bekannte Kalkstein abgebaut und wie er verarbeitet wurde und wird, können Besucher des Alabastermuseums im Komplex mit der reich bestückten Pinakothek lernen.
Wichtigster Besichtigungspunkt in Volterra bleibt mit Sicherheit das Museo Etrusco Guarnacci, das nach seinem letzten Umbau einfach grandios die vielleicht interessanteste etruskische Sammlung überhaupt zeigt – mit mehr als 600 Urnendeckel die größte in Italien auf jeden Fall. Die bekannteste Urne trägt einen Deckel mit einem alten Ehepaar, das geradezu rührend anmutet. Wunderbar ausgestellt sind nun auch die kleinen und größeren Bronzetti, die in Volterra und Umgebung gefunden wurden, darunter die bronzene Votivgestalt »Ombra della Sera«, Schatten am Abend. So soll der italienische Schriftsteller und Dichter Gabriele D'Annunzio die Bronzefigur genannt haben, weil sie ihn an einen langen Schatten bei Sonnenuntergang erinnerte. Dargestellt ist ein nackter junger Mann, 57,5 Zentimeter groß und sehr schmal, die wohl bekannteste Bronzefigur der Etrusker aus dem 3. Jahrhundert v. Chr. – übrigens im Museumsshop als Replik in verschiedenen Größen zu haben.

← Fest gemauert auf langem Berggrat weist Volterra ein mittellaterliches Stadtbild über etruskischen Mauern auf, hier mit Blick auf Baptisterium und Dom.
↗ Kunst im Freien – auch dazu eignet sich die schöne Stadt mit ihren alten Gemäuern als reizvolle Kulisse.

Unter den etruskischen Hinterlassenschaften ist der monumentale Arco Etrusco nicht zu vergessen, das Stadttor am Ende der Via Porta all'Arco, die abwärts aus der Stadt hinausführt. Das Tor ist ein Überbleibsel des etruskischen Mauergürtels und nur noch außen mit den verwitterten Köpfen original erhalten. Es wird gern als Sinnbild Volterras abgelichtet, obwohl es in römischer Zeit und auch im Mittelalter stark verändert wurde.

Prachtentfaltung in Mittelalter und Renaissance

Wer heute durch die engen Gassen zwischen den hohen Häusern schlendert, wird vor allem Zeugnissen aus dem Mittelalter und der Renaissance begegnen – baulich zumindest. Die Piazza dei Priori, das Zentrum mit den wichtigsten Gebäuden aus dem Mittelalter, zeigt hoch in den Himmel aufragende Paläste, errichtet aus dunklem Stein, der die Stadt ein wenig finster erscheinen lässt. Am eindrucksvollsten ist sicher der Palazzo dei Priori, das älteste erhaltene Rathaus der Toskana aus dem Jahre 1208, dem 1254 gotische Fenster eingezogen wurden. Festungsgleich, mit wenigen Öffnungen in den unteren Geschossen und noch immer als Rathaus genutzt, ist der Palzzo daher nicht komplett zu besichtigen. Aber der Ratsherrensaal, die Sala del Consiglio, mit Fresken

aus dem 14. Jahrhundert sind zusammen mit dem hohen Turm für Besucher zugänglich.

Rings um die Piazza erheben sich weitere aus dem dunklen Stein erbaute Palazzi wie Festungen. Auf der Rückseite des Rathauses stehen an der Piazza San Giovanni das Baptisterium und die Kathedrale. Die dreischiffige Basilika stammt aus dem 12. Jahrhundert, wurde 1254 im Pisaner Stil erweitert und immer wieder umgebaut – im 16. Jahrhundert so grundlegend, dass sie als Renaissancekirche gelten könnte, mit allzu schwer wirkender Kassettendecke über dem Hauptschiff. Eine Besonderheit sollten Besucher nicht verpassen: die in kräftigen Farben gefasste hölzerne Großplastik, die Gruppe der Kreuzabnahme (13. Jahrhundert), die in einer Nische rechts vom Hauptchor steht. Einfach wunderschön!

Vor dem Absturz rettet nur der Rückzug

Am nordwestlichen Stadtrand blickt man links der Straße nach Pisa schaudernd hinab auf einen mürben Felsen, die Balze genannten Abbrüche, und hinüber zur Kirche San Giusto – wohl wissend, dass es bereits die dritte ist, weil ihre beiden Vorgängerinnen mitsamt den Balze in den Abgrund gerissen wurden. Daher wurde die aktuelle Kirche der Kamaldulenser weiter weg vom Abgrund errichtet. Hoffentlich weit genug. Denn mit jedem starken Regenguss verschwindet ein Stück Volterra, zum Leidwesen der Volterraner, für manche Besucher der Stadt eine Attraktion …

Die Römer bauten direkt unterhalb des gefährdeten Tuffplateaus zwei für sie typische Einrichtungen: das Teatro Romano und die Thermen gleich zu seinen Füßen. Dabei haben auch sie nicht auf die notwendige Panoramalage verzichten müssen, die sie im Norden der etruskischen Stadtmauer nahe der heutigen Porta Fiorentina fanden. Hinschlendern bietet sich an und ist leicht zu schaffen: von der Via Porta all'Arco über Via Matteotti und Via Guarnacci. Wer lieber oben bleibt, bekommt bei einem Bummel entlang der Via Panoramica, die ihren Namen wirklich verdient, einen eindrucksvollen Blick hinab auf das Amphi-

theater. Und unterwegs erreicht man an der Via del Mandorlo die wohl bekannteste Alabasterwerkstatt Volterras – Alabastri Rossi. Ein Werkstattbesuch ist normalerweise möglich, der Verkaufsladen der Rossi befindet sich in der Via della Pescheria.
Noch eine Attraktion ganz anderer Art hat Volterra zu bieten: kulinarische Spezialitäten. Die Wälder der Umgebung sind reich an Wildschweinen und Pilzen, speziell Steinpilzen. Daraus lassen sich nicht nur zur Herbstzeit köstliche Gerichte zaubern, auf die sich Volterras Köche besonders gut verstehen. Außerdem bieten sie hausgemachte Pasta wie die Pici mit köstlichen Soßen an und gern gegrilltes Rindfleisch, ob Bistecca fiorentina oder Tagliata mit den fantasievollsten Zutaten – bei der üblichen Rucola mit Parmesansplittern bleibt es hier nicht. Die Trattorien und Restaurants im historischen Zentrum haben meist eine lange familiäre Tradition über mehrere Generationen hinweg, und ihre Räumlichkeiten erstrecken sich einladend unter Steingewölben oder Holzbalkendecken. Dies gilt auch für das sogenannte flache Land, so etwa im nahen Saline di Volterra auf dem Weg nach Larderello, wo die Preise auch noch einen Tick günstiger sind.

↖ Die Ruinen des römischen Amphitheaters unterhalb von Volterra locken ins Tal hinab.
↗ Volterras Handwerker verstehen sich besonders gut auf die Verarbeitung von Alabaster.
→ Deckel von Doppel-Urnen verstorbener Eheleute findet man mehrere in Volterras Archäologischem Museum.

TIPP

PATRIZIERHÄUSER ZU BESICHTIGEN
Immer mehr Häuser reicher Alabasterhändler und Patrizier sind von der Stadt saniert und der Öffentlichkeit zugänglich gemacht worden. Manche sind nur je nach Laune und Verfügbarkeit der Besitzer zu besichtigen wie etwa der Palazzo Cangini-Westinghouse. Einen kann man im historischen Zentrum Volterras mit Sicherheit besuchen, und dieser gilt als eine der schönsten privaten Residenzen Italiens überhaupt: der Palazzo Viti aus dem 16. Jahrhundert. Da er noch immer privat bewohnt wird, sind nur zwölf kostbar mit Kunstwerken aus Europa und dem Orient eingerichtete Räumen zu besichtigen. Die Sammlung ist enorm, schließlich war Giuseppe Viti (1816–1860) eine der wichtigsten Persönlichkeiten Volterras und im 19. Jahrhundert als reisender Händler maßgeblich am wirtschaftlichen Wachstum der Alabasterstadt beteiligt.
www.palazzoviti.it

AUDIOGUIDE VOM FEINSTEN
Zusammen mit der Volterra Card, deren Erwerb sich für die Besichtigung der Stadt und ihrer Sehenswürdigkeiten lohnt, kann man einen Audioguide ausleihen, der auch in deutscher Sprache beste Informationen und hilfreiche Tipps gibt und schon seit Jahren eine wertvolle Dreingabe ist, um die Alabasterstadt besser kennenzulernen, ohne an einer Führung teilzunehmen.
www.volterratur.it

Im Umbrischen eine Pflichtstation ist Assisi, überragt von der Ruine der Rocca Maggiore.

ROUTE 9: VON RIMINI ÜBER DIE MARKEN NACH UMBRIEN

VON DEN STRÄNDEN INS HINTERLAND

Rimini und Co., wie es an der Adriaküste heißt, wären gute Ausgangspunkte für eine Reise ins Hinterland. Und diese wird sich lohnen, denn sie führt zu sehenswerten, meist noch unbekannten Städtchen, zu einst freien Republiken und weiter über die Marken nach Umbrien mit seinen auf Tuffhügeln thronenden Etruskerorten.

Federico Fellini, der italienische Regisseur von »La Strada«, stammte aus Rimini, das er liebte und dem er in seinem unvergessenen Film »Amarcord« ein Denkmal setzte. Die vielbesuchte Stadt an der Adria revanchierte sich, indem sie einen großen Platz nahe dem Grand Hotel nach ihm benannte und ein Fellini-Museum im Fulgor-Kino einrichtete. Also auf nach Rimini, wenn nicht an den Strand mit seinen bunten Bagni, so doch auf Fellinis Spuren. Oder beides. Aber vorher Riminis Altstadt jenseits der Bahnlinie nicht verpassen, sie ist sehenswert und eine angenehme Bummelmeile. So sollte man etwa einen Blick in das Fischerviertel San Giuliano werfen oder das Renaissance-Juwel des Tempio Malatestiano im historischen Kern aufsuchen, das der Architekt Leon Battista Alberti der gotischen Franziskaner-Kirche überstülpte, um daraus die Grabkirche der Malatesta zu machen, auch das Stadtmuseum im

INFO

Start: Rimini
Ziel: Orvieto
Länge: ca. 540 km
Dauer: 3–4 Tage
Beste Reisezeit: April–Oktober

früheren Jesuitenkloster nahe der Piazza Cavour, wo sich die hübsche historische Fischhalle befindet.

Lockende grüne Hügel

Dann aber flugs ins Hinterland, das mit seinen zeitig im Frühjahr grünenden Hügeln zu Ausflügen lockt, einfach um die Lunge durchlüften zu lassen oder interessante Ortschaften zu entdecken: Santarcangelo etwa an der Via Emilia mit der Rocca Malatestiana. Vor allem aber faszinieren hier die Grotte Tufacee, die in den Tuff gegrabenen Katakomben. Bis heute benutzen die Bewohner von Santarcangelo einen Teil der Grotten als private Weinkeller.

Verucchio, der nächste Ort, den wir ansteuern, war einst eine selbstständige Republik, überragt von der trutzigen Malatesta-Burg. Es bietet großartige Blicke weit in die Hügellandschaft. Und nicht zu vergessen: ein Stück weiter San Marino, bis heute eine selbstständige Republik, übrigens in der UNO, aber nicht in der EU. Seit Jahrhunderten ist der Ort fest umklammert von einer Mauer auf steilem Felsen und unbedingt

Ein landschaftliches Highlight sind die Gumpen bei Fossombrone, hier in den Marken Marmitte dei Giganti, Gigantenschüsseln, genannt.

einen Besuch wert – aber nicht an Wochenenden. Von dort oben schaut man aufs Meer und in gerader Linie nach Osten auf Gradara, unsere nächste Station. Auch diesen Ort sollte man nicht an einem Wochenende besuchen, wenn sich Menschenmassen durch das hübsche befestigte Nest drängen.
1 Urbino auf hohem Felsgrat, den Geburtsort Raffaels, hat sich Federico da Montefeltro zur Residenz ausbauen lassen. Von hier aus hat man einen unbeschreiblich schönen Rundumblick und kann darüber sinnieren, in welche Richtung die Weiterreise gehen könnte. Unser Vorschlag: abwärts ins etwas urtümliche Fossombrone, weiter über das nette Cagli mit seinem trutzigen Turm am Zusammenfluss von Burano und Bosso und schließlich nach Pergola mit den vergoldeten Bronzen im Museum. Danach führt unser Weg wieder ans Meer, nach Senigallia. Das Hafenstädtchen besitzt einen traumhaft schönen Strand und die trutzige Rocca Roveresca mit ihren vier wuchtigen Bastionen und dem niedrigen Palazzo Baviera (der nichts mit Bayern zu tun hat).
Landeinwärts folgen wir dem Auf und Ab der sanft gewellten Hügellandschaft, um im Herzen der Marken Sassoferrato anzupeilen und von dort den vielen Hinweistafeln zu den Grotten von Frasassi nachzufahren. Höhlenfans sollten für den Besuch dieser wohl größten bzw. höchsten Grotten Europas mindestens zwei Stunden einplanen.

Umbriens Tuffstädte auf vulkanischem Boden

Nach Fabriano wechseln wir von den Marken nach Umbrien und erreichen Gubbio, das schon von Weitem aufregend Schönes verheißt, nimmt doch das historische Zentrum den ganzen Hausberg ein, und mittendrin das historische Machtzentrum auf einer weiten Terrasse, für die es mächtige Subkonstruktionen brauchte. Auf halber Höhe ragt der Palazzo dei Consoli mit dem nach dem Himmel greifenden Turm auf, weiter oben der Palazzo Ducale. Dazwischen erstreckt sich ein weiß-rosa-grau schimmerndes Häusermeer, das steile Gassen erahnen lässt – und zu Füßen das weiße und rote Oval des römischen Amphitheaters.
Drei Wege führen nach **2 Perugia**, in die umbrische Regionalhauptstadt. Der mittlere verspricht auf- und abzusteigen und hält es auch, lässt die Stadt des Malergenies Perugino und der leckeren Baci nach etwa 30 Kilometer von ihrer schönsten Seite auftauchen. Auch **3 Assisi**, die Stadt des hl. Franz, bedeckt in ausnehmend schöner Weise den ganzen Hausberg, obenauf die ausladenden Ruinen der Festung. Und es geht immer so weiter mit den hoch auf einem Berg oder Hügel thronenden umbrischen Ortschaften, ob groß oder klein. Es naht die Ortschaft **4 Spello**, dann Foligno, wo ein Abstecher zur Abtei von Sassovivo führt, und schließlich Trevi. An den nahen Quellen des Clitunno kann man sich herrlich entspannen und am hübschen Tempelchen, Tempietto sul Clitunno, nicht satt sehen.
Normalerweise stünde jetzt Norcia auf dem Routenplan, doch ist das sonst so sehenswerte Städtchen nach dem letzten Erdbeben leider noch immer nicht wiederaufgebaut und bietet einen allzu traurigen Anblick. So lassen wir Norcia links liegen und fahren über Spoleto mit seinen engen steilen Gassen, die von den Einheimischen Viuzze genannt werden, über Acquasparta und Todi auf einem zweihöckrigen Hügel direkt nach **5 Orvieto**, das auf seinem ausgehöhlten Berg über dem Tiber hockt und von vielen Reisenden wegen seiner Grenzlage für eine toskanische Stadt gehalten wird.

RESTAURANTS / ÜBERNACHTUNGEN

EINKEHREN

OSTERIA DE BORG, RIMINI
Urige Osteria im einstigen Fischerviertel San Giuliano, die mit traditioneller Küche verwöhnt: Kaninchen und Lamm aus dem Backofen, hausgemachte Pasta. Im Juli und August nur abends.
www.osteriadeborg.it

GUIDO 1946, RIMINI
Traditionsreiches Sommerlokal direkt am Strand von Riminis südlichem Vorort Miramare, mit großer Veranda und natürlich Speisen aus dem Meer.
www.ristoranteguido.it

OSTERIA ZANCHETTI, FOSSOMBRONE
Moderne und doch historische Osteria im Zentrum Fossombrones, die schon in den 1920er-Jahren Reisende an der Via Flaminia entlang des Flusses Metauro bewirtete. Mit kleinem Innenhof im Sommer, sonst fein eingedeckte Räume. Der Saison angepasste, wechselnde Menüs, im Herbst gern Wild und Pilze.
www.osteriazanchetti.it

OSTERIA LA VOLPE E L'UVA, ORVIETO
Aufwendig von Meisterkoch Marcello zubereitete umbrische Gerichte in zwei urgemütlichen kleinen Räumen mit schönen Gewölbedecken. Der Restaurantname leitet sich von der auch bei uns bekannten Fabel »Der Wolf und die Trauben« ab.
www.osterialavolpeeluva.it

ÜBERNACHTEN

GRAND HOTEL RIMINI, RIMINI
Ein echtes Grand Hotel, in dem auch Fellini, wenn er wieder einmal in seiner Heimatstadt weilte, am liebsten wohnte. 1908 im Zuckerbäckerstil errichtet mit prachtvollen Räumen und Restaurant. Beheizter Pool im Park, Tennis, feudale Badeanstalt am Strand gegenüber.
www.grandhotelrimini.com

HOTEL SOLEA, SENIGALLIA
Zauberhaftes Country House, auf den Grundmauern eines alten Landgutes liebevoll von Barbara und Enzo wieder aufgebaut. Mit nur sieben Zimmern und einer Suite im früheren Backofen. Das Haupthaus, um einen hohen Lichthof angelegt, dient als gemütlicher Salon. Großer Pool, wie das ganze Anwesen in herrlicher Panoramalage. Im Restaurant, das auch Nicht-Hotelgästen nach Anmeldung offensteht, schwingt Enzo den Kochlöffel, und zwar mit Bravour, und bietet täglich wechselnde Menüs. Die Zutaten kommen entweder von befreundeten Bauern oder aus dem eigenen Garten. Alles bio.
www.soleahotel.com

SINA BRUFANI, PERUGIA
Großartig restauriertes luxuriöses Traditionshaus (seit 1884) mit Anbau im historischen Zentrum auf dem Plateau. Großzügige Aufenthaltsräume, feines Restaurant, Spa mit Pool im Gewölbe über etruskischen Ruinen, die man beim Schwimmen durch den transparenten Boden sehen kann. Und, ganz wichtig in Perugia, mit eigener Garage, die man allerdings im Voraus buchen muss.
www.sinahotels.com

Solches Licht erlebt nur, wer sich vom frühen Vogelgezwitscher wecken lässt.

IM SCHATTEN DES PALAZZO DUCALE

Urbino, der bezaubernde Geburtsort des Malergenies Raffael, verdankt sein trutziges Aussehen der Renaissance, als ihn der mächtige Federico da Montefeltro zu seiner Residenz ausbauen ließ. Sein Palazzo Ducale mit Türmen und Kuppeln scheint aus der dichten Baumasse hinauszuwachsen.

Die einen halten den Palazzo Ducale für den schönsten überhaupt, die anderen für ein Konglomerat von verschiedenen architektonischen Bestandteilen. Keiner würde aber behaupten, man könne auf einen Besuch in Urbino verzichten. Federico da Montefeltro (1422–1482), von Renaisscancemaler Piero della Francesca mit ausgeprägter Hakennase poträtiert, hat die Stadt ganz nach seinen Ideen umgestaltet und zu einer »idealen Stadt« der Renaissance gemacht. Alle Porträts des Fürsten zeigen im Übrigen nur seine linke Seite, denn seine rechte wurde bei einem Reitturnier verunstaltet: Er verlor sein rechtes Auge und sein Nasenbein wurde zertrümmert. Als Condottiere (Söldner) zog er im Auftrag verfeindeter europäischer Staaten in den Krieg und häufte ein riesiges Vermögen an. Doch gegen seinen Intimfeind, die benachbarten Malatesta, kämpfte er aus eigenem Antrieb. Aber am Ansehen als großer Humanist und Fürst der Renaissance, der alle bedeutenden Künstler, Denker und Naturwissenschaftler seiner Zeit an seinen Hof zog, ist wohl

1

nicht zu rütteln. Er machte aus Urbino eine Wiege der Renaissance, vergleichbar mit Florenz. Und: Im Urbino seiner Zeit lebten genauso viele Menschen wie heute – knapp 15 000.

↑ Urbinos ganzer Stolz: das hier geborene Malergenie Raffael, lateinisch Raphael, italienisch Raffaello
← Einfach großartig ist es Federico da Montefeltro, dem Herzog von Urbino, gelungen, aus dem kleinen Ort in den Marken eine Renaissance-Stadt zu machen!

Von der Kunstsammlung zu Raffaels Geburtshaus

Urbino will entdeckt werden, und bei dem wegen der Hügellage unausweichlichen Auf und Ab muss man einige Kondition mitbringen. Auch im Palazzo Ducale, dem wichtigsten Ziel aller Besucher, heißt es wieder Treppen steigen, um sowohl die offiziellen Räume rund um den von Arkaden umstandenen Innenhof als auch die privaten Gemächer der fürstlichen Familie zu besichtigen. Bewunderung verdient auch die Treppe, die Vasari (1511–1574), der als »der erste Kunsthistoriker« gilt, für die edelste seiner Zeit hielt. Gleichfalls lohnt es, in der Fülle der Kunstwerke der Galleria Nazionale delle Marche nach Highlights zu suchen, etwa der »Città Ideale« eines nicht gesicherten Malers, Raffaels anrührendem Bildnis einer Edeldame, »La Muta« (1507/8), die Stumme, oder Piero della Francescas »Madonna di Senigallia« (1474). Schwerpunkt der Galerie sind Werke der Renaissance, eben der Zeit Federicos da Montefeltro.
Nach all der Pracht und Kunst fast eine Erholung dürfte der Besuch von Raffaels Geburtshaus in der Via Raffaello 57 sein, heute Museum und Sitz der Raffael-Gesellschaft. Das Haus wurde von Raffaels Vater Giovanni Santi erworben, Humanist und Dichter und ja, auch Maler am Fürstenhof Federicos. Raffael (1483–1520) erblickte hier das Licht der Welt und ging in die Lehre bei seinem Vater. Im ersten Geschoss um den kleinen Innenhof mit dem Brunnen, an dem die Farben gemischt worden sein sollen, befinden sich in dem Saal mit der Kassettendecke eine »Verkündigung« von Giovanni Santi sowie einige Raffael-Kopien aus dem 19. Jahrhundert wie »Ezechiels Vision«. Nebenan in dem Raum, der als Geburtsstube Raffaels gilt, soll das Fresko »Madonna mit Kind« vom jungen Raffael stammen. Im zweiten Geschoss werden seltene Buchausgaben, Manuskripte etc. aufbewahrt.
Der 1021 begonnene Dom ist die wichtigste Kirche der Stadt. Nach dem Erdbeben von 1789 wurde er klassizistisch wieder-aufgebaut. Er besaß die wunderbare »Pala Votiva di Federico« (1472–1474) von Piero della Francesca, die jedoch im Zuge der Säkularisierung Napoleons 1811 nach Mailand kam und nun die berühmte Galerie der Brera ziert.

TIPP

IN URBINO MITFEIERN

Alljährlich im August feiert sich Urbino selbst bei der Festa del Duca. Dann verwandelt sich das historische Zentrum rund um die Piazza Duca Federico in eine Renaissance-Stadt mit Marktständen, Gauklern und Feuerschluckern. Die Festlichkeiten gipfeln in den nachgespielten Kämpfen, die im Beisein des fürstlichen Hofstaates stattfinden, alle natürlich in Renaissancekostümen.
www.urbinofestadelduca.it

KERAMIKKURSE

Wie Umbrien sind auch die Marken für ihre Keramikkünstler berühmt. Daher werden hier spezielle Keramikkurse angeboten, die schön umrahmt u. a. von Museumsbesuchen und kulinarischen Erlebnissen stattfinden. Teilnehmen können Erwachsene, Kinder, Familien ... Wer sich dafür interessiert, findet Informationen dazu bei Giancarlo Lepore unter www.facebook.com/amicidellaceramica.urbania

DIE GIGANTENSCHÜSSELN VON FOSSOMBRONE

Eines der faszinierendsten Naturerlebnisse in den Marken dürfte der Canyon von Fossombrone sein, in dem Gletscher der Eiszeit den Metauro-Fluss und darin riesige Gletschermühlen (Marmitte dei Giganti) ausgewaschen haben, die einen Durchmesser von drei bis rund 13 Meter erreichen. Im Vorort San Lazzaro wo auch Kanutouren organisiert werden.
www.ilponticello.net

2

PERUGIA

MIT DER ROLLTREPPE AUFS PLATEAU

Es gibt wohl keine andere Stadt im ohnehin so abwechslungsreichen Umbrien, die ein solches Entrée hat: Man rollt vom Tal durch den schon von den Etruskern ausgehöhlten Tuff wie durch ein Archäologisches Museum ins historische Zentrum hinauf – ja, in mehreren Etappen auf einer Rolltreppe durch die Rocca Paolina.

Oben angekommen, sind es nur wenige Schritte bis zur Hauptschlagader Corso Vannucci, dem »Salon« der Stadt. Es ist die Bummelmeile schlechthin für Einheimische wie Touristen und während der Woche zur Mittagszeit voller Menschen, die aus den Büros in die nächste Bar eilen, und täglich am Abend, wenn die Perugini die Passeggiata vor der Cena zelebrieren – hin und her den Corso entlang, ganz gemächlich und gern in Gespräche vertieft.

Vannucci? Das ist der Familienname des als il Perugino bekannten Malers Pietro, dem man nicht nur in der Galleria Nazionale dell'Umbria begegnet, sondern vor allem noch an dem Ort, für den er seine Fresken in den frischen Putz setzte, im Nobile Collegio del Cambio (1452–1457), dem überwölbten und über und über mit Intarsien dekorierten Audienzsaal der Bankiers und der Geldwechsler. Hier verwendete Perugino alle damals bekannten Perspektivetricks. An der rechten

Wand sollte man Daniel genau ins Gesicht schauen – es handelt sich um ein Selbstbildnis Raffaels, der als Peruginos Schüler hier mitgewirkt haben soll.
Nebenan ließe sich ein zweites Kleinod der Stadt besichtigen, das Nobile Collegio della Mercanzia, also die Handelskammer, die spätestens 1390 diesen Repräsentationsraum überlassen bekam und ihn neu und natürlich kostbar ausstattete. Über der kleinen Kanzel zeigt die Kammer, welche Tugenden für den Beruf der Händler notwendig waren: das rechte Maß und Sinn für Gerechtigkeit sowie Klugheit und Tapferkeit. Der Greif, der mit einem fest verschnürten Paket in den Klauen dargestellt ist, steht nicht nur für Perugia, sondern auch für die guelfischen Kaufleute der Stadt.

↑ Nein, kein Obst – hier lockt Schokolade beim süßen Festival in Perugia!
← Perugia lebt vom vielen Auf und Ab seiner Gassen, die teils durch Stufen, teils durch Rolltreppen überwunden werden. Auch durch den Berg aus Tuff.

Von Bildhauer- und Hydraulikkunst

Die Fontana Maggiore, die sich am Ende des Corso Vannucci vor dem Dom befindet, ist wahrlich »maggiore«, also groß, und dürfte der schönste Brunnen Italiens aus dem 13. Jahrhundert sein. Schließlich haben daran die ganz Großen der Steinmetzkunst gearbeitet – Vater Nicola und Sohn Giovanni Pisano. Und durch die runde, abgetreppte Basis wurde einfach und doch raffiniert das schräge Platzniveau ausgeglichen. Darauf ist das 25-eckige untere Marmorbecken mit feinsten Reliefbildern dekoriert, durch je eine kannelierte Säule geteilt, sodass insgesamt 50 Bildfelder entstanden. Man könnte hier stundenlang »lesen«. Dahinter ragt die rosa-weiß geschmückte Südseite des Doms San Lorenzo auf, seine schönste Fassade (15. Jahrhundert). Unbedingt auf die kleine Außenkanzel rechts vom Portal achten. Ihr gegenüber lockt eine breite Freitreppe in den Palazzo dei Priori, der die weltliche Macht demonstriert – mit dem Symboltier Perugias, dem Greif, und dem Symbol der Guelfen, die hier das Sagen hatten, dem Löwen. Greif und Löwe halten mit ihren Krallen eine eiserne Kette mit Schloss fest. Diese hatten die Perugini 1350 in Siena, ihrer toskanischen Erzfeindin, erbeutet.
Perugias historischer Kern ist durch ständiges Auf und Ab geprägt, das durch steile Treppengassen und – bequemer – durch Rolltreppen überwunden wird. Der Kunstfertigkeit der Hydrauliker ist es zu verdanken, dass die Wasserversorgung hoch oben auf dem Tuffplateau funktioniert. Als Endpunkt diente dort die Fontana Maggiore, zu der die römische Leitung vom Monte Paccino führte, ebenso wie der Pozzo Etrusco mit immerhin fünf Metern Durchmesser.

TIPP

ALLES SCHOKOLADE
Während der letzten September-Dekade findet entlang des Corso Vannucci und in seinen Seitengassen EuroChocolate statt: Neun Tage dreht sich alles um Schokolade mit Schokoladenskulpturen und -kuchen, Pralinen und vielem mehr.
www.eurochocolate.com

CAFFÈ SANDRI
Das historische Caffè, 1860 vom Schweizer Jachen Schucani am Corso Vannucci 32 gegründet und mehr als einhundert Jahre lang von seinen Nachfahren weitergeführt, wurde im Dezember 2021 von drei Perugini wiedereröffnet: mit eigener Pasticceria, die sie mit den süßen und auch salzigen Köstlichkeiten beliefert.
www.facebook.com/sandridal1860

INS WEINSTÄDTCHEN TORGIANO
Mittelalter und Renaissance haben das Weinstädtchen im Speckgürtel Perugias berühmt gemacht, und die rührige Winzerfamilie Lungarotti sorgt für den Erhalt des guten Rufs mit einem zauberhaften Landhotel, dem Tre Vaselle, einem eigenen Weinmuseum mit vielen interessanten Exponaten zum Thema Wein sowie einem Museum des Olivenöls. Dazu gesellen sich ein Kunsthandwerksladen und eine Osteria, die Lokaltypisches anbietet. Alles ein wenig hochpreisig, aber jeden Euro wert.
www.lungarotti.it, www.3vaselle.it

DER HEILIGE FRANZISKUS ÜBERALL

Nach dem Vatikan ist Assisi das zweitwichtigste religiöse Zentrum Italiens, ganz im Zeichen des hl. Franziskus, der hier zur Welt kam. Doch auch die Stadt selbst, auf einer Felsnase zu Füßen des Monte Subasio gelegen, ist eine urbane Schönheit mit engen Straßen, die den Hausberg hinaufklettern, und verbindenden Treppengassen.

Von der romantischen Ruine der Rocca Maggiore bekrönt, die den Bewohnern als Festplatz dient, liegt Assisi auf einer Bergnase in 505 Metern Höhe zu Füßen des Monte Subasio. Der Abhang ist mit immensen Stützkonstruktionen abgefangen, um der Grabkirche des Heiligen Platz zu schaffen: der Basilika San Francesco. Am Hang dazwischen auf Terrassen – dort, wo sich früher das römische Zentrum befand – erhebt sich der Dom, von vielen Assisi-Besuchern unbeachtet, weil sie die Franziskus-Kirche dafür halten. Noch eine Terrasse tiefer erstreckt sich der profane Mittelpunkt mit dem Palazzo del Capitano del Popolo, überragt vom hohen Stadtturm, sowie dem Priorenpalast und dem römischen Minerva-Tempel, der in die Kirche Santa Maria sopra Minerva umgewandelt wurde.

3

↑ Mitten in der Altstadt: an Assisis Via Frate Elia Ecke Piazza Porta San Francesco
↙ Das historische Zentrum auf hohem Grat endet mit der Grabkirche des hl. Franziskus von Assisi, darüber die reich freskierte Oberkirche.

Wo alles begann und endete

In San Damiano, heute einen schönen viertelstündigen Spaziergang vom Parkplatz hinter der Porta Nuova entfernt, soll Franziskus im Jahr 1205 dreimal den Gekreuzigten gehört haben, der ihn aufforderte, seine Kirche zu erneuern. Das nahm Franziskus angesichts der verfallenen Kirche ziemlich wörtlich und soll dafür seinem Vater einen ganzen Ballen kostbaren Stoffes entwendet haben …

Aus welcher Ecke man auch immer aus der Altstadt auf San Francesco zusteuert, man erblickt zuerst die reich verzierte gotische Südost- bzw. Hauptfassade der Oberkirche. Diese zu besichtigen kann einen Kunstkenner einen ganzen Tag kosten, so reich ist sie ausgestattet, sowohl architektonisch, vor allem aber mit Fresken der besten Künstler jener Zeit. Zusammen mit der Unterkirche könnte man San Francesco als Kunstbuch der Spätromanik und Frühgotik bezeichnen. Schon am 25. Mai 1230 wurden die sterblichen Überreste des Heiligen in der eigens dafür errichteten Unterkirche beigesetzt, die 1253 zusammen mit der Oberkirche von Papst Innozenz IV. geweiht wurde. Die Fresken waren damals noch lange nicht fertig, und der riesige Klosterkomplex wurde erst zwischen 1472 und 1774 hinzugefügt. Überall herrscht Prunk – nicht ganz im Sinne des »Poverello«, wie Franziskus genannt wird, weil er sich der Armen annahm und selber größte Bescheidenheit an den Tag legte. Keine Wand, kein Deckengewölbe kommt ohne Fresko aus, ohne ein Stück des Bilderbuchs, das die Geschichte des Heiligen erzählt. Die Namen der Maler zergehen Kunstkennern auf der Zunge – in der Unterkirche Pietro Lorenzetti und Simone Martini, der unbekannt gebliebene »Franziskus-Meister« und vielleicht Cimabue; in der Oberkirche Cimabue, die 28 Bilder aus dem Leben des Heiligen soll Giotto geschaffen haben. 1997 hat ein Erdbeben die Oberkirche fast völlig zerstört – wohl noch nie wurde eine Kirche in Italien so schnell restauriert wie diese, schon fünf Jahre später war sie wieder zugänglich!

Über und unter Assisi

Und oberhalb der Stadt gibt es schon wieder ein Franziskus-Heiligtum, das Eremo delle Carceri, in einer steilen Waldschlucht. Solche Plätze der Einsamkeit liebte Franziskus, hierher zog er sich zurück, ebenso wie ins ferne La Verna, wo er sich seinen Schlafplatz in einer kleinen Grotte einrichtete. Ganz unten im Tal befindet sich die Wallfahrtskirche Santa Maria degli Angeli. Sie wurde über der winzigen Kapelle der Porziuncola, der Einsiedelei, errichtet, die Franz von Assisi gern aufgesucht haben soll – umgeben von einem Rosengarten, der Ruhe verheißt und sie doch nicht bietet, weil der Ort von Pilgern und Franziskusverehrern eingenommen wird. Es kann passieren, dass man hier Schlange stehen muss wie vor der Grabkapelle in der Unterkirche von San Francesco …

TIPP

FESTUNGSGEFÜHL MIT ASSISI-TOTALE

Ganz oben schweben Reste der Rocca Maggiore über der Stadt. Man kann in die Burg hinein, auf ihre Bollwerke, Ringmauern und Verbindungsgräben klettern, die Ruine der hohen Palastwand bewundern und den glatt polierten Stein, dabei ein richtiges »Festungsgefühl« entwickeln – und den umwerfend schönen Blick auf die Stadt darunter genießen, der über sie hinweg bis ins Umbra-Tal reicht.

ASSISI FRÜH UND SPÄT

Die Stadt Assisi gehört auch für den Nicht-Pilger zu den großen Erlebnissen einer Umbrien-Reise. Denn kaum jemand dürfte sich ihrer besonderen, ja mystischen Atmosphäre entziehen können, ganz speziell am sehr frühen Morgen, etwa zwischen sechs und acht Uhr. Da sind schon viele kleine Kirchen und Kapellen geöffnet für die Gläubigen zum Gebet und ein paar Lebensmittelläden sowie Bars, denen ein unwiderstehlicher Duft von Kaffee und frischem Backwerk entströmt. Oder gegen Abend, wenn die letzten warmen Sonnenstrahlen auf die rosafarbene Travertin-Pracht der Stadt fallen und sie in ein unwirkliches, lilafarbenes Licht tauchen.

So bunt werden die Gassen Spellos beim Infiorata-Fest.

4

SPELLO

UMBRISCHES KLEINOD

Spello nimmt die Südseite des Monte Subasio ein, erklettert ihn mit seinen steilen schmalen Gassen und ist umgeben von Olivenhainen, aus denen eines der besten Olivenöle Umbriens und Italiens stammt. Städtebaulich gehört der Ort zu den großen kleinen Schönheiten der Region.

Gassen und Treppen klettern entlang einer einzigen Hauptstraße zwischen rosaweißen Travertinmauern, errichtet aus dem Kalkstein vom Monte Subasio, der im mittelalterlichen Spello »Pflicht-Baustein« war.
Vom umbrisch-etruskischen Ursprung des Ortes zeugt nicht mehr viel, umso mehr von der römischen Fortentwicklung: die fast intakte römische Mauer mit imposanten Stadttoren wie der Porta Consolare, der doppelbogige Arco Romano und die doppeltürmige Porta Venere, sicher Spellos schönstes römisches Stadttor. Am Rande ist das Oval des römischen Amphitheaters nur vage zu erkennen.
Man darf Spello nicht verlassen, ohne die Cappella Bella von 1500 im Dom Santa Maria Maggiore gesehen zu haben – eigentlich Capella Baglioni, aber weil sie so schön ist … Der Fußboden ist aus feinsten Deruta-Majoliken gefertigt, Wände und Deckengwölbe wurden 1501 von Pinturicchio farbenprächtig freskiert. Die Hauptbilder haben die Verkündigung, die Anbetung der Hirten und Jesus im Tempel zum Thema. In keinem der Bilder fehlt im Hintergrund eine umbrische Landschaft! Und Pinturicchio hat in der Kapelle auch sein Selbstbildnis hinterlassen, mitsamt Jahreszahl – wo?

TIPP

INFIORATA
Am Sonntag nach Fronleichnam begeht man in Spello das Fest der Infiorata. Für die Prozession werden die Gassen und Plätze der Altstadt mit farbenprächtigen Blumenteppichen ausgelegt. Auch Ornamente mit liturgischen Themen finden sich im Blütenmeer.
www.infiorataspello.it

5

Für Orvietos Wasserversorgung: Pozzo di San Patrizio

ORVIETO

MÜHELOS INS MITTELALTER

Orvieto halten viele Reisende wegen seiner geografischen Lage ganz im Südwesten Umbriens bereits für eine toskanische Stadt. Ähnlich wie Perugia ist es von den Etruskern auf einem fast völlig ausgehöhlten Tuffplateau errichtet worden. Um den Zugang zu erleichtern, wurde der Berg durch immer mehr Rolltreppen erschlossen.

Die Etrusker gruben die langen, den Tuff aushöhlenden Gänge für ihre Nekropolen oder als Lagerräume, und auch die Orvietani heutzutage nutzen die Hohlräume als Wein- oder Vorratskeller. In manchen Restaurants kann man in den Tuffgewölben an einer Weinverkostung teilnehmen oder sogar an romantisch beleuchteten Tischen speisen. Keine Frage, Orvietos Gassen, die teils steil auf- und abführen, erfordern eine gewisse Kondition – es sei denn, man flaniert den langen Corso Cavour zum Domplatz und zurück, wie es die Einheimischen bei ihrer abendlichen Passeggiata tun. Den Besuch des Doms Santa Maria Assunta sollte man dabei nicht auslassen, denn er ist eine der Hauptsehenswürdigkeiten Orivietos, 1288 über der verfallenen Bischofskirche begonnen. Die Außenhaut schwarz-weiß gestreift, erinnert die Fassade aber in ihrer Farbenpracht an diejenige des Sieneser Doms – ihr Bauplaner Lorenzo Maitani soll sie dort abgeschaut haben. Die Ausführung mit farbigen Mosaiksteinchen und prachtvoller Fensterrosette entstand erst im Laufe des 14. Jahrhunderts. Im Kircheninneren ist hinten rechts vor dem Chor Orvietos Schatz zu entdecken: das Fresko in der Cappella Nuova, die Luca Signorelli 1499 bis 1504 ausmalte. Es zeigt das Jüngste Gericht.

TIPP

POZZO DI SAN PATRIZIO

Absolut sehenswert ist der zweischalige, 62 Meter tiefe Brunnen, der aus dem 16. Jahrhundert stammt und der Trinkwasserversorgung der Stadt diente – der eine Treppenlauf wurde zum Absteigen, der andere zum Wiederaufsteigen genutzt.

Der Blick von Ischia Ponte auf die vorgelagerte Insel mit dem Castello Aragonese ist immer wieder überwältigend!

ROUTE 10: ISCHIA-RUNDREISE

RUNDHERUM UND INNEN HINEIN

Ähnlich wie Sardinien bildet das viel kleinere Ischia im Golf von Neapel eine eigenständige Welt mit traditioneller Kultur und fast von Dorf zu Dorf unterschiedlichen, recht eigenwilligen Menschen, die selten freiwillig ihre Heimatinsel verlassen.

Ischia ist dank einer jahrzehntelangen Freundschaft zu einer ischitanischen Familie für uns eine Herzensangelegenheit. Nach Ischia zu kommen ist wie zuhause zu sein. Vor Jahren unterbrochene Gespräche werden einfach wieder aufgenommen, als hätten wir uns erst vor Kurzem getrennt, aus den Kindern sind Eltern geworden und gestandene Menschen, die oft nach einer Ausbildung oder Arbeit auf dem italienischen Festland oder im Ausland wieder heimgekehrt sind nach Ischia. Denn kaum einen Ischitano hält es sehr lange von seiner Heimatinsel fern, die meisten kommen zurück.

INFO

Start: Ischia Porto
Ziel: Ischia Porto
Länge: ca. 40 Kilometer
Dauer: 1–2 Tage
Beste Reisezeit: März–Oktober

Ischia, vulkanischen Ursprungs mit zahlreichen Thermalquellen, hat sich einen bleibenden Namen als Kur-Insel mit Fango-Anwendungen gemacht, die aus grünlichem Schlamm bestehen. Vermischt wird der Mineralschlamm mit dem überall auf der Insel aus natürlichen Quellen heiß sprudelnden Thermalwasser. Vom quirligen Hafenstädtchen 1 **Ischia Porto** mit seiner langen Fußgängerzone kann man gemütlich hinüberbummeln nach 1 **Ischia Ponte**, der Altstadt, mit vielen historischen Gebäuden, kleinen, interessanten Geschäften und hübschen Lokalen. Auf dem vorgelagerten Eiland, das durch einen Damm mit der Hauptinsel verbunden ist, thront das Castello Aragonese, der Ursprung der Besiedlung.

Inselerkundung im Uhrzeigersinn

Man verlässt Ischia Porto Richtung Südwest und kommt unmittelbar nach dem antiken Aquädukt »I Pilastri« in die recht ausladende Gemeinde von Barano, die sich über verschiedene Ortsteile erstreckt. Einer davon ist Testaccio in großartiger Panoramalage, das bereits im 18. Jahrhundert mit dem Sudatorio, einem Schwitzbad direkt über einer Fumarole, ein bekannter Kurort war. Der darunterliegende Marontistrand, Spiaggia dei Maronti, der als schönster Strand der Insel gilt und sich bis nach Sant'Angelo hinzieht, gehört ebenfalls zur Großgemeinde Barano. Dort sollte man sich die Thermalquelle von Cavascura mit den bereits von den alten Römern in den Felsen gehauenen Badewannen nicht entgehen lassen. Auf dem Weg dorthin, am Meer entlang, stehen verschiedene Lokale auf Stelzen, die einen geradezu karibischen Eindruck vermitteln.

Baden in einem der 15 Thermalbecken des Negombo-Parks in Lacco Ameno – eine Labsal!

Im Ortsteil Buonopane, nur einen Kilometer oberhalb des Ortszentrums von Barano, entspringt die hauptsächlich bei Hautproblemen heilbringende Nitrodi-Quelle, sie wurde ebenfalls bereits von den Römern entdeckt. Heute befindet sich dort ein kleiner Thermalpark, der wunderbar eingebettet in die unberührte Natur liegt.
Die Hauptstraße schlängelt sich nun weiter hinauf bis zum Doppelort Serrara-Fontana, wobei Fontana mit seinen schönen alten Häusern dem Inselhöchsten, dem Monte Epomeo (789 Meter) am nächsten kommt. Hier warteten früher unterhalb des Berges die Eseltreiber auf Kundschaft, heute lässt sich ein Pferdeausflug organisieren, um den Berg zu bewältigen, schließlich gilt der Epomeo als erste Pflicht für Ischia-Urlauber, und der Aufstieg ist nicht ohne.
Oben wird man verwöhnt – nicht nur mit tollen Ausblicken, sondern auch kulinarisch. Den Abstieg vom Epomeo könnte man durch den sehr interessanten Wald der Falanga planen. Man passiert inmitten von dichten Kastanienwäldern akkurat errichtete Steinterrassen, die Mussolini den Ischitanern als Arbeitsbeschaffungsmaßnahme auferlegte. Hier kann man auch noch einige Schneegruben entdecken, die schon früh von den »nevaioli«, den »Schneemännern« aus Fontana, in den Boden gehauen und wo nötig mit großen Steinen ausgekleidet wurden. Vorsicht, nicht hineinfallen, die Schneegruben sind bis zu 4,5 Meter tief …
Im Ortsteil Serrara mit der von einer riesigen Pinie beschirmten Aussichtsterrasse genießt man einen herrlichen Blick nach Westen auf Forio und bei passendem Wetter bis zu den Pontinischen Inseln im Tyrrhenischen Meer. Richtung Süden erblickt man das weiße Sant'Angelo mit seinen schmalen Treppengassen, dem malerischen kleinen Hafen und der vorgelagerten Halbinsel. Vor dem Ortseingang von Sant'Angelo erstreckt sich in erhöhter Lage der Tropical Thermalpark. Bei der Weiterfahrt über Ciglio nach Panza entdeckt man entlang der Straße mehrere Felsenhäuser, und weiter in Richtung Cuotto und Forio erreicht man bald den einladenden Citara-Strand. An dessen Ende liegt der größte und wohl auch berühmteste Thermalgarten der Insel, die Giardini Poseidon. Ein Badetag dort gehört zum »Pflichtprogramm« der Ischia-Urlauber.

Forio, Lacco Ameno und Casamicciola Terme

2 Forio machte sich im beginnenden 20. Jahrhundert einen Namen als Künstlerkolonie und wurde darüber hinaus auch durch den US-amerikanisch-italienischen Film »Avanti, avanti« mit Jack Lemmon und Juliette Mills bekannt. Ein Bummel durch die einladende Fußgängerzone im Stadtzentrum und entlang des kleinen Hafens vermittelt Einblicke in die Lebensart der Inselbewohner.
Über die sehr hübsche Spiaggia San Francesco, also küstennah, fahren wir die nordwestliche Halbinsel Ischias ab. Wir planen den Besuch der Gärten von La Mortella ein, die mit exotischen Pflanzen bezaubern, und bleiben weiter immer schön oberhalb der Küste. Hier kann man den Thermalpark Negombo erreichen, der sich an dem kleinen Strand von San Montano erstreckt, oder gleich nach **3 Lacco Ameno** fahren. Bevor wir zu unserem nächsten Ziel, **4 Casamicciola Terme**, gelangen, kommen wir zunächst in den Ortsteil Bagni – so genannt wegen der verschiedenen Thermaleinrichtungen, die bereits im 19. Jahrhundert entstanden und immer noch in Betrieb sind. Dann aber geht es wieder hinunter zur Küste, wo sich das hübsche Zentrum rund um den Jachthafen ausbreitet. Wir passieren den Thermalpark Castiglione, einen der schönsten der Insel, und fahren weiter Richtung Ischia Porto, wo unsere Inseltour endet.

RESTAURANTS / ÜBERNACHTUNGEN

EINKEHREN

PORTICCIULLO, ISCHIA PORTO
Die Via Porto von Ischia Porto gilt als die »Fressmeile« des Hafenstädtchens. Hier gibt es vor allem Fischlokale, darunter das Porticciullo mit Terrasse zum Hafen. www.porticciullo.it

COCÒ, ISCHIA PONTE
Ein herrliches Fischlokal, es gibt aber auch leckere Pasta mit Büffelmozzarella sowie andere Spezialitäten Kampaniens in toller Lage am Brückenkopf und mit Blick auf das Castello Aragonese. Treff der Fischer und anderer Bewohner Pontes. https://de-de.facebook.com/ristorante-coco

LA CANTINA, BUONOPANE
Urige Trattoria, die typisch ischitanische Gerichte anbietet, wie etwa Bruschette und ausgebackene Fische, eingelegte Sardinen und Kaninchen, dazu werden lokale Weine aus der Cantina im Felsen bei der Nitrodi-Quelle gereicht. www.lacantinanitrodi.it

LA GROTTA DA FIORE, EPOMEO-GIPFEL
Uriges, 1965 aus dem Tuff gehauenes, in zweiter Generation familiär geführtes Restaurant mit toller Aussichtsterrasse auf dem höchsten Gipfel Ischias. Mit leckeren Salaten und Gemüse von der Insel, Pasta und Kaninchen, dazu lokale Weine. www.epomeolagrotta.com

O PADRONE DO MARE, LACCO AMENO
Traditionsreiches Lokal am Meer im Ortszentrum, spezialisiert auf Fischküche. www.ischiareviewcom/o-padrone-do-mare.html

ÜBERNACHTEN

ALBERGO IL MONASTERO, ISCHIA PONTE
Zauberhaftes kleines Hotel in den früheren Klostermauern des Castello Aragonese, mit traumhaften Ausblicken aufs Meer und auf Ponte. https://de.albergoilmonastero.it/hotel-monastero-ischia

HOTEL PARCO SMERALDO, SPIAGGIA DEI MARONTI, BARANO
In der dritten Generation familiengeführtes Vier-Sterne-Paradehaus von Maronti in einem blühenden Garten direkt am Strand. Mit eigener Kur- und Wellness-Abteilung, Innen- und Außenpool. Die sehr gute Küche profitiert vom selbst angebauten Obst und Gemüse. Das Parco Smeraldo verfügt auch über Apartments in einer Villa am Ende von Maronti (250 Meter vom Hotel). Wer sich darin einmietet, braucht auf den Hotelservice jedoch nicht zu verzichten. www.hotelparcosmeraldo.com/de

REGINA ISABELLA, LACCO AMENO
Das historische Luxushotel des Ortes, vielfach Filmkulisse (z. B. für den Film »Avanti, avanti«) auch wegen der tollen Lage am Meer. Errichten ließ es der berühmte italienische Verleger und Filmproduzent Angelo Rizzoli in den 1950er-Jahren als Erweiterungsbau für die Terme della Regina Isabella über griechisch-römischen Ruinen und machte daraus einen Treff des internationalen Jet Set. Therme, eigener Strand, drei Restaurants und drei Bars. www.reginaisabella.com

Parco Smeraldo, das Familienhotel in dritter Generation liegt umgeben von einer üppigen Gartenanlage am schönen Maronti-Strand.

ZWISCHEN HAFEN UND CASTELLO

Neapel gegenüber und erster Berührungspunkt für alle Ischia-Reisende, die vom Festland übersetzen, ist Porto, der Hafen, ein lebhafter und sympathischer Ort mit vielen Cafés, Restaurants und Hotels aller Kategorien. In nächster Nachbarschaft bietet die Altstadt Ischia Ponte ein komplett anderes Bild.

Ihren wunderbar runden Hafen von Ischia Porto haben die Insulaner einem königlichen Erlass zu verdanken: Am Abend eines glühend heißen Julitages im Jahr 1853 soll der Bourbonenkönig Ferdinand II. Schutz unter der Pergola der Aussichtsterrasse der Villa Reale gesucht und versonnen auf das Meer geschaut haben. Er sah den kleinen Kratersee unter sich, und ein Gedanke blitzte in ihm auf – das müsste doch einen hervorragenden Hafen abgeben! Also ließ er die Idee sogleich in die Tat umsetzen und sah es als wichtigen wirtschaftlichen Impuls für die verarmte Insel. Bereits ein Jahr

1

später war der Hafen fertiggestellt – und hat bis heute, so wird zumindest behauptet, an seinen mächtigen Mauern keinen einzigen Riss bekommen.
Es bereitet ein solch großes Vergnügen, im Hafenstädtchen zu flanieren und auf Entdeckungstour zu gehen, dass so mancher Ankömmling gleich vor Ort bleibt. Denn Ischia Porto ist außerdem ein Badeort mit schönem Strand und bietet neben netten Boutiquen auch gute Restaurants und Trattorien, Eisdielen, Cafés und Bars, die bis spätnachts oder gar bis zum frühen Morgen bestürmt werden. Und: Das vorgelagerte Festland und die Inseln dazwischen – Capri und Procida – locken zu Bootsausflügen.
Wer also in Ischia Porto bleibt, das während der Saison für den Autoverkehr gesperrt ist, wird die Sonnenseite des Hafens, Rive Droite genannt, lieben lernen, wo ein Lokal sich an das andere reiht und alle schönste Sonnenuntergänge versprechen. Oberhalb der Ostseite erhebt sich wie eine Sternwarte das Meeresbiologische Institut. Gegenüber wird der Hafeneingang von einem kleinen Belvedere bewacht, das auf einem bewaldeten Hügel steht. Und im Scheitelpunkt des Hafenbeckens schaut man auf die palastartige Villa Reale, einst tatsächlich königlich, heute eine Thermalkureinrichtung für Militärs. Daher kann man sie nur bei besonderen Veranstaltungen wie Konzerten besichtigen.

Ponte mit Castello Aragonese

Von der Piazza Antica Reggia kann man über die lebhafte Via Roma und den gleich anschließenden eleganten Corso Vittoria Colonna (durchgehend Fußgängerzone) bis nach Ischia Ponte schlendern, das schon von Weitem mit dem Castello Aragonese auf steilem Felsinselchen lockt. Ein Damm verbindet es mit Ponte, das recht ursprünglich geblieben ist dank der noch aktiven Fischer, die sich ungern ihre Tradition nehmen lassen. Es bietet einen Bäcker und Gemüseläden und vor allem einen beliebten Treff an der Bar von Cocò am Brückenkopf – natürlich mit Blick auf das vorgelagerte Inselchen, das schon im 5. Jahrhundert v. Chr. von Griechen besiedelt, im 4. Jahrhundert v. Chr. von den Römern erobert und später von einem Eroberer zum nächsten gereicht wurde. Die erste richtige Festung gab es ab 1036, den Maschio (Turmfestung) errichtete das Haus Anjou im 14. Jahrhundert. Ab 1438 übernahmen die Aragoneser, die die Festung zu einem Schloss ausbauten, dazu samt Kathedrale 13 Kirchen und einen Tunnel als sicheren Zugang errichteten. Zu Beginn des 18. Jahrhunderts sollen hier rund 2000 Familien gewohnt haben, außerdem Soldaten. Weil es aber zu eng wurde, siedelte man sich allmählich gegenüber an.

↑ Fast das ganze Jahr über kann man auf der Insel Ischia im Freien speisen.
← Ganz gleich von welcher Seite – ob vom Wasser oder vom Berg aus –, das Castello Aragonese bietet immer einen schönen Anblick.

TIPP

BOOTSTOUREN UND SCHNORCHELN

Die erste römische Ansiedlung auf der Insel im 4. Jahrhundert v. Chr. hieß Aenaria und ist heute eine Art versunkenes Pompeji. Die Reste Aenarias kann man auf einem Bootsausflug, der am Bootsanleger der Cooperativa Battellieri di Ischia (neben dem Hotel Miramare e Castello) startet, rund um das Castello erkennen sowie bei einem Schnorchelgang genauer erkunden. Dabei kann man auch – natürlich fachkundig geführt – in offene natürliche Höhlen und Tunnel schauen, etwa in die wunderschöne Grüne Grotte und in die Grotta del Mago (des Zaubereres). Abfahrt von ANS Diving Ischia in Ischia Ponte.
www.ansdivingischia.it

KLEINE SCHWESTERINSEL PROCIDA

Ein reger Bootsverkehr verbindet Ischia mit der kleinen Nachbarinsel Procida, die man sich nicht entgehen lassen sollte, auch wenn der Verkehr auf ihren wenigen Straßen stets dem Infarkt nahe ist. Aber die Marina Grande, den Haupthafen mit der Terra Murata (gemauertes Land), wie die Festung darüber genannt wird, und Corricella, den Fischerhafen auf der »Rückseite« der Insel, muss man gesehen haben. Übereinander geschachtelte Häuser, die mit zahlreichen Innen- und Außentreppen verbunden sind, rahmen den Hafen ein, in dem die auf dem Wasser schaukelnden Fischerboote zwischen Kai und vorgebauten Schutzmolen ein unglaublich schönes Bild abgeben.
www.procida.net, www.pithecusa.com

2

Blick auf Forios Hafen und Häusermeer

FORIO

DIE LEBHAFTE KÜNSTLERKOLONIE

Forio mit der weißen Kirche auf dem vorwitzig ins Meer reichenden Felsen ist eine Bilderbuchstadt, die schon bald nach Einzug des Fremdenverkehrs auch von Kunstschaffenden entdeckt wurde. Forio kommt von »blühend« – und so zeigt sich der Ort.

Gärtnereien, Weinberge und Obstplantagen – Forio wird seinem Namen als blühende Stadt gerecht, und mit den pastellfarbenen Häusern, den reich geschmückten Kirchen und herrlichen Sonnenuntergängen hinter der Chiesa del Soccorso ist sie wahrlich inspirierend. Eine Geschichte wird in Forio gern kolportiert: Die größte Sammlung von Bildern aus Forios Blütezeit als Künstlerort hätte der Zahnarzt Vittorio Ielasi aus Ischia Porto besessen, weil die einen von ihren Zahnschmerzen befreit werden wollten und der Arzt begierig war, seine Sammlung zu erweitern. So soll der Dottore auch Enrico d'Assia, Margherita und Lallo Russo sowie Filippo Dakin kennen gelernt haben, ebnso wie Luigi de Angelis, der aus einer berühmten Künstlerfamilie, den sogenannten Barbier-Malern, stammte.
Der Charme Forios mit seinen schönen Altstadtgassen, beispielsweise am zentralen Corso Umberto, und den meist zweistöckigen, balkongeschmückten Häusern ist geblieben. Und die im 16. Jahrhundert zur Abwehr der Sarazenen errichteten Wachtürme beherrschen immer noch das Stadtbild. Im größten davon, dem Torrione oberhalb des Hafens, finden wechselnde Ausstellungen statt.

TIPP

DIE BOTANISCHEN GÄRTEN

Die Gärten von La Mortella oberhalb des San-Francesco-Strandes sind ein Muss für Ischia-Urlauber. Die reiche Sammlung an verschiedensten Pflanzen bildet in wunderbarer Harmonie einen der schönsten Gärten Italiens. Die Ravino-Gärten an der Hauptstraße SS270 Richtung Cuotto lassen hingegen das Herz eines jeden Kakteen-Freundes höher schlagen.
www.lamortella.org/giardino und www.ravino.it

3

Il Fungo, der pilzähnliche Tuff-Fels vor Lacco Ameno

LACCO AMENO

ANMUTIGER ORT – LACCO AMENO

Im Schutz des Epomeo schmiegt sich der hübsche Ort an dessen immergrünen Nordhang und öffnet sich dem Meer, aus dem ein Fels wie ein Pilz herausragt und zum beliebten Fotomotiv avancierte. Archäologisch interessant ist Lacco Ameno auch noch.

Die Griechen hinterließen den Namen »Lacco« (»lakkos«) als Bezeichnung für Tiefe oder Ebene, »Ameno« (heiter oder anmutig) kam irgendwann hinzu und beschreibt den Ort im Norden Ischias sehr treffend. Wie ein dunkler, samtener Vorhang wirken die Abhänge des Monte Epomeo und zwangen das Städtchen, sich am Meer zu entfalten und im Nordwesten den Monte Vico zu erklimmen – schon früh, wie die Funde des Archäologen Giorgio Buchner bezeugen, der hier zwischen 1952 und 1982 grub. Diese sind im Archäologischen Museum der Villa Arbusto ausgestellt. Vor der Küste ragt der Tuff-Fels, Fungo (Pilz) genannt, aus dem Wasser. Auf ihn schauen alle, die sich am Hafen tummeln oder in den Lokalen sitzen, die für eine gute Fischküche stehen. Die Gassen zwischen den sogenannten Barackenhäusern, nach dem Erdbeben von 1883 als Notunterkünfte erbaut, sind nun eine kleine Attraktion. Sie stehen so eng, dass die Balkone auf beiden Seiten fast zusammenstoßen, und sind üppig mit Blumen geschmückt. Darunter liegt die kleine Kirche der Ortsheiligen Santa Restituta am gleichnamigen Platz, die einen Besuch lohnt.

TIPP

PAUSE IM NEGOMBO-THERMALPARK

Negombo, einer der schönsten Thermalparks Ischias, liegt nur einen Katzensprung von Lacco Ameno entfernt an der malerischen Bucht von San Montano. Er ist von einem herrlichen Botanischen Garten mit zeitgenössischen Kunstwerken umgeben. Zum reichen Angebot gehören 15 Thermalbecken, das Türkische Bad, die reich ausgestattete Kurabteilung sowie zwei Restaurants und Bars, darunter eine Diätbar. www.negombo.it

Der sicher schönste Botanische Garten Ischias ist der private Park von La Mortella.

46

4

CASAMICCIOLA

HEILQUELLEN DICHT AN DICHT

Zwischen der Nordküste und dem Ortsteil Bagni an den Abhängen des Epomeo brodelt es ordentlich im vulkanischen Inneren und beschert Casamicciola eine große Anzahl an Thermen direkt über den heilkräftigen Quellen. Und wie auf Ischia üblich, werden sie für vergnügliche wie therapeutische Zwecke genutzt.

Casamicciola Terme ist das weiter östlich liegende Pendant zu Lacco Ameno und greift mit seinen östlichen Ortsteilen weit nach der Inselhauptstadt. Das Zentrum gestaltet die dreieckige Piazza Marina gegenüber dem Hafen, wo das Café Calise den ganzen Tag bestes Gebäck liefert zum Kaffee oder Drink, im Sommer auch im Freien.

In Casamicciola lebte 1867 für einige Wochen Henrik Ibsen in der Villa Pisani hoch über dem Städtchen, wo er sein berühmtes Theaterstück über einen frühen Emanzipationsversuch schrieb: »Nora oder Ein Puppenheim«. Beendet hat er sein Meisterwerk allerdings in Sorrent auf dem italienischen Festland. Die Ischitani sollen Ibsen nämlich etwas herablas-

send als das »Fantasma«, das Gespenst, tituliert haben, weil er mit Vorliebe nachts über die Insel geisterte …
Zurück zu den Heilquellen Casamicciolas: Der Ort besitzt zwar nicht die heißesten, aber die meisten auf der Insel, mehr als 30 sollen es sein, wovon die bekanntesten auch ordentlich gefasst und genutzt werden: Rita, 94 Grad heiß, Gurgitello in der Terme Belliazzi mit 23 bis 85 Grad warmem Thermalwasser sowie der obere Ortsteil Bagni. Schon der Name »Bagni«, italienisch für Bäder, signalisiert, dass es sich hier sozusagen um die Kurabteilung des Ortes handelt. Casamicciola Terme war bereits Ende des 19. Jahrhunderts ein in ganz Italien anerkannter Kurort. Die Gemeinde ist die einzige auf Ischia, die in ihrem offiziellen Ortsnamen das Wort Terme trägt, obwohl es doch auf der ganzen Insel Thermalquellen gibt.

↑ Der gepflegte Thermalpark von Castiglione hat sogar einen eigenen Zugang zum Meer.
← Der hübsche Badestrand von Casamicciola ist mit Sand aufgeschüttet und durch Molen geschützt und bietet beim Baden einen schönen Blick auf den Hafen.

Auf den Spuren der Lavaströme

Vom östlichen Ortsteil Perrone mit dem Friedhof über einem Kap, der Punta della Scrofa, führt ein schöner Weg erst über die Klippen und dann durch dichte Macchia abwärts zum kleinsten Thermalgarten der Insel, nach Bagnitiello oder Vagnitiello mit drei Thermalbecken und einer Natursauna darunter. Es sind dieselben Quellen, die auch die Anlagen der benachbarten Thermalgärten von Castiglione speisen. Von Castiglione, quasi an Ischia Porto vorbei, führt eine wenig befahrene Straße ins Inselinnere nach Fiaiano. Diese verläuft zwischen dem Montagnone mit tollstem Panorama und dem Arso, wo der letzte Vulkanausbruch 1301 seinen Lavastrom Richtung Meer fließen ließ. Rund um Fiaiano kann man am besten erkennen, wo Vulkankrater ausgebrochen sind und die Insel mit ihren fast kreisrunden Kratern geformt haben. Und wer oben am Arso steht, kann mit seinen Augen auch noch den Verlauf des Lavastromes nachvollziehen, auch wenn man ihn mühsam mit Pinien bepflanzt hat, deren tiefe Pflanzlöcher in die harte Lava gegraben wurden. Anhalten und aussteigen lohnt sich immer wieder, um die wunderbare Natur und die weiten Ausblicke zu genießen. Interessant ist außerdem zu Beginn der Via Nuova dei Conti ein Tabernakel, das aus einer Gartenmauer herausragt und in dem immer ein Licht brennen soll. Es wird von den Ischitanern noch immer als eine Art Sühnezeichen gepflegt für drei Brüder aus Lipari. Sie kamen 1855 nach Ischia, um die Reblaus von der Insel zu vertreiben, die praktisch alle Weingärten befallen hatte. Und obwohl sie erfolgreich waren, bekamen sie den zugesagten Lohn nicht ausgezahlt.

TIPP

FUMAROLEN AM MONTE ROTARO
Vom östlichen Ortsteil Casamicciolas, Perrone, gelangt man aufsteigend über die Via Rotaro zum gleichnamigen Vulkankrater, der inzwischen ganz von einem dichten Wald bedeckt ist – eine herrliche Sommerfrische zwischen Casamicciola und Ischia Porto, sozusagen auf halber Höhe. Gleich zu Beginn des Wanderweges auf den Monte Rotaro, am Fondo d'Oglio, dampft es linker Hand zwischen heißen Lavasteinen aus dem Boden heraus. Es sind Fumarolen, kleinen Dampfkesseln gleich und auf der Insel an mehreren Stellen zu finden. Am Maronti-Strand etwa wird der Sand Richtung Sant'Angelo von Fumarolen aufgeheizt. Vorsicht Barfußläufer – hier kann es heiß werden!

DIE THERMALPARKS VON CASAMICCIOLA TERME
Zwei »eigene« Thermalparks gehören zum Gemeindegebiet von Casamicciola. Die größeren sind die der Giardini Termali di Castiglione, die Besucher am liebten mehrmals aufsuchen, um die zehn Thermalbecken, die Natursaunen und den privaten Zugang zum Meer ausgiebig zu genießen. Der Parco Termale del Bagnitiello ist wesentlich kleiner, aber seine Thermalbecken sprudeln direkt im Meer – herrlich, wie man beim Baden zwischen dem warmen »süßen« Thermalwasser und dem kühleren salzigen Meerwasser wechseln kann!

Polignano a Mare hockt mit seinen weißen Häusern auf dunklen Felsen.

ROUTE 11: RUNDREISE DURCH APULIENS SÜDEN

TRULLI AM STIEFELABSATZ

So weit im Süden ist Apulien eine aufregende und aufstrebende Region. Ganz Apulien auf einmal zu bereisen wäre zu viel, vor allem wenn auch ein wenig Badespaß geplant ist. Aber eine Rundreise durch den Süden, etwa von Bari aus, führt durch uralte Ölbaumplantagen, zu den historischen Landgütern der Masserie, an einladenden Stränden vorbei und zu den rätselhaften Trulli.

Apuliens Regionalhauptstadt **1 Bari** mit ihrem historischen Zentrum (und berühmtem Fußballstadion) ist eine vielseitige und aufregende Stadt, aber auch wegen des Flughafens, an dem man einen Wagen mieten kann, ein guter Start- und Zielpunkt für eine Tour durch den Süden der Region. Die ersten Strände sind nicht sonderlich breit, die Schnellstraße hat teilweise die alte Küstenstraße vereinnahmt, sodass sie zu fahren stückweise unvermeidbar ist. Schön ist rund 30 Kilometer südlich der Strand von San Vito. Wie eine uneinnehmbare Festung wirkt das kleine Kloster, die Abbazia di San Vito, dem Kindermärtyrer Vitus geweiht. Sie wird bereits 1063 als Benediktinerabtei erwähnt und erhielt in der Renaissance die hübsche Doppelloggia. In der Sandbucht schaukeln Fischerboote. Polignano a Mare, unsere nächste Station, gilt als eine der hübschesten Ortschaften Apuliens. Von einer großen halbrunden Terrasse über dem Meer schaut man auf

INFO

Start: Bari
Ziel: Lecce
Länge: ca. 380 km
Dauer: 3–4 Tage
Beste Reisezeit: April–Oktober

die Altstadt, die aus den Felsen mit ihren Grotten herauszuwachsen scheint. Eine große, weiß getünchte Freitreppe führt theatralisch zu den Felsplatten am Meer, das Wasser ist klar und einladend. Auch die Altstadt von Monopoli und ihr Hafen können sich sehen lassen im Reigen der befestigten Ortschaften an der apulischen Adria-Küste mit polygonalem Kastell und barocken Adelspalästen.

Südwestlich davon beginnt das Land der Trulli, der typisch apulischen Rundbauten. Eine besonders schöne Tour führt entlang der Murge-Abhänge zu den Grotten von Castellana, weiter hinauf zum Karnevalsort Putignano (belegt als weltältester Karneval seit 1394), wo die hohen alten Häuser an engen Gassen aufragen, und schließlich nach Noci. Höhepunkt ist, wenn auch sehr touristisch, die Trulli-Altstadt von Alberobello mit ihrem Trullo Sovrano, dem einzigen mit zwei Stockwerken.

Es folgt Locorotondo – »rotondo« bedeutet auf Italienisch rund – und in der Tat ist der hübsche Ort so angelegt. Er befindet sich 410 Meter hoch in bester Aussichtslage über dem an Trulli reichen Itria-Tal. Das Zentrum auf der Hügelkuppe

Die orientalische Bäderarchitektur des im 19. Jahrhundert entstandenen Palazzo Sticchi gilt als stilbildend für Santa Cesarea Terme im Süden Apuliens das Häusermeer.

prägen weiß getünchte Häuser, aus denen nur die sandfarbene neoklassizistische Pfarrkirche San Giorgio mit hoher Kuppel und Glockenturm herausragt.

Die Weiße Stadt und die Küste der Olivenbäume

Die Küste zwischen Egnazia und Brindisi gilt neben der rund um den Gargano ganz im Norden als der für den Fremdenverkehr am besten erschlossene Küstenabschnitt Apuliens. Im Hinterland hocken Städtchen auf Hügeln inmitten von uralten Olivenhainen zu Füßen der Murge, jeweils vier bis zehn Kilometer von der einst feindlichen Küste entfernt. Besonders eindrucksvoll und in Panoramalage breitet sich **2 Ostuni** mit weiß gekalkten Häusern und emporragender, erdfarbener Kirche auf einem Hügel in 218 Meter Höhe aus. Über Ceglie Messapica geht es – außer in der hochsommerlichen Saison – zu einer gemütlichen Besichtigung nach Francavilla Fontana mit zahlreichen »Windfassaden«, hinter denen weniger steckt als von außen vermutet. Am Rande des Tavoliere di Lecce folgt Oria, das wir ansteuern, um hier das Castello zu bewundern, das aus einem großen Dreieck intakter, von Zinnen bekrönter Mauern mit zwei mächtigen Rundtürmen besteht. Friedrich II. ließ die Festung über einer bereits bestehenden byzantinischen Burg erbauen. Obwohl als Nationalmonument geschützt, können Besucher das Gebäude leider nur von außen betrachten.

Vom Weinland zur grottenreichen Küste

Ja, auch guten Wein gibt es am Stiefelabsatz, weit über die Grenzen Apuliens durch den Vino Primitivo bekannt, der nichts mit dem Begriff primitiv zu tun hat und von mehr als vierhundert Winzern im Salento, speziell um Manduria, produziert wird. Zurück zur Küste geht es am Meeresschutzgebiet von Porto Cesareo entlang zur Altstadthalbinsel von **3 Gallipoli**. Kurvenreich führt die Küstenstraße weiter bis zur Südspitze Apuliens, nach Santa Maria di Leuca mit Leuchtturm am steilen Kap, wo man sich genüsslich den Wind um die Nase blasen lassen kann. Leuca ist ein gut besuchter Badeort mit Jugendstilvillen, die dicht an dicht gegenüber der Strandpromenade stehen, in den Farben Weiß und Rosa, mit fein herausgeputzten Vorgärten.

Ab hier bis Otranto bieten an der Küste geschützte Buchten kleineren Sporthäfen Platz. Auf halber Strecke öffnen sich mehrere tiefe Grotten, drei davon mit bedeutenden prähistorischen Funden (Cervi, Romanelli und Zinzulusa), außerdem die Grotta Verde und die Grotta Rotunda.

Vor der Grotta dei Cervi wurde der Thermalort Santa Cesarea Terme mit seinen vier Heilquellen in Grotten und den drei Villen in indisch-maurischem Stil – eigentlich schon eher Paläste angesichts ihrer Dimensionen – ordentlich wieder aufgemöbelt. Ihm folgt Otranto mit der trutzigen polygonalen Aragoneser Festung und den herrlichen figuralen Mosaiken in der Kathedrale, die orientalischen Wandteppichen abgeschaut zu sein scheinen. Solche Pracht konnte man sich leisten, denn wegen seiner idealen Nähe zum heutigen Albanien und zu Griechenland war Otranto schon früh ein bedeutender Umschlagplatz.

Die nach Norden folgenden beiden Alimini-Seen parallel zur Küste sind nicht nur landschaftlich reizvoll, sondern auch interessant: Der südliche Alimini Piccolo wird direkt von einer Süßwasserquelle gespeist und daher auch Fontanella genannt. Der nördliche Alimini Grande hat eine direkte Verbindung zum Meer, ist daher leicht salzig und besonders gut geeignet für die Fischzucht. An seinen Ufern wächst Schilf, und im Frühjahr überzieht ein Blumenteppich die Landschaft dort, wo sie nicht vom alten, dichten Pinienhain eingenommen wird. Der Küste entlang ist ab Torre dell'Orso mit einem Schlenker landeinwärts das barocke **4 Lecce** erreicht.

RESTAURANTS / ÜBERNACHTUNGEN

EINKEHREN

AI 2 GHIOTTONI, BARI
Ghiottoni bedeutet Feinschmecker, und das ist hier Programm – das Restaurant mit Meeresspezialitäten und guten Risotti ist daher nicht nur bei den höheren Beamten der Umgebung und bei Geschäftsreisenden beliebt. Wer nicht so gerne Fisch und Meeresfrüchte isst, für den stehen auch Fleischgerichte auf der Speisekarte. www.ai2ghiottoni.it

TRULLO D'ORO, ALBEROBELLO
Das wohl bekannteste Restaurant des Trulli-Städtchens mit einer großen Auswahl an typisch apulischen Vorspeisen – den Antipasto della Casa besser zu zweit bestellen. Man könnte sich sonst schon daran satt essen. www.ristorantetrullodoro.com

OPERAPRIMA, OSTUNI
Restaurant mit moderner Note, aber stilvoll. Schöner Ausblick vom Fenster bei sehr gutem Essen. Im Sommer sitzt man angenehm draußen. www.operaprima-ristorantepizzeria.it

IL BASTIONE, GALLIPOLI
Feines Fischrestaurant in super Lage über dem Meer im Norden der Altstadt. Mit Sommerterrasse. www.ilbastionegallipoli.it

CAFFÈ ALVINO, LECCE
Traditionslokal mit eigener Konditorei und Tischen auf der Piazza Sant'Oronzo, berühmt für die tollen Aperitivi und das leckere Eis. www.facebook.com/Alvino.Catamo

ÜBERNACHTEN

IL MELOGRANO, MONOPOLI
400 Jahre Geschichte begegnet den Gästen und Besuchern dieser ersten Masseria (apulisches Landgut), die sich zahlenden Gästen geöffnet hatte. Als traumhaft schönes Relais & Château auf dem befestigten Landgut aus dem 16./17. Jahrhundert inmitten uralter Olivenbäume, mit Spa, Pool und Tennis, hervorragendem Fischrestaurant La Peschiera am Privatstrand an der eigenen, ebenfalls historischen Peschiera Borbonica, der Fischzucht. www.melograno.com

DOMUS DOMPÉ, OSTUNI
Die Apulien-Spezialistin Irene Dompé-Legrottaglie bietet eine erstklassige Auswahl an ausgewählten Urlaubsdomizilen an: exklusive Ferienhäuser am Meer und sonnendurchflutete Strandapartments mit herrlichen Panoramaterrassen sowie charmante Landhäuser inmitten von jahrhundertealten Olivenhainen, aber auch schicke Stadtwohnungen. Da sie in Ostuni lebt, ist ein persönlicher Service gesichert. www.domus-dompe.com und www.apulienurlaub-ostuni.de

SVEVO, GIOIA DEL COLLE
Modernes freundliches Hotel am Stadtrand mit Parkplatz, also für Autoreisende günstig gelegen, mit Restaurant. www.hotelsvevo.it

PATRIA PALACE, LECCE
Nummer eins der Hotels von Lecce in einem ausladenden Adelspalazzo aus dem 18. Jahrhundert mit typischer feiner Dekoration des Lecceser Steins mitten im historischen Zentrum. Wunderbares Entree, komfortable Zimmer und wunderschöne Suiten, Restaurant. Etwas für besondere Momente. https://patriapalace.com

Jagdszene, Detail des Bodenmosaiks der Kathedrale von Otranto

ELEGANT, TEUER, ABER EIN BESUCH IST PFLICHT

Bari zählt zu den elegantesten und teuersten Städten Süditaliens. Seine mittelalterliche Altstadt entpuppt sich, so man durch die weniger einladenden Vororte zu ihr vorgedrungen ist, als wahre Schönheit. Pilgerziel für fromme Christen wie für Kunstinteressierte ist die Basilica San Nicola, die Grabstätte des hl. Nikolaus.

Baris Altstadt liegt auf einer schmalen Landzunge zwischen dem Porto Vecchio im Osten und dem Gran Porto im Westen, dem Fährhafen. Beobachtungskameras und Polizeipräsenz haben aus Bari eine recht sichere Stadt gemacht, was nicht immer so war. Einladend ist die weitläufige Meerespromenade mit ihren gusseisernen Laternen, interessant in der Altstadt der Blick in die immer noch bewohnten Bassi, die Erdgeschosswohnungen ohne weitere Fenster, das Tageslicht kommt also nur von vorne aus der engen Gasse. Sie signalisieren Armut, sind aber meist picobello sauber und aufgeräumt, wie man erkennen kann, da die Türe tagsüber meist offen bleibt – um Tageslicht einzulassen. Auch weil man in der Nähe parken kann, sollte der Besuch Baris zwischen Gran Porto und Porto Vecchio am Castello Svevo beginnen, das Friedrich II. 1233 bis 1240 bauen ließ, der Stauferkönig, dem Apulien sehr am Herzen lag und der es mit zahlreichen Burgen und Palästen ausstatten ließ. Im 16. Jahrhundert wurde die Festung unter Karl V. im typi-

1

schen Stil der Renaissance mit abgeböschten Mauern verstärkt und mit einem Wassergraben umgeben. Wie das Castello stand auch die Basilica San Nicola einst direkt am Meer, die Grabkirche des Stadtpatrons, für dessen Gebeine sie 1087 begonnen wurde. Erste Besucherpflicht für Pilger ist natürlich die Krypta mit seinem Grab. Rechts steht darin die kurze Säule aus dem türkischen Myra, die sich der Legende nach aus der ursprünglichen Grabkirche in Kleinasien löste und den Gebeinen Nicolas nach Apulien an ihren neuen Standort folgte. Ein Säulenwald aus 28 Stützen mit fantasievollen figuralen Kapitellen trägt die dunkle Krypta.
In der Nähe wurde in den letzten Jahren das Museo Archeologico Provinciale, das im Murat-Viertel ewig geschlossen war, hierher in das aufgelassene Kloster Santa Scolastica versetzt und in den großartigen Räumen wunderbar eingerichtet. Richtung Porto Vecchio befindet sich die kleinere Piazza Mercantile mit einer Besonderheit, die für apulische Städte typisch ist: dem Sedile genannten früheren Rathaus mit Uhrtürmchen und dreibogigem Renaissance-Aufbau. Die Piazza ist wunderschön mit Lokalen hergerichtet und mitsamt dem alten Fischmarkt an die Meerespromenade angebunden – ein schönes Plätzchen zum Abschiednehmen und Weiterplanen.

↑ Das perfekt geometrische Castel del Monte hat Friedrich II. selber konzipiert.
← Auch das trutzig ummauerte Castello Svevo von Bari verdankt seine Entstehung der glorreichen Regierungszeit des Stauferkaisers Friedrich II.

Aufgeräumtes Murat-Viertel

Südlich der Altstadt breitet sich ein akkurat in Rechtecke eingeteiltes Stadtviertel aus dem 18./19. Jahrhundert aus, am besten erhalten zwischen Corso Vittorio Emanuele II, Corso Cavour und Corso Italia entlang der Bahnlinie. Hier wohnen die Bessersituierten, und hier haben Behörden der Stadt, der Provinz und der Region Platz gefunden. Die Pinacoteca Metropolitana mit der bedeutendsten Sammlung apulischer Malerei befindet sich am Lungomare Nazario Sauro im letzten Obergeschoss der Provinzialverwaltung, und am Corso Cavour das Teatro Petruzzelli, das nach einem Großbrand in den 1990er-Jahren wieder aufgebaut wurde – der ganze Stolz der kulturtreibenden Baresi. Beim Bummeln durch das Murat-Viertel unbedingt auf die meist gepflegten Jugendstilfassaden achten. Sie gehören alten Kaufhäusern, die Baris traditionelle Bedeutung als Handelsstadt bezeugen.

TIPP

WEISS LEUCHTENDES GIOVINAZZO

Die rund 28 Kilometer nördlich von Bari gelegene miniaturhafte, suggestive Hafenstadt mit ihren verwinkelten mittelalterlichen Gassen und ein paar schönen Renaissancegebäuden ragt auf einer Landzunge ins Meer hinaus, umgeben von einer Mauer aus dem 15. Jahrhundert. Die Steine ihrer Häuser leuchten so weiß, dass die grelle apulische Mittagssonne das ungeschützte Auge des Betrachters regelrecht blenden kann.

CASTEL DEL MONTE

Gut 50 Kilometer von Bari entfernt, und doch sollte man unbedingt hinfahren: Friedrich II. hatte das beeindruckende Castel del Monte in 540 Meter Höhe selber entworfen, dessen Bau 1233 oder 1234 begonnen wurde, mit gleichmäßigen Formen, akkuraten Linien und achteckigen Bastionen. Keine Apulien-Reise ohne einen Besuch dieser seit 1996 unter UNESCO-Schutz stehenden »Krone Apuliens«, wie sie genannt wird! Und tatsächlich wirken seine ein kleines Stück über den Zentralkörper aufragenden Bastionen wie die Zacken einer Krone, auch auf der italienischen Ein-Cent-Münze.

STADIO SAN NICOLA

Sogar sein 1990 erbautes Fußballstadion benennt Bari nach seinem Stadtpatron, San Nicola. Es gilt mit seiner Ufo-Form als Modell für viele nach ihm erbaute Stadien, ein Werk des italienischen Stararchitekten Renzo Piano.

DIE RÄTSELHAFTEN RUNDBAUTEN APULIENS

Sie sehen aus wie Rundzelte aus Stein, obenauf ein rätselhaftes Symbol, und mehrere Trulli zusammengefügt ergeben ein Wohnhaus. Ihren Ursprung kennt man nicht wirklich, aber sie prägen weite Teile des südlichen Apulien. Allein in Alberobellos historischem Zentrum stehen rund 1000 Trulli, in ganz Apulien sollen es bis zu 11 000 sein.

Für manche Reisende sind die hübschen runden Steinbauten mit den dunklen Dächern und merkwürdigen Symbolen obenauf mit Apulien gleichzusetzen. Wer sie sieht, weiß sofort, um welche italienische Region es sich handelt, auch wenn er selbst noch niemals so weit in den Süden des Stiefellandes vorgedrungen ist.

Der Ursprung der Trulli ist nicht zweifelsfrei geklärt, Forscher gehen jedoch davon aus, dass die auffällige Bauweise aus Syrien kommt. In Apulien sollen die Rundbauten mit dem kegelförmigen Dach zunächst der Unterbringung von Vieh und Geräten gedient haben, erst später seien sie zu Wohnzwecken ausgebaut worden.

Mehrere Trulli ergeben ein Wohnhaus, das daher bei Bedarf recht einfach erweitert werden konnte, ein Trullo davon diente als Feuerstelle, mit Ausbuchtungen für die Schlafplätze. Die Bautechnik musste natürlich beherrscht werden,

← Wie schwarze, über weißes Mauerwerk gestülpte Kapuzen wirken die Trulli-Dächer von Alberobello.
↙ Rätselhafte Symbole zieren manche Trulli.
↓ Auch Alberobellos Kirche Sant'Antonio wurde der Trulli-Architektur angepasst.

denn die Trulli sind relativ reparaturanfällig, da Stein an Stein ohne Mörtel gesetzt wird. Daher baute man von Anfang an Stufen zu den Dächern hinauf und zwischen ihnen schmale Kanäle, an denen das Regenwasser abfließen beziehungsweise in Zisternen aufgefangen werden konnte. Unten werden größere, oben leichtere, flache Steine so gesetzt, dass sie nach innen immer weiter vorkragen, bis sie zusammenstoßen und so eine Art Scheinkuppel ergeben.
Fensteröffnungen wurden erst ab dem 19. Jahrhundert in den bis zu zwei Meter dicken Mauern ausgespart. Das war gar nicht so einfach, denn ein Trullo wird in zwei unabhängigen Schichten gebaut, der Zwischenraum zur Isolierung mit Erde und Stroh gefüllt, und je kleiner die ausgesparten Öffnungen sind, desto gleichmäßiger ist das Raumklima – im Sommer schön kühl und im Winter warm.
Die reisenden Handwerker, die den Bauern beim Bau dieser speziellen Häuser halfen, wurden Trullari oder Caseddari genannt, die Bauweise folgte einem festen System, die Kunstfertigkeit und Individualität der Handwerker zeigte sich erst am Schlussstein, ähnlich den »Feierabendziegeln« in Deutschland. Doch was die weißen Zeichen auf den dunklen runden Steindächern bedeuten, soll angeblich niemand wissen, aber sie wurden von Generation zu Generation immer wieder aufgefrischt. Ob sogenannte primitive, christliche oder magische Symbole – sie bleiben ein Rätsel, ebenso wie die verschiedenen Formen der Dachspitzen, die Pinnacoli. Warum auch nicht? Dem Fremdenverkehr im Trulli-Gebiet Apuliens ist es jedenfalls förderlich. Da werden etwa in Alberobello, der Ortschaft, die wohl am meisten davon profitiert, von den tüchtigen Geschäftsinhabern der Souvenirläden die abenteuerlichsten Interpretationen und »Übersetzungen« geboten – ebenso im Museum des Trullo Sovrano, dem wahrlich stattlichen Trullo-Konglomerat (ab 1600), das im 18. Jahrhundert von der wohlhabenden Familie des örtlichen Pfarrers geradezu fürstlich ausgebaut wurde. Es ist wohl der einzige Trullo, der ein Obergeschoss aufweist, innen über eine Steintreppe erreichbar, und daher »sovrano«, italienisch in etwa für beherrschend.
Die dichteste außerstädtische Ansammlung von Trulli findet man zwischen Conversano und Gioia del Colle, im Westen bis Castellana Grotte, Putignano und Noci sowie – die wohl bekanntesten Rundbauten dieser Art – zwischen Alberobello und Locorotondo, zwischen Fasano und Martina Franca sowie in Cisternino, Ostuni und Ceglie Messapica.
www.trullosovrano.eu

2

OSTUNI

DIE »WEISSE STADT« APULIENS

In Ostuni, auf drei Hügeln und in sicherer Entfernung vom Meer erbaut, sind sogar manche der engen Gassen weiß gekalkt. Zwischen Meer und Stadt breiten sich weite Olivenhaine aus, der Reichtum des Städtchens. Sein zweites Standbein sind die touristisch erschlossenen Ferienhäuser und Landgüter.

Den schönsten Blick auf Ostuni genießt man, wenn man vom Norden her durch die Olivenplantagen von der Küste aus anreist. Unvermittelt verschwindet die Stadt nach einer Kurve, verdeckt durch die hohen dichtgewachsenen, für Apulien typischen Ölbäume mit den silbern glänzenden Blättern. Und kurz darauf stolpert man sozusagen bereits in ihre Hauptstraße hinein, in den von zwei- und dreistöckigen Barockhäusern mit schmiedeeisernen Balkonen gesäumten Corso Giuseppe Mazzini. Treppengassen führen weiter hinauf zum neueren Stadtteil mit seinen großzügigeren Barockpalästen. Der Corso führt weiter zur großen dreieckigen Piazza della Libertà. Im großräumigen säkularisierten Konvent der Franziskaner ist der Palazzo Comunale, das Rathaus untergebracht. Davor steht die fast schon rokoko-überschwänglich geschmückte, 21 Meter hohe Guglia di Sant'Oronzo, auf der Spitzsäule von 1771 thront der Ortsheilige. Jenseits des Platzes führt der Corso weiter in Richtung Carovigno und bietet zurückschauend von einer Aussichtsterrasse am Ende des Ortskerns einen traumhaft schönen Blick auf die Altstadt.

↑ Alles leuchtet strahlend weiß in Ostuni, sogar manche Treppengassen …
← Fast wirkt das Bild der weißen Stadt Ostuni ein wenig unwirklich, so wie sie sich aus der Ebene zu erheben scheint.

Erdfarbene Sakralbauten blitzen hervor

Aus dem weißen Häuserkonglomerat der Altstadt Ostunis ragen die erdfarbenen Kirchen und Klöster in den oft oder sogar meistens blauen Himmel. Ein Rundgang durch die oval angelegte Altstadt könnte am Rathaus beginnen, wo man dem Hinweis zum Centro Storico folgt. Bald lockt rechts die erste schmale Gasse mit ihren hübschen Bögen zwischen den Häusern. Die Via Cattedrale führt im Zickzack zum mittelalterlichen Zentrum, zu einfacheren alten Häusern wie auch zu edleren Palästen. Noch vor der Kathedrale hat man im aufgelassenen Karmeliterkloster das Museo Civiltà Preclassiche della Murgia Meridionale eingerichtet, immerhin mit Nachweisen der ältesten Landwirtschaftskultur des westlichen Mittelmeeres – also wirklich interessant. Der folgende weitläufige Largo Arcidiacono Teodoro Trinchera ist von ganz besonderem Zauber, hier erhebt sich die Kathedrale mit ihrer geschwungenen Fassade aus dem späten 15. Jahrhundert in einer harmonischen Stilmischung aus Romanik, Gotik und Gotisch-Venezianischem an der Grenze zur Renaissance, Letztere an der großen Rosette ersichtlich. Während die Seitenschiffe sich konvex im Viertelkreis nach hinten schwingen, zeigt sich die Fassade des Mittelschiffs wie die Aussparung eines geöffneten, gerafften Vorhanges konkav vorgewölbt – alles mit feinster Steinmetzarbeit versehen, als hätten die Meister nicht aufhören wollen zu gestalten. Innen hält die Kathedrale wegen der vielen Umbauten nicht das, was ihr Äußeres verspricht, also braucht man sich nicht zu ärgern, wenn sie, wie so oft, geschlossen bleibt.

Links von der Fassade der Kathedrale steht über Eck der Palast der Bruderschaft der Madonna dei Fiori, der sich in klassischem Renaissancestil präsentiert. Durch einen hohen Bogen mit geschlossener Loggia darüber gelangt man weiter hinauf und kann bald darauf wieder rechts eine gepflasterte Gasse abwärts gehen, die einen großartigen Blick über die dichten Ölbaumpflanzungen Ostunis hinweg aufs Meer bietet. – Ostuni ist nicht nur weiß und schön, es ist auch Garant für herrliche Panoramablicke.

TIPP

VECCHI TEMPI

Zu Ferragosto am 15. August findet das große Volksfest statt, das die alten Sitten und Gebräuche aus der Vergangenheit zurückrufen soll – eben mit alten Traditionen, speziell im Kunsthandwerk. Und wer von den Bewohnern noch historische Kostüme besitzt, und das sind in Ostuni recht viele, zieht sie an und spaziert damit durch die festlich geschmückten Gassen der Altstadt.

CAVALCATA DI SANT'ORONZO

Am 25., 26. und 27. August verwandelt sich die Piazza della Libertà rund um die Guglia di Sant'Oronzo in eine einzige große Bühne für Veranstaltungen zu Ehren des Ortsheiligen, speziell für den historischen Ritt, die Cavalcata, in entsprechend historischen Kostümen. Das Ganze wird zelebriert, weil der hl. Oronzo im Jahr 1657 die Stadt vor der Pest bewahrt haben soll.

OLIVENÖLVORRAT AUFFÜLLEN

Vor den Toren Ostunis liegt seit fast einhundert Jahren der Olivenhain der Familie Legrottaglie. Seit die Brüder Antonio und Mario das Gut geerbt haben, führen sie die Produktion fort. Sie achten darauf, dass die Oliven am Tag der Ernte gepresst werden – schonend kalt gepresst, wodurch ein natürliches Produkt der Spitzenklasse entsteht. www.oliven-nektar.de

3

Wuchtig erheben sich Gallipolis Bastionen aus dem Meer.

GALLIPOLI

DIE STADT DES LAMPENÖLS

Gallipolis Altstadt liegt auf einer mit dem Festland verbundenen Insel und ist von mächtigen Festungsmauern umgeben. Ihren einstigen Reichtum verdankt sie dem Lampenöl, das in einem ganzen System aus unterirdischen Mühlen produziert wurde.

Die Ölmühlen wurden im 17. Jahrhundert aus dem Felsen geschlagen, mindestens 35 sollen es im Centro Storico gewesen sein. Denn die kleine befestigte Insel bot keinen Platz für normale Ölpressen. Bis zum Ende des 19. Jahrhunderts war Lampenöl die Haupteinnahmequelle der Stadt. Lampenöl aus kostbaren Oliven? Keineswegs, denn die Ölbäume der Gegend lieferten damals noch zu säurehaltige Früchte, um daraus ein gutes Speiseöl zu pressen. Also produzierte man das an sich minderwertigere Lampenöl, aber dieses in so guter Qualität, dass es im gesamten Mittelmeerraum zum Verkaufsschlager wurde. Mit dem Erlös leisteten sich die Bewohner Gallipolis kostbare orientalische Gewürze und Bauholz. Das Geschäft mit dem Lampenöl und den eingeführten Produkten florierte derart, dass sich sogar ausländische Handelsniederlassungen etablierten, darunter französische, englische, holländische und russische. So wurde Gallipoli zu einer wahrhaft kosmopolitischen Stadt.

Auffallend sind an allen Straßenecken und an jedem Haus der Altstadt die hübschen weißen Keramiktafeln mit blauer Schrift und einem Hahn – die Bewohner von Gallipoli führen den Namen ihrer Stadt nicht auf den griechischen Ursprung, sondern auf einen Hahn, italienisch »gallo«, zurück.

TIPP

UNTER DEN ARKADEN

Das Castello Aragonese aus dem 16. Jahrhundert spiegelt sich pittoresk im Hafenbecken, dahinter lockt der große Mercato Coperto. Unter den Arkaden nebenan befindet sich das einladende Caffè dello Sport, in dem sich die Alteingesessenen gern treffen, um speziell den Caffè con panna, mit aufgeschlagenem Sahnehäubchen, zu genießen. Nachmachen!

4

Imposante römische Ruinen auf Lecces Piazza Sant'Oronzo

LECCE

DER BLUMIGE BAROCK VON LECCE

Ihren Ruhm als Barockstadt hat Lecce dem weichen Stein aus der Umgebung zu verdanken, der sich selbst mit einfachsten Mitteln abbauen und bearbeiten ließ, um daraus zierliche Baudekorationen in überschwänglichem Formenreichtum zu schaffen.

Früchte und Girlanden, gedrehte Säulen, mit Bändern geschmückt – so etwa sieht der Lecceser Barock aus und präsentiert sich als zusätzlicher Schmuck einer Stadt, die selbst ein gekonntes Gesamtkonzept erkennen lässt. Mitten in ihrem Herzen breitet sich an und unter der Piazza Sant'Oronzo das römische Amphitheater aus, ein guter Ort für den Aperitivo, der sich hier exzessiv genießen lässt – so üppig bietet ihn kaum eine andere Region Italiens. Gleich dahinter erhebt sich das Castello, das Karl V. 1539 bis 1549 erbauen ließ. Auf der anderen Seite der Piazza Sant'Oronzo ist es nur ein kurzer Weg zum Domplatz, an dem sich ein Blick in den Innenhof des Seminario lohnt, der außer mittags meist offen steht. In dessen Mitte entdeckt man einen verspielt überladenen Brunnen mit prächtigen, von Putten getragenen Kapitellen, darunter die aufgeplatzten Granatäpfel, wie sie in ganz Lecce immer wieder zu sehen sind. Und an der Fassade des Seminario lässt sich eine weitere Besonderheit des Lecceser Sandsteins beobachten, seine Farbe wechselt im Lauf des Tages: am Morgen weiß, mittags in der prallen Sonne fast rot, abends aber goldgelb.

TIPP

PAPPMACHÉ AUS LECCE

Aus Cartapesta leccese werden die kunstvollsten Figuren gebastelt. Das Maché wird über ein Geflecht aus Metalldraht in mehreren Schichten gezogen und besteht nicht wie üblich aus Zeitungspapier, sondern aus Strohpappe, mit Wasser und Mehl sowie Eisensulfat vermischt. Das Material ist sehr leicht und daher gut für Prozessionsfiguren geeignet.
www.nelsalento.com/blog/larte-della-cartapesta-salentina

Auf der Giara di Gesturi haben es die Sarden geschafft, ein wildes Stück Natur zu erhalten.

ROUTE 12: GROSSE SARDINIEN-TOUR

EINE HERBE INSEL-SCHÖNHEIT

Sardiniens Vielfalt ist sprichwörtlich, die Sarden bezeichnen ihre Insel als einen eigenen Kontinent mit allem, was es dazu braucht: hohe wilde Bergeinsamkeit, tiefe Täler mit reißenden Bächen, einsame Dörfer und urbane Städtchen, ringsum im Wechsel traumhafte Sandstrände und steile Felsenküste.

Die Insel Sardinien muss man mit allen Sinnen erfassen, nicht nur mit den Augen. Man muss lernen, ihre von der Sonne erwärmten Felsen zu tasten, den Duft ihrer dichten Macchia und der schattenspendenden Pinien einzuatmen.

Vom geschäftigen Olbia mit seinem sehenswerten Archäologischen Museum, das sich nahe dem Hafen befindet, geht es gleich nach Norden, aber vorerst nicht Richtung Arzachena, sondern den Schildern zur Costa Smeralda folgend. Denn dort gilt es zu sehen, was Agha Khan an der felsig zerklüfteten Nordostküste Sardiniens geschaffen hat. Und die Fahrt oberhalb der Küste ist reich an schönen Panoramen, also bestimmt kein Zeitverlust.

INFO

Start: Olbia
Ziel: Olbia
Länge: ca. 1060 km
Dauer: 4–5 Tage
Beste Reisezeit: April–Oktober

Von Liscia di Vacca und der preiswerteren Baia Sardinia am goldenen Sandstrand oberhalb des Golfo di Arzachena folgt Arzachena, ein nettes Städtchen mit guten Geschäften und Restaurants. Historisch Interessierte folgen den Hinweisen aus dem Ort zu den dicht beisammenstehenden Nuraghen (Wehrtürmen und -dörfer), Tombe (Gräbern) und einem Tempietto

(Tempelchen). Am interessantesten sind die sogenannten Gigantengräber, die eine große Steinplatte im Zentrum und eine kleine Öffnung als Eingang zur Grabkammer dahinter aufweisen. Manche Esoteriker sind da wegen der guten Strahlung, wie sie sagen, kaum wegzubringen …
Im Norden peilen wir anschließend den hübschen Hafenort Palau an, von wo aus die Inseln im Archipelago della Maddalena erreichbar sind: La Maddalena per Autofähre und das kleinere Caprera über eine Brücke von La Maddalena aus. Oberhalb von Palau geht es entlang der zerklüfteten Küste zum Fischer- und Ferienort Santa Teresa di Gallura mit großer Piazza und dem vorgelagerten Capo Testa, das nach Korsika zu greifen scheint.
Um ein wenig »Strecke zu machen«, ist es empfehlenswert, die Costa Paradiso auszulassen, am Meer ohnehin von Feriensiedlungen besetzt, und weiter nach **1 Castelsardo** zu fahren. Als Fortsetzung empfiehlt sich die hübsche kurvenreiche Strecke, die von Tergu über Nulvi und Osilo nach **2 Sassari** führt. Von dort die alte Staatsstraße 131 nach Porto Torres nehmen, wo Liebhaber römischer Geschichte

Ein sardischer Hirte in historischem Kostüm wartet auf den Umzug beim San-Giovanni-Feuer.

sich an den Ausgrabungen in Bahnhofsnähe erfreuen können. Freunde italienischer Lebensweise aber suchen einfach nur den zentralen Corso Vittorio Emanuele auf, um an einem der Straßencafés Platz zu nehmen.
Ganz im Nordwesten Sardiniens lockt die Halbinsel von Stintino, die wie ein erhobener Zeigefinger auf das vorgelagerte, streng naturgeschützte Asinara deutet. An der Spiaggia Pelosa mit ihrem weiß glitzernden Sandstrand im Hochsommer und an warmen Wochenenden ein freies Liegeplätzchen zu finden, das glauben allerdings nur Ortsfremde …

Ausgefranste Westküste

Dann ist **3 Alghero** dran – eine der schönsten unter den schönen sardischen Städten! An der Küste entlang nach Süden kommt man nach Bosa Marina, einem netten Strandort, und zwei Kilometer landeinwärts dem Temo-Fluss folgend nach Bosa mit stolzem Castello Serravalle. Dieses errichtete die Adelsfamilie Malaspina schon 1112, es wurde jedoch im 13. Jahrhundert von Pisanern ausgebaut und im 15. Jahrhundert von Katalanen vollendet – eine der am besten erhaltenen Burgen Sardiniens mit toller Rundumsicht.
Die Landstraße führt über das in Panoramalage thronende Cuglieri ins Inselinnere und schon bald wieder an die Küste zurück, genauer zur Halbinsel von Sinis, die von Traumstränden (Is Arenas) über archäologische Grabungen (Tharros), Lagunen (Cabras) und Fischerhütten (San Giovanni di Sinis) ganz schön viel zu bieten hat – alles im Gebiet von **4 Oristano**. Südlich beginnt das fruchtbare Campidano, zur Küste hin mit dem Parco geominerario storico – so genannt wegen der zahlreichen historischen Bergwerke, die sich bis nach Carbonia hinziehen. Carbonia, der Name ist Programm, eben für den Kohleabbau, dem sich das interessante Museum im aufgelassenen Bergwerk widmet. Südlich von Fluminimaggiore darf man zwei Sehenswürdigkeiten nicht verpassen: die acht Kilometer lange Grotta su Mannau (ca. 800 Meter begehbar) und den nahen Tempio di Antas in herrlich einsamer Landschaft.
Ab Portoscuso gibt es eine Fährverbindung nach Carloforte auf der Insel **5 San Pietro** und von dort wiederum nach Calasetta auf der Insel **5 Sant'Antioco**, das über einen Damm mit der Halbinsel verbunden ist – ein schöner Ausflug und verlockend, länger zu bleiben! Doch auf der Hauptinsel steht womöglich die wunderschöne Tropfsteinhöhle Grotta Is Zuddas auf dem Programm, lockt die Costa del Sud mit ihren Badebuchten im Schatten ausladender Schirmpinien. Und die archäologische Zone von Pula, wo Phönizier um 1000 v. Chr. ihre erste Handelsniederlassung Nora errichteten, die später von den Puniern und schließlich den Römern ausgebaut wurde.

Von der Inselhauptstadt in den wilden Norden

6 Cagliari ist eine erstaunlich gemütliche Stadt geblieben trotz ihrer ausufernden Vororte und des Hafens. Auch wenn die Ostküste weite Strände und enge Buchten im Wechsel verspricht: Jetzt sollte es über das Inselinnere nach Norden gehen. Rund 70 Kilometer sind es, dem Fiume Mannu entlang, bis nach Barumini mit Su Nuraxi, dem kompaktesten Nuraghendorf Sardiniens. Und nordwestlich davon reizt im kleinen Gesturi der Aufstieg auf die Giara di Gesturi, die Hochebene mit den wild lebenden Pferden im Korkeichenwald – still heranschleichen, um sie nicht zu erschrecken!
Hinter Laconi beginnt die Barbagia zu Füßen der Monti del Gennargentu mit dem Inselhöchsten, der 1834 Meter hohen Punta La Marmora. Und nördlich davon erstreckt sich das von zahlreichen Flüssen und Bächen sowie Stauseen geprägte Nuorese mit urigen Bergdörfern und einstigen Banditennestern rund um **7 Nuoro**, allen voran Orgosolo (siehe S. 180) mit seinen eindrucksvollen Protestbildern an den Hausfassaden. Knapp 100 Kilometer entfernt von Nuoro ist Olbia auf der Schnellstraße 131dir einfach zu erreichen.

RESTAURANTS / ÜBERNACHTUNGEN

EINKEHREN

LA GUARDIOLA, CASTELSARDO
Spezialitätenrestaurant auf einer Bastion der Altstadtmauer mit feinen Fisch- und Pastagerichten und natürlich einem Superblick.
www.ristorantelaguardiola.it

TRATTORIA GIAMARANTO, SASSARI
Angenehmes Ambiente in einem schlichten Wohnhaus mit hervorragender Fischküche, im Herbst auch gute Pilzgerichte.
www.facebook.com/Ristorante-Giamranto-149822805052773

AL TUGURI, ALGHERO
Top-Restaurant mit wenigen Tischen auf drei Stockwerken eines engen katalanischen Altstadthauses. Es werden köstliche Fischgerichte und hausgemachte Pasta serviert. Toller Weinkeller und super Service.
www.altuguri.it

AL CAMINETTO, CABRAS
Angenehmes Restaurant mit gutem Angebot an lokalen Spezialitäten wie der Bottarga (Kaviar der Meeräsche) südlich von Oristano.
www.ristoranteilcaminettocabras.com

DAL CORSARO, CAGLIARI
Mit Recht besterntes Restaurant, klassisch-elegant im Marina-Viertel. Serviert werden Sardiniens beste verfeinerte Speziaiäten, auch Fisch und Meeresfrüchte. Empfehlenswertes ist das Cagliari-Menü. Hervorragende Weinauswahl und guter Service.
www.stefanodeidda.it

ÜBERNACHTEN

ROCCE SARDE, SAN PANTALEO, OLBIA
Landhotel inmitten der wilden Gallura-Felsen oberhalb der Küste. Pool im Steineichenwald, sehr gute Küche.
www.myohotelroccesarde.com

GRAZIA DELEDDA, SASSARI
Luxuriöses, elegantes Hotel am südöstlichen Stadtrand von Sassari.
www.hotelgraziadeledda.it

VILLA LAS TRONAS, ALGHERO
Verträumtes Hotel, untergebracht in einer Jugendstilvilla auf einer Halbinsel südlich des Lungomare Dante mit eigenem Strand und Superblick auf Alghero.
www.hotelvillalastronas.it

SA MOLA, BONARCADO
Zauberhaftes Landhotel in einem historischen Landgut mit wenigen Zimmern im Herrenhaus und Apartments in Anbauten. Gutes Restaurant mit sardischen Spezialitäten und Pizza.
www.villamariafrancesca.net

LUCI DEL FARO, LOC. MANGIABARCHE, CALASETTA
Zauberhaftes Sommerhotel im sardischen Stil in Strandnähe auf der Insel Sant'Antioco. Mit Pool, Restaurant und gemütlicher Bar.
www.hotelucidelfaro.com

CAESAR'S, CAGLIARI
Ansprechendes Viersterne-Hotel mit modern eingerichteten Zimmern, um einen Innenhof herum angelegt. Im Osten Cagliaris, mit Restaurant.
www.caesarshotel.it

SU GOLOGONE, OLIENA
Eines der zauberhaftesten Landhotels Sardiniens mit hervorragendem Restaurant, in dem alles frisch zubereitet wird, Lamm und Spanferkel am offenen Feuer gegart werden. Es ist zwar auch ein beliebtes Ausflugsziel, aber dennoch unschlagbar in Qualität und Ambiente. Rund zwölf Kilometer südöstlich von Nuoro bei den Quellen gelegen.
www.sugologone.it

Sardiniens Süßigkeiten sind nicht nur sehr lecker, sondern auch noch richtig schön anzuschauen – wahre Kunstwerke!

Castelsardo mit seinen bunten Häusern am schroffen Fels

1

CASTELSARDO

FESTUNGSSTÄDTCHEN ÜBER DEM MEER

Die Altstadt von Castelsardo bietet einen bezaubernden Anblick: Auf einer Landzunge schmiegen sich ihre kleinen, von einer Burgruine bewachten Häuser an den Südhang eines schroffen Felskegels. Die Burg sollte die Meerenge von Bonifacio sichern.

Die Festung wurde 1102 von der genuesischen Familie Doria als Castel Genovese zur Sicherung der Meerenge von Bonifacio gegründet. Von der Unterstadt steigt man ins historische Zentrum mit seinen gepflasterten Gassen, langen Treppen und dem Gewirr aus dicht stehenden pastellfarbenen Häusern hinauf. Hier finden sich zahlreiche kleine Kunsthandwerksläden, Frauen bieten vor den Haustüren selbst gemachte Korbflechtereien an, und die wenigen Restaurants übertreiben es gewaltig mit den Preisen – doch dem Charme des Ursprünglichen konnten diese Zugeständnisse an den Tourismus nichts anhaben.
Etwa auf halber Höhe thront auf einer dem Meer zugewandten Felsnase die bereits im 12. Jahrhundert errichtete, später umgestaltete Cattedrale Sant'Antonio Abate. Die Via Seminario führt als Treppengasse hinauf zum eigentlichen Castello. Von dessen Festungsmauern sieht man deutlich, warum die Doria diesen Platz für ihre Befestigung wählten: Vom Capo Falcone bis zum Capo Testa und häufig sogar bis zur Nachbarinsel Korsika kann man das Meer überblicken und bis weit in die südliche Anglona mit ihren hügeligen Weiden, Getreidefeldern und Olivenhainen den Norden Sardiniens überschauen. Im Kastell lohnt der Besuch des kleinen Museo dell' Intreccio Mediterraneo, in dem man alles über die in Castelsardo traditionelle Arbeit des Korbflechtens erfährt.

TIPP

ROCCIA DELL'ELEFANTE

Rund fünf Kilometer südlich von Castelsardo erhebt sich am Straßenrand der elefantenähnliche Fels, den schon die Nuragher als Kultplatz beziehungsweise als Nekropole mit unzähligen Löchern für die Urnenbestattung nutzten – heute ein beliebtes Fotomotiv!

2

Sassaris Altstadt zählt zu den Schönheiten Sardiniens.

SASSARI

DIE STADT DER CAVALCATA SARDA

Auch ohne den Sardischen Ritt (Cavalcata Sarda), der im Mai stattfindet, ist Sassari eine wunderschöne Stadt, in der eine Passeggiata über die Flaniermeile echtes Vergnügen bereitet. Also lieber einen längeren Stopp einlegen oder gleich übernachten.

Sassari, nach Cagliari die zweitgrößte Stadt Sardiniens, ist eine Provinzmetropole und Universitätsstadt auf einem gut 200 Meter hohen Kalkplateau inmitten ausgedehnter Gärten und Olivenhaine. Die Altstadt, mit ihren verwinkelten Gassen eine der größten Italiens, wird flankiert von der ab dem 19. Jahrhundert um die elegante Piazza Italia angelegten und von breiten Boulevards durchzogenen Neustadt. 1872 wurde die einen Quadratkilometer große Piazza Italia angelegt, 1899 setzte man in seine Mitte das riesenhafte Monument für Vittorio Emanuele II. Den Platz umgeben prächtige zweistöckige Paläste des 19. Jahrhunderts. Die beiden Arkadengänge Portici Bargone e Crispo mit einladendem Café verbinden die Piazza Italia mit der palmengeschmückten Piazza Castello, die 1877 anstelle des abgetragenen aragonesischen Kastells angelegt wurde.
Doch die schönste Fußgängerzone durchzieht nordwestlich der Piazza Italia als Corso Vittorio Emanuele II die gesamte Altstadt, gesäumt von gepflegten Bürgerhäusern des 19. Jahrhunderts mit kunstvollen schmiedeeisernen Türgittern und gotisch-katalanischen Palästen aus dem 15. Jahrhundert. Also Zeit mitbringen fürs Flanieren durch Sassari, das noch mehr zu bieten hat, etwa um den prächtigen Dom herum.

TIPP

SASSARIS SCHÖNSTES RELIGIÖSES FEST

Bei der farbenprächtigen Festa dei Candelieri, dem Fest der Kerzen am 14. August, tragen Vertreter der neun Zünfte Sassaris über vier Meter hohe, bemalte und reich mit Blumen geschmückte hölzerne Kerzenhalter mit brennenden Kerzen obenauf durch die Altstadt. Das Fest geht auf ein Gelübde während der Pestepidemie im 16. Jahrhundert zurück.

KATALANISCH, BASTIONENREICH, SCHÖN

Alghero ist eine der schönsten unter den schönen sardischen Städten: fest ummauert mit mächtigen Bastionen, das Meer und die wilde Küste überschauend und in der Umgebung mit feinsandigen Stränden, geschützten Naturschutzgebieten und einer der schönsten Grotten Sardiniens gesegnet.

Im Jahr 1102 baute die genuesische Adelsfamilie Doria den von ihr eroberten Piratenschlupfwinkel Alghero mit starken Befestigungen aus. 1353 ergab sich die Stadt als eine der letzten Sardiniens den Aragonesen, die ein Jahr später alle Bewohner vertrieben und an ihrer Stelle Katalanen ansiedelten. Die Eroberer verstärkten die Mauern und Bastionen, sodass an der Nordwestküste Sardiniens eine mächtige Hafenfestung entstand, die auch in den darauffolgenden Jahrhunderten katalanisch geprägt blieb – und es bis heute ist. So sind die Straßennamen auf den Schildern in beiden Sprachen zu lesen – Italienisch und Català.

Man beginnt einen Rundgang am besten am Hafen, wo man an der Via Garibaldi parken kann. Vorbei an den meerseitigen Mauern des Bastione della Maddalena führt eine Treppe hinauf auf die langen Bastioni Magellano. Diese sind zur abendlichen Passeggiata sehr beliebt, bieten sie doch von ihrer breiten, von einer Brustwehr geschützten Mauerkrone einen unverstellten Blick über Hafen und Bucht. Anschlie-

3

ßend führt der Weg durch den Rundbogen der Porta a Mare (14. Jahrhundert) direkt auf die lebhafte, dreieckige Piazza Civica, katalanisch Prassa del Pou Vel. Hier locken kleine Schmuck- und Feinkostläden, Boutiquen und Souvenirgeschäfte. Gesäumt wird das Ensemble von einem der katalanischen Schmuckstücke Algheros, dem Palazzo d'Albis.
Das schmale Ende der leicht ansteigenden Piazza Civica geht in die Via Manno über, die sich zur Piazza Duomo hin öffnet. Hier ragt die hohe klassizistische Fassade der Cattedrale Santa Maria mit ihrem von vier Säulen getragenen Portikus in den Himmel auf. Als ältester Bauteil der Kirche gilt der gotisch-katalanische Chor von 1522 mit seinen fünf sternförmig angeordneten Kapellen. Über der mittleren erhebt sich der klobige oktogonale Glockenturm, dessen hellbeige gekachelte Pyramidenspitze ein Wahrzeichen Algheros ist.
Hinter der Kirche verläuft die Via Roma, die in Ost-West-Richtung teilweise als Fußgängerzone fast die gesamte Altstadt durchquert. Von ihr zweigt auf Höhe der Kathedrale die schmucke Via Principe Umberto ab, an der das Teatro Civico von 1862 liegt. Seitlich davon steht an der Via Principe Umberto 9/11 der mit ca. 5,5 Meter auffallend schmale, vier Stockwerke hohe Palazzo Machin aus dem 16. Jahrhundert, auch Casa Doria genannt. An der gotisch-katalanischen Fassade mit Renaissance-Portal verdienen die fantasievollen Rankenmotive rund um die Fensterstürze besondere Aufmerksamkeit. Auf der gegenüberliegenden Seite des Theaters führt die schmale Via del Teatro über die stille Via Maiorca und die lebhafte Via Carlo Alberto zur Chiesa San Francesco aus dem 15. Jahrhundert, Algheros schönstem Sakralbau mit schlanker Steinpyramide auf dem achteckigen Glockenturm und eines der Wahrzeichen der Stadt.

↑ Eisdielen, Cafés und Restaurants locken auf den Bastionenmauern Algheros.
← Ausritt an einem der feinsandigen Strände nördlich von Alghero, die fast noch als Geheimtipps gelten können und nur selten überlaufen sind.

Lungomare und Lido

An der Piazza Sulis am Südrand der Altstadt herrscht zu Stoßzeiten geradezu chaotischer Verkehr um die trutzige Torre dello Sperone, einen Rundturm der Stadtbefestigung. Besonders beliebt ist die hier beginnende Meerespromenade Lungomare Dante, von der aus Romantiker Sonnenuntergänge und Vollmondnächte mit Blick auf die Lichter Algheros genießen.
Algheros Stadtstrand Lido di San Giovanni am Nordrand ist in seinem Anfangsbereich bei der Piazza di Bastione della Maddalena von Buden und Bars sowie einer breiten Promenade gesäumt. Der blendend weiße, feine Sand setzt sich über eine Länge von rund sechs Kilometern fort und führt um den Korallengolf nach Norden bis zum Vorort Fertilia mit Jachthafen, Ferien- und Apartmenthäusern.

TIPP

GROTTA DI NETTUNO

Am lebhaften Hafen Algheros unterhalb der starken Stadtmauern buhlen mehrere Anbieter um Fahrgäste, die sich mit dem Boot zu den Nachbarstränden oder zur Grotta di Nettuno, der Neptunsgrotte fahren lassen wollen: ein wahres Erlebnis, denn das Meer zwischen Alghero und dem hoch aufragenden Capo Caccia, unter dem sich die Grotte befindet, ist oftmals unruhig. Es kann passieren, dass man nicht mit dem Boot in die enge Anlegestelle am Grotteneingang gelangen kann. Doch es gibt eine Alternative: An der Rückseite des Felsens kommt man über eine sehr lange Treppe vom Parkplatz aus auch hinab, so man die Kondition für 652 Stufen hat …

LAGO BARRATZ

Etwa 15 Kilometer nördlich der Neptunsgrotte beginnt mit dem Lago Barratz der wilde Naturschutzpark von Porto Ferro. Lago Baratz ist Sardiniens einziger natürlicher See, alle anderen sind gestaut. Er liegt inmitten eines schattigen Eukalyptuswäldchens und ist ein idealer Ort für die Beobachtung von Wasservögeln.

SELLA & MOSCA

Entlang der SP 42 von Porto Torres nach Alghero fährt man an einigen prähistorischen Nekropolen vorbei, etwa den Necropoli Anghelu Ruju, und durch Weingärten, die einer der größten Winzerfamilien der Insel gehören. In deren Weinkellerei Sella & Mosca kann man süffige Tropfen probieren und kaufen.
www.sellaemosca.com

4

Richterin Eleonora d'Arborea scheint die Besucher von Oristano zu grüßen.

ORISTANO

DIE STADT DER RICHTERIN ARBOREA

Die Hauptstadt der gleichnamigen Provinz und bedeutendes Landwirtschaftszentrum für Zitronen und Orangen, Bergamotten, Artischocken und Mandeln, ist berühmt wegen der Richterin Eleonora von Arborea – und dem Hausstrand.

Die Geschichte Oristanos begann mit dem Richter Onroccus d'Arborea, der im 11. Jahrhundert den Sitz des Judikats Arborea vom küstennahen Tharros ins Landesinnere verlegte. Zu voller Blüte führte es die kluge Eleonora d'Arborea, die 1383 das Richteramt und 1388 das Judikat übernahm. Sie verfasste 1392 das Gesetzeswerk Carta de Logu, das bis 1827 in Kraft blieb. U.a. brachte es den sardischen Frauen die Gleichberechtigung in der Ehe!
Reisende wissen die Beschaulichkeit der kleinen schmucken Altstadt zu schätzen. Am Altstadtrand ragt die hohe Torre Mariano II auf. Die Bewohner Oristanos nennen den mächtigen Wachturm von 1291 einfach Porta Manna, das große Tor. Durch den hohen gotischen Spitzbogen gelangt man auf den Corso Umberto I, Beginn der Fußgängerzone mit schattigen Arkaden und Boutiquen. Die Geschäftszeile mündet in die Piazza Eleonora d'Arborea, sozusagen das Herz der Stadt. Am östlichen Rand erhebt sich das weiße Monumento di Eleonora d'Arborea. Selbstbewusst steht die verehrte Richterin auf einem von vier Löwen bewachten Sockel. Im Westen geht die Piazza Eleonora in die Via Duomo über, die zur barockisierten Kathedrale Santa Maria Assunta führt. Jedes Jahr an Fasching werden Piazza Duomo und Via Mazzini zum Schauplatz der Sartiglia, eines wilden Reiterfestes.

TIPP

HAUSSTRAND MIT AUSBLICK

Sechs Kilometer westlich von Oristano liegt der herrliche Sandstrand von Marina di Torre Grande, benannt nach dem wuchtigen Turm am Meeresufer. Hierher kommt man zum Schwimmen und Flanieren, und man genießt die gute Fischküche der Restaurants am Strandboulevard mit Blick auf die Halbinsel Sinis.

5

Verteidigungsturm auf der kleinen Insel Sant'Antioco im Südwesten Sardiniens

SANT'ANTIOCO UND SAN PIETRO

DIE INSELN VOR DER INSEL

Zwei Inseln liegen im Südwesten Sardiniens in greifbarer Nähe. Kein Wunder, dass sie ebenfalls früh von Nuraghern besiedelt wurden, und auch, dass alle Völker, die im westlichen Mittelmeer Erzminen und andere Ressourcen suchten, sie bedrängten.

Heute sind Sant'Antioco und San Pietro beliebte Ferieninseln. Rund einhundert Quadratkilometer groß ist das hügelige, durch einen rund fünf Kilometer langen Damm mit der Hauptinsel verbundene Sant'Antioco. Palmen und alte Platanen schmücken die Hafenfront. Oberhalb liegt auf einem Hügel die kleine Altstadt, über deren saniertem Kern sich die Kuppel der Pfarrkirche Sant'Antioco erhebt (ab dem 6. Jahrhundert). Die größte Attraktion der Stadt, das Ausgrabungsgelände der phönizisch-punischen Siedlung Sulci, liegt auf einem Kalksteinhügel am nördlichen Rand von Sant'Antioco. Die Zona Archeologica besteht aus einer Nekropole mit zahlreichen Felsgräbern und dem Tophet (Grabhügel). Neben Urnen mit Asche von Opfertieren wurden hier auffallend viele mit Kinderasche gefunden. Vermutete man früher schauerliche Kinderopfer der Karthager, weiß man heute, dass hier totgeborene oder im Säuglingsalter verstorbene Kinder beigesetzt wurden.

Der Fischerort Calasetta (Bucht der Seide) im Norden erinnert an eine hier lebende Muschel, aus deren Haftfäden Seide gewoben wurde. Schnurgerade Gassen führen den Hang hinauf. Der auf dem Reißbrett geplante Ort wurde im 18. Jahrhundert für ligurische Übersiedler errichtet.

TIPP

MIT DEM BOOT NACH SAN PIETRO

Nur vier Seemeilen entfernt von Calasetta lockt die Nachbarinsel San Pietro mit dem Ort Carloforte, das Carlo Emanuele III im 18. Jahrhundert anlegen ließ, um Übersiedlern aus Genua und ligurischen Fischern eine neue Heimat zu geben. Sie waren im 15. Jahrhundert in die tunesische Bucht von Tabarca ausgewandert und hatten dort unter Repressalien zu leiden.

6

CAGLIARI

METROPOLE IN DER BUCHT DER ENGEL

Im Großraum der Inselhauptstadt mit den wichtigsten Behörden und Museen, Banken und Versicherungen Sardiniens lebt rund ein Drittel der sardischen Bevölkerung. Und dennoch hat sich Cagliari eine angenehme Atmosphäre bewahren können.

Flankiert von großen Lagunen, an denen nicht nur im Frühjahr Flamingos brüten, erstreckt sich die Unterstadt am Scheitelpunkt des ausladenden Golfo degli Angeli, der Bucht der Engel. Quartiere Marina nennt sich dieses Stadtviertel und ist das geschäftigste Cagliaris. Nördlich davon breitet sich die Oberstadt aus, sardisch Casteddu (für »Burg«), und klettert die Kalkhänge des Burghügels hinauf. Keine Frage, dass die Szenerie sich vor allem vom Hafen aus bilderbuchmäßig präsentiert!

Unten im Quartiere Marina flaniert man unter den Arkaden der Via Roma oder beginnt seinen Rundgang Richtung Burghügel an der Piazza Matteotti am Hafen gegenüber dem

Palazzo Civico. Dieses prächtige, katalanisch anmutende neugotische Rathaus birgt sogar im manchmal zugänglichen Ratsherrensaal ein kostbares Triptychon. Weiter geht es den breiten Largo Carlo Felice entlang zur Piazza Yenne, einem beliebten Treff der Jugend. Auch ist er Ausgangspunkt für einen Spaziergang auf den Burghügel, der mit der 35 Meter hohen Torre dell'Elefante beginnt, Teil des 1305 bis 1307 errichteten pisanischen Mauerrings. Erst einmal den namengebenden Elefanten suchen – ganz oben am wuchtigen Turm. Dann peilt man rechts die Bastion von San Remy an, ein architektonisch aufwendiges Bollwerk von 1720 mit einer komplizierten Treppe als direkte Verbindung zur Unterstadt.

Cagliaris Casteddu entdecken

Aber wir bleiben oben und kommen schnell zur Kathedrale Santa Maria di Castello, die seit dem 13. Jahrhundert, als sie errichtet wurde, mehrere Umbauten erlebt hat. Davon zeugt auch die Kanzel auf dunklen Marmorsäulen (12. Jahrhundert), die bis 1312 im Dom von Pisa stand, wo sie einer Kanzel von Giovanni Pisano weichen musste und daher dem Dom von Cagliari geschenkt wurde. Schlimm, was man hier 1670 diesem Kunstwerk antat: Man schnitt es der Länge nach durch und setzte die beiden Teile rechts und links des Hauptportals. Dabei gingen einige ihrer Steinmetzarbeiten verloren, diese wurden anderweitig im Dom verteilt wie etwa die vier Marmorlöwen, die nun am Hochchor stehen.

Im 17. Jahrhundert wurde die sehenswerte Krypta – also nachträglich – unterhalb der Kathedrale aus dem Felsen geschlagen. Deren Deckengewölbe sind mit rund 500 Rosetten geschmückt und die beiden Nebenräume über und über mit Majoliken dekoriert, die hauptsächlich Heiligenbilder zeigen. Es handelt sich dabei um Votivgaben.

Die Via Martiri führt von der Kathedrale zum zweiten interessanten Tor des Burghügels, zur Torre di San Pancrazio (1304/1305). Wer den Turm erklimmt, kann einen großartigen Rundblick über Casteddu und Quartiere Marina genießen. An der nahen Piazza dell'Arsenale geht es sozusagen in die Burg der Burg, hinein in die Citadella dei Musei mit gleich vier Museen, darunter das Museo Archeologico Nazionale mit Sardiniens bedeutendsten archäologischen Sammlungen sowie die Pinacoteca Nazionale mit wundervollen Altarretabeln aus dem 15. und 16. Jahrhundert. – Zu viel Kunst? Dann kann man unterhalb des Casteddu am römischen Amphitheater vorbei zum Botanischen Garten abwärts schlendern, wo man nicht nur die sardische Pflanzenvielfalt kennenlernen, sondern auch ein kühles Plätzchen im Schatten hoher Bäume finden kann.

↑ Cagliaris Flamingos kommen der Stadt ganz nahe und bleiben inzwischen ganzjährig da.
← Trotz ihrer Rolle als Inselhauptstadt hat sich Cagliari eine beschauliche Atmosphäre erhalten.

TIPP

ZUM BADEN UND APERITIVO NACH POETTO
Zwischen Mitte Juni und Mitte September ist der Strand Poetto di Quartu garantiert mit sardischen und italienischen Familien vom Festland bevölkert, die sich hier zum sprichwörtlichen Dolcefarniente treffen. Alle paar Meter finden Wassersportler an den kilometerlangen Sandstrecken zwischen Cagliari und Poetto passende Einrichtungen, dazu Bars und Restaurants, Eisdielen und Lokale für den Aperitivo und das abendliche Highlife. Was allerdings garantiert fehlt, sind Parkplätze … Zentrum des Strandlebens ist das Stabilimento Balneare d'Aquila, ein Strandbad mit allem, was Urlauberherzen begehren könnten. Dort finden registrierte Gäste ein paar Parkplätze.

TRENINO CAGLIARITANO
Sonst mögen wir die kleinen Bahnen nicht so sehr, die mit lautem Gehupe inzwischen wohl überall, wo Touristen in Scharen vermutet werden, herumfahren und alle irgendwie gleich aussehen. Beim Trenino Cagliaritano, der zu Cagliaris Casteddu, der Altstadt auf dem Hügel, hinauffährt, machen wir eine Ausnahme. Denn er ist erstens mit seinen offenen Wägelchen nett anzuschauen und führt tatsächlich durch die schönsten Winkel Cagliaris. Startpunkt ist an der Piazza del Carmine in der Unterstadt, die Fahrt dauert 45 Minuten. www.trenino.it

PADRE PADRONE

Ein Film, der nachdenklich stimmt, und ein Bandit aus Orgosolo, der erst 2019 aus dem Gefängnis entlassen wurde, schrieben Geschichte. Der Film gewann 1977 in Cannes die »Goldene Palme« und hat vielen Menschen geholfen, Sardinien zu verstehen, das lange Zeit nur als Banditeninsel verschrien war.

Auf Italienisch bedeutet »Padre Padrone« Vater und Herr, und so hieß der Film, den die Brüder Paolo und Vittorio Taviani über Sardinien drehten und dafür 1977 in Cannes die Goldene Palme gewannen. Als literarische Vorlage diente der gleichnamige Roman des sardischen Autors Gavino Ledda. Es ist die Geschichte eines sardischen Hirten, der bis zum Alter von 20 Jahren Analphabet war. Er lebte, von der Dorfgemeinschaft isoliert, allein mit seiner Herde in den unwegsamen Bergen. Sein Vater zwang ihn zum einsamen Hirtenleben, und der Hirte war kein anderer als Gavino Ledda selbst.

Doch Gavino begehrte gegen den herrsüchtigen Patriarchen auf: Er machte sich mit 20 Jahren davon, studierte, bekam sein Diplom ausgerechnet als Sprachwissenschaftler und schrieb seine Autobiografie – das Wort als Rebellion, als ein Mittel zur Vernichtung des Schweigens. Als Gavino auf dem italienischen Festland seinen Militärdienst absolvieren musste, stellte er fest, dass seine Sprache, das Sardische, dort eine

← Graffiti bereits am Ortseingang des früheren Banditennestes Orgosolo, das zu einem Besuchermagnet wurde
↙ Typische Hirtenhütte im wilden Herzen Sardiniens
↓ Orgosolo lebt heute gut von seinem Ruf als zivilisiertes früheres Banditennest, seine zahlreichen Graffiti sind geradezu berühmt.

Fremdsprache war. Niemand verstand ihn, schon wieder wurde er in die innere Isolation geschickt und unterdrückt. Doch er hatte gelernt, sich zu wehren.

Viele Formen des Widerstands

Einen anderen Weg – sagen wir den üblichen – ging Grazianeddu, eigentlich Graziano Mesina (geb. 1942), der letzte sogenannte »Held der Barbagia«, der Hochebene südlich von Nuoro. Er stammt aus Orgosolo, war und blieb Bandit, wurde mehrfach verurteilt und saß insgesamt 40 Jahre im Gefängnis. 21 Mal versuchte er auszubrechen, zehn Mal ist es ihm geglückt. Anlass seiner letzten Festnahme war Drogenhandel. Erst 2019 wurde Graziano als freier Mensch entlassen. Nach wie vor gilt er auf Sardinien als Volksheld.
Franco Cagnetta, ein italienischer Ethnologe, hat in seinen Forschungsergebnissen erklärt, warum sich das Bandenwesen von Orgosolo so lange halten konnte, ja musste. Schnell gerieten die Hirten in einen Teufelskreis, aus dem sie nicht ausbrechen konnten: Um die Pacht für die Weiden und den Unterhalt für das eigene kümmerliche Leben bestreiten zu können, mussten sie sich verschulden, erhielten einen Vorschuss von den Milch-, Käse-, Fleisch- und Wollhändlern. Doch die Hirten verdienten nicht genug, um die »arrhe«, den Vorschuss, zurückzuzahlen. Also mussten sie sich wehren, nicht immer auf juristisch einwandfreiem Weg. Das prägte den Ruf des Ortes – und stellte die Bewohner unter Generalverdacht, wenn irgendwo etwas passiert war.
Gut für die Entwicklung des Tourismus sind solche Nachrichten nicht, die Murales, die überdimensionalen Wandbilder, dagegen schon. Und so kommen jährlich an die 130 000 Touristen nach Orgosolo, um die Gemälde zu bewundern, die seit den späten 1960er-Jahren zahlreiche Hausfassaden im Ort zieren. Diese sind als künstlerische Protestäußerungen zu verstehen, beschäftigen sich mit vielfältigsten Themen und weisen dabei anschaulich und plakativ auf politische und soziale Missstände hin.
In Orgosolo haben Touristen zur Mittagszeit die Wahl zwischen einem organisierten Essen bei Hirten oder in einem der wenigen Lokale, wo garantiert authentische Speisen serviert werden. Das bedeutet aber auf jeden Fall fleischlastig, dazu vor Ort hergestellter Käse und hier gewachsenes Gemüse, außerdem natürlich »pan carasau« (sardisches Fladenbrot). Welch ein Glück – die Murales haben also die Banditen als Markenzeichen von Orgosolo abgelöst: als Symbol eines gewaltfreien Widerstands der Sarden gegen unerwünschte Einflüsse von außen, gegen die Herrschaft von Diktatoren, gegen Terrorismus und Waffengeschäfte, Letzteres mit der Parole »Dünger statt Geschosse«.

NUORO

DAS TOR ZUR WILDEN BARBAGIA

Die Kulturhauptstadt der Insel liegt zu Füßen ihres Hausberges Monte Ortobene und ist die Pforte zum gebirgigen, teils undurchdringlichen wilden Inneren Sardiniens, über das viele Geschichten von Banditen erzählt werden, wahre und erfundene. Nuoro ist auch die Stadt der Dichterin Grazia Deledda.

Die dicht gedrängte Altstadt zu Füßen des 955 Meter hohen Monte Ortobene, zu der man sich erst durch die Betonburgen der Neustadt vorkämpfen muss, konnte sich ihren herben Charme über die Jahrhunderte hinweg bewahren. Eine Handvoll Museen machen sie zudem zu einem interessanten Ziel für Kulturreisende, auch auf den Spuren der einzigen weiblichen italienischen Literaturnobelpreisträgerin Grazia Deledda, die hier 1871 zur Welt kam. In ihrem früheren Elternhaus am östlichen Innenstadtrand erinnert das Museo Deleddiano mit Fotos und Dokumenten an die Literatin. Anrührend sind die original ausgestatteten Räume, die einen interessanten Einblick in die Lebenswelt einer wohlhabenden sardischen Familie in der Zeit um 1900 bieten. Allein die Vorratskammer ist den Besuch wert, in der

7

↑ Der Monte Ortobene ist zugleich Sommerfrische und Wallfahrtsort der Nuoresi.
↙ Nuoro schläft noch. Die ersten Sonnenstrahlen tauchen die Stadt, die mit ihrem historischen Kern immer mehr Besucher lockt, nur langsam in ein helles Licht.

sich Grazia Deledda gerne als Kind versteckte, weil sie so schön nach Trockenkräutern duftete – was man bei der Besichtigung sogar noch heute nachempfinden kann.
Nicht weit vom Museum entfernt wurde in einem ebenfalls großbürgerlichen Haus vom lokalen Verlag Ilisso Edizioni das Spazio Ilisso, ein fantastisches Kulturzentrum mit viel Platz auch für Wechselausstellungen eingerichtet. In den beiden Gärten vor und hinter dem Haus mitten in der Altstadt, die als Oasen der Ruhe jederzeit zugänglich bleiben sollen, sind Skulpturen sardischer Künstler aufgestellt, und es sollen noch mehr dazukommen.

Sardische Traditionen pflegen

Der Corso Garibaldi, abends als Fußgängerzone für Fahrzeuge gesperrt, eignet sich ebenso wie die Via La Marmora perfekt, um in einem Café bei einem Aperitif zu sitzen und die Nuoresi zu beobachten. Allerdings hat Nuoro außer dem Deledda-Museum noch mehr zu bieten, etwa das Museo Etnografico Sardo auf dem Sant'Onofrio-Hügel. Dort gehören zu den Kostbarkeiten der Ausstellungsräume reich bestickte Karnevalskostüme, traditionelle Musikinstrumente und geschnitzte Holztruhen für die wie üblich reiche Aussteuer, kostbarer Schmuck inklusive.
Auch der Aufstieg auf den Ortobene gehört zur Tradition, und gleich zu Beginn des Weges ein Besuch der kleinen Chiesa della Solitudine (17. Jahrhundert) mit der Grabstätte der Grazia Deledda (1871–1936). Sie, die Sardinien der Welt ein großes Stück näher brachte mit ihren Romanen, war bei ihren Landsleuten nicht gerade beliebt, weil sie nicht nur Schmeichelhaftes über sie zu erzählen wusste, etwa in ihrem wohl bekanntesten Werk »Schilf im Wind«. Aber den Ortobene liebte sie, er sei »… alles Große und Kleine, Sanfte und Harte, Bittere und Schmerzliche in uns«.
Die sieben Kilometer Fahrstraße auf den Ortobene kürzen Nuoresi, die zu Fuß unterwegs sind, gerne durch den dichten Macchia-Wald ab, der mit Steineichen, geduckten Zypressen und Pinien durchsetzt ist. Im Wald entspringen zwei Quellen, und von ihnen ziehen an vielen Stellen dünne Wasserläufe abwärts, benetzen den Asphalt und verschaffen auch an heißen Sommertagen Kühlung. An Wochenenden ist die Strecke voller Wagen der Ausflügler mit ihren Picknickkörben, denn am schönsten ist der Anblick Nuoros und seines weiten Umlandes vom Gipfel des Hausbergs aus. Dort wurde 1901 eine sieben Meter hohe Bronzestatue des Redentore (des Erlösers) aufgestellt. Zu dessen Ehren wird am letzten August-Sonntag das wichtigste Stadtfest begangen, die Sagra del Redentore, an deren Umzug Folkloregruppen von der ganzen Insel beteiligt sind – einfach prächtig!

TIPP

NUORO AUF DELEDDAS SPUREN

Das sardische Tourismusamt hat auch in deutscher Sprache einen digitalen Führer auf den Spuren der Literaturnobelpreisträgerin veröffentlicht, den sich jeder kostenlos herunterladen kann. Gut gemacht!
www.sardegnaturismo.it/de/routen/auf-den-spuren-von-deledda-nuoro

JEEPTOUR IN DIE BARBAGIA DI NUORO

Zur Barbagia von Nuoro gehören einige der interessantesten Dörfer Zentralsardiniens, etwa Oliena und Bitti, Dorgali und Lula, Onani und Oniferi, Orgosolo und Orotelli, Orune, Osidda und Ottana. Ringsum erstrecken sich wilde, fast unberührte Wälder mit dichter Macchia unter Steineichen und auch Korkeichen mit ihren wie blutend roten Stämmen, wenn sie erst vor Kurzem »geerntet«, also abgeschält wurden. Um einen intensiven Eindruck von der geradezu atemberaubend schönen Landschaft zu bekommen, empfiehlt sich eine Jeeptour, wie sie von lokalen Organisationen angeboten werden, beispielsweise von ExcursioNatura aus Orgosolo.
www.excursionatura.com

Die Gardesana Occidentale am Westufer des Gardasees, so abenteuerlich, dass sie als Filmkulisse für einen James Bond-Film taugte.

REGISTER

AUTORIN

Nana Claudia Nenzel hat für namhafte Tageszeitungen wie Süddeutsche, Frankfurter Rundschau und Der Tagesspiegel Reisereportagen verfasst, die sie immer wieder nach Italien führten. Dort fand sie 1998 ihr zweites Zuhause, in einem kleinen Dorf über dem Gardasee. Sie hat mehrere Reisebücher geschrieben, speziell über die Toskana und über Oberitalien. Für ihre Verdienste um die Verbreitung der italienischen Kultur in Deutschland erhielt sie 1998 vom damaligen Staatspräsidenten Scalfaro eine hohe Ehrung.

DANK

Mein Dank gilt Gottfried Aigner für seine hilfreiche Begleitung und die manchmal notwendige Anspornung auf den Reisen zu Bekanntem und Bewährtem wie auch auf der Suche nach Neuem im sich ständig verändernden, so reich an Sehens- und Erlebenswertem Italien.

IMPRESSUM

Verantwortlich: Maren Langendorff
Redaktion: Beate Martin
Korrektorat: Christiane Gsänger
Layout: BUCHFLINK Rüdiger Wagner
Umschlaggestaltung: Mathias Frisch
Repro: LUDWIG:media
Kartografie: Kartographie Huber, Heike Block
Herstellung: Alexander Knoll
Printed in Turkey by Elma Basim

★★★★★

Sind Sie mit diesem Titel zufrieden? Dann würden wir uns über Ihre Weiterempfehlung freuen.
Erzählen Sie es im Freundeskreis, berichten Sie Ihrem Buchhändler, oder bewerten Sie bei Onlinekauf. Und wenn Sie Kritik, Korrekturen, Aktualisierungen haben, freuen wir uns über Ihre Nachricht an Bruckmann Verlag, Postfach 40 02 09, D-80702 München oder per E-Mail an lektorat@verlagshaus.de.

Unser komplettes Programm finden Sie unter

www.bruckmann.de

In diesem Buch wird aus Gründen der besseren Lesbarkeit das generische Maskulinum verwendet. Weibliche und anderweitige Geschlechteridentitäten werden dabei ausdrücklich mitgemeint, soweit es für die Aussage erforderlich ist.

Empfehlung der Redaktion Sie sind auf der Suche nach weiterführender Literatur? Dann empfehlen wir Ihnen den Titel »Secret Citys Italien« von Thomas Migge.

Umschlagvorderseite:
Straße in der Nähe von Tremosin am Gardasee (look photos/ClickAlps);
Umschlagrückseite oben v.l.n.r.: Der Garten der Villa Rizzardi ist für sein Verzura-Theater und seine spektakulären Perspektiven bekannt (Andrea Dalprato); Wandmalerei in Orgosolo (age fotostock); Varenna am Comer See (Nattee Chalermtiragool).
Umschlagrückseite unten: Um den Gardasee herum lässt es sich wunderbar fahren.
S. 2/3: Speziell die Toskana ist berühmt für ihre Zypressenalleen.
S. 6/7: Val d'Orcia, Sonnenaufgang über den grünen und goldenen Hügeln einer der schönsten toskanischen Landschaften, die unter UNESCO-Schutz steht.
S. 190/191: Faszinierend wirken auch abgeerntete Felder in den Crete mit den Landhäusern auf kleiner Hügelkuppe.

Die Deutsche Nationalbibliothek verzeichnet diese Publikation in der Deutschen Nationalbibliografie; detaillierte bibliografische Daten sind im Internet über http://dnb.d-nb.de abrufbar.

2. aktualisierte Auflage

Infanteriestraße 11a, 80797 München

ISBN: 978-3-7343-2646-2

BILDNACHWEIS

Shutterstock: S. 3 (Frank Fischbach); 5 (Tatohra); 12 l. (Marco Ascari); 12 r. (fafostock); 13 M. (DiViArt); 13 u. (aguiters); 17 (Boris-B); 20 (essevu); 24 (Boris Stroujko); 25 (Nyo09); 26 u. (PippiLongstocking); 28 (Rostislav Glinsky); 42 (Roberto Binetti); 45 u. (Isogood_patrick); 47/48 (Andrew Mayovskyy); 49 (AleMasche72); 53 (Sergey Berestetsky); 62, 85 (Eder); 63 o. (pointbreak); 63 u. (Ollyy); 68 (Renata Sedmakova); 69 (Giorgio Rossi); 71 (Massimo Santi); 72 (Edoardo); 76 (Alberto Masnovo); 78 (Corrado Baratta); 79 (Claudio Giovanni Colombo); 82 (Ekaterina Polischuk); 86 (Boerescu); 87 o. (life_in_a_pixel); 87 u. (NikoNomad); 94 (s74); 95 o. (Massimo Parisi); 96 (Claudio Carra); 98 o. (Luca Lanfranchi); 98 u. (Roberto Cerruti); 100/101 (Vasile Melnic); 102 (Alvaro German); 105 (Vivida Photo PC); 113 (Simona Bottone); 122 (Marco Taliani de Marchio); 129 (Diego Poggi); 130 (Bertl123); 137 (Paoloesse); 138 (Sirio Carnevalino); 139 (Dawn Damico); 142 (PaoloBruschi); 144, 150, 154, 167 (Balate Dorin); 146, 155 (AWP76); 148 (Edgieus); 149 (Lucamato); 151 (Mariya Siyanko); 152/153 (Mazerath); 158 (DinoPh); 159 (Davide Zanin Photography); 160 (David Ionut); 163 u. (Ihor Serdyukov); 165 (Libero_Monterisi); 166 (Marcin Kadziolka); 173 (Francesco Maltinti); 177 (FABIO MURRU/); 178 (skovalsky); 183 (LouieLea);
Look photos: S. 6, 19, 26 o., 41, 43, 48, 50, 60, 61, 70, 140, 156, 164, 174, 184/185, 191 (ClickAlps); 8 l. (Dressler, Hauke); 8 r., 80 o., 84 (Strauß, Andreas); 9 l. (Frumolt, Christian); 9 r. (Wohner, Heinz); 10 l., 104, 118, 136, 162 (robertharding); 10 r., 35, 36, 109 (Daniel Schoenen Fotografie); 13 o. (Glasshouse Images); 14/15 (Mint Images); 16 (Eiben, Hans Georg); 29, 44 (Pompe, Ingolf); 40 (Design Pics); 59, 117 (age fotostock); 77, 141 (Wagner, Hanna); 80 u., 92 (Lubenow, Sabine); 97, 163 o., 181 o., 181 u. (age fotostock); 108 (Maeritz, Kay); 112, 124/125, 143 (Richter, Jürgen); 121, 161 (Frei, Franz Marc); 128 (Jalag / Spörl, Lukas); 132 (Eiben, Hans Georg); 176 (Stankiewicz, Thomas)
Mauritius: S. 83 o. (Alamy Stock Photos / Alberto Perer); 83 u. (amy Stock Photos / Rupert Sagar-Musgrave); 93 (Alamy Stock Photos / Witold Skrypczak); 95 u. (Alamy Stock Photos/RealyEasyStar/Claudio Pagliarani); 182 (Alamy Stock Photos / Witold Skrypczak);
Gottfried Aigner: S. 23, 30-34, 38, 39, 45 o., 51, 52, 54-58, 64, 66, 67, 75, 88-91, 103, 110, 111, 114, 115, 119, 120, 123, 126, 127, 131 (2x), 134, 135, 168, 170-172, 175, 179, 180;
Weitere: 74 (VILLA RIZZARDI/Andrea Dalprato); 106 (Roberto Cipollone); 147 (HOTEL PARCO SMERALDO).